纺织服装高等教育"十二五"部委级规划教材

普通高等教育服装营销专业系列教材

服装物流管理教程

FUZHUANG WULIU GUANLI JIAOCHENG

主编｜杨以雄

东华大学出版社

图书在版编目（CIP）数据

服装物流管理教程/杨以雄主编. 一上海：东华大学出版
社，2013.5
ISBN 978-7-5669-0270-2

Ⅰ.①服… Ⅱ.①杨… Ⅲ.①服装工业—物流—物资管
理—高等学校—教材 Ⅳ.①F407.86

中国版本图书馆 CIP 数据核字（2013）第 103036 号

上 海 沙 驰 服 饰 有 限 公 司 赞 助

TO BE A BETTER MAN
Satchi 止 于 至 善

责任编辑 谢 未
封面设计 陈 澜 杨雍华

出　　　　版：东华大学出版社（上海市延安西路 1882 号，200051）
本 社 网 址：http://www.dhupress.net
天猫旗舰店：http://dhdx.tmall.com
营 销 中 心：021-62193056　62373056　62379558
印　　　　刷：苏州望电印刷有限公司
开　　　　本：787 mm×1 092 mm　1/16　印张 19.75
字　　　　数：506 千字
版　　　　次：2013 年 5 月第 1 版
印　　　　次：2013 年 5 月第 1 次印刷
书　　　　号：ISBN 978-7-5669-0270-2/TS·401
定　　　　价：48.00 元

普通高等教育服装营销专业系列教材编委会
（按姓氏笔划为序）

前言 | PREFACE

建国以来,我国服装业取得了令人瞩目的发展,已成为全球最大的成衣加工和出口国。 随着国内社会和经济发展水平的不断提高,服装科技和生产能力不断提升,产品生命周期不断缩短,服装市场消费日趋个性化、多样化。 与此同时,市场供求环境的变化、经济全球化以及我国加入世贸组织后,国内纺织服装业面临着前所未有的机遇与挑战。

进入 21 世纪,我国服装业受到材料费、加工成本、人民币汇率、全球金融危机以及欧盟债务等问题的影响,市场竞争日趋激烈。 为此,服装业必须加快战略调整步伐,积极引入先进技术和管理创新,提升企业核心竞争力和可持续发展水平。

物流业作为我国重要的服务行业之一,关系着我国现代化建设的进程及社会综合服务能力的提升。"十一五"时期,中央政府和地方政府都制定了推进现代物流发展的规划,发展现代物流成为《中华人民共和国国民经济和社会发展第十一个五年规划纲要》的重要内容。 2009 年是我国物流快速兴起的一年,国务院发布《关于印发物流业调整和振兴规划的通知》,从物流新技术、信息化水平、重点工程建设、保税物流、国际物流及区域物流、物流企业重组、物流市场及需求挖掘、物流服务标准化等 10 个方面振兴物流业的发展。 但总的来看,我国现代物流的规划还缺少协调性、衔接性和整体性,很难实现各种运输方式无缝链接、各种运力合理配置以及存量资源有效整合。 以服装物流为例,我国各类服装企业众多、市场繁荣、流通量大，但服装企业的物流管理水平参差不齐，品牌服装库存居高不下，企业经营活动的流动资金周转和经营效益提升备受制约。而那些掌握先进物流技术、管理水平和拥有优质服务能力的服装企业将是我国服装业的优胜者。 从这一角度来讲，服装物流管理的前景大有可为。

本书作者在多年教学和科研的基础上，依据国内外物流领域的各种理论和控制手段，通过调研、项目研究和企业实践，系统地阐述了服装物流管理的基础理论与应用技术。

本书可供高等院校服装专业教学之用，也可为服装企业管理、物流技术人员提供参考。

参加本书编写的有杨以雄、徐慧娟、杨澄、商浩鑫、陈彩霞、史晓云、张春姣、温韬、陈丽竹、蔡钰茹、孙妙迪、郜雅、邵丹、高融、钱珍瑛、许栋樑、何斐、何婧唯等。

在撰写过程中，得到了顾庆良、侯爱华、宋翠萍、张一帆、张明杰、周煜斌、张静怡、杞文楠、毕天逸等学者和企业界人士的帮助，在此一并表示感谢。

服装物流管理领域的理论研究与应用正在不断发展，限于编者水平，书中难免有不妥之处，敬请各位专家、读者斧正。

编　者

2013 年 5 月

目录 CONTENTS

第 8 章　服装物流业的发展 258

附录 291

参考文献 299

第 1 章 | 绪 论

知识要点：

本章依据物流的概念与定义，阐述服装物流的基本特征、功能、管理方法以及与供应链管理、信息化等的关系。

1.1 物流的概念和定义

（1）物流的概念

关于"物流"起源的说法，有不同的版本。 物流活动的最早文献记载出自英国，1918 年，英国犹尼利弗的哈姆勋爵成立了"即时送货股份有限公司"，目的是在全国范围内把商品及时送到批发商、零售商和客户手中。 美国关于物流的概念，最初被称为"实体分配"（Physical Distribution，PD）。 1935 年，美国销售协会阐述了 PD 的定义："实体分配是指包含与销售有关的物质资料和服务，并伴随着从生产场所到消费场所流动过程中的各种经济活动"。

二战期间，美国从军事需要出发，在供应军火时，首先采用了"物流管理"（Logistics Management）对军火的运输、补给、屯驻等进行全面管理。 二战后，"物流"一词被美国经营者应用到企业管理中，称为企业物流，主要是对产品的供销、运输、存储等活动进行综合管理。 由此，Logistics 逐渐取代了 PD，成为物流科学的代名词。

物流是一个涉及社会经济各方面的复杂大系统，涵盖了从原材料供应商、制造商、批发商、零售商直到最终消费者即市场流通的全过程。

在经济活动中，商品实体或服务从生产领域向消费领域活动过程中产生的运输、配送、仓储、包装以及流通过程的再加工等构成了物流系统。 广义的物流是指社会物质在一定的劳动组织条件下，凭借载体从供应方向需求方的定向移动；狭义的物流指商业物流，即发生在商品流通领域中，在一定劳动组织条件下，凭借载体从供应方向需求方将商品实体定向移动。

现代物流来源于消费者需求的拉动力，即由消费需求开始，依据物流系统各个环节的信息传递和反馈，通过企业生产经营活动，最终目的是满足消费者或客户需求。

（2）物流和物流管理的定义

我国国家标准《物流术语》[1]中对物流的定义为：物流是物品从供应地到接收地的实体流动过程，根据实际需要，将运输、储存、装卸、搬运、包装、流通加工、配送、信息处理等基本功能实施有机的结合；而关于物流管理的定义为："为了降低物流成本达到客户所满意的服务水平，对物流活动进行的计划、组织、协调与控制"。 主要是指在社会化生产经营过程中，为满足客户需求，根据物质资料实体流动的规律，应用管理的基本原理和科学方法，对物流活动进行计划、组织、指挥、协调、控制和监督，使各项物流活动实现最佳的协调与配合，以降低物流成本，提高企业的物流效率和经济效益。

小知识——物流与流通

① 物的概念

物：物流中"物"的概念是指一切可以进行物理性位移的物质资料。重点在于"物"必须发生物理性位移，而这一位移的参照系是地球。

物资：专指生产资料，有时也泛指全部物质资料或工业品生产资料。与物流中"物"的区别在于"物资"中包含相当一部分不能发生物理性位移的生产资料，这一部分不属于物流学研究的范畴，例如建筑设施、土地等。

物料：生产领域中的一个专门概念。生产企业习惯将最终产品之外的，在生产领域流转的一切材料（不论来自生产资料还是生活资料），如：燃料、零部件、半成品、外协件、生产过程中产生的边角余料、废料及其他各种废物统称为"物料"。

货物：交通运输领域中的专门概念。交通运输领域将经营的对象分为人和物两大类，除人之外，"物"的这一类统称为货物。

商品：商品和"物"的概念是互相包容的。商品中的一切可发生物理性位移的物质实体，也即商品中凡具有可运动要素及物质实体要素的，都是物流研究的"物"。商品实体仅是物流中"物"的一部分。

物品：生产、办公、生活领域常用的概念。在生产领域中，一般指不参加生产过程，不进入产品实体，而仅在管理、行政、后勤、教育等领域使用的与生产相关的或有时完全无关的物质实体；在办公生活领域则泛指与办公、生活消费有关的所有物件。

② "流"、"流通"与"物流"

流：物流学中的"流"指物理性运动。

流通："流"的要领和流通概念既有联系又有区别。

联系在于：流通过程中，物的物理性位移常伴随交换而发生，这种物的物理性位移是最终实现流通不可缺少的物的转移过程。而物流中"流"的一个重点领域是流通领域。

流与流通的区别：a. "流"不但涵盖流通领域也涵盖生产、生活等领域，凡是有物发生物理性运动的都是"流"的领域。流通中的"流"从范畴来看只是全部"流"的一个局部；b."流通"以实物物理性运动构成"流"的局部。流通领域中，商业活动的交易、谈判、契约、分配、结算等所谓"商流"活动和贯穿于期间的"信息流"等都不能纳入到物理性运动。

物流：是指物质资料从供给者到需求者的物理性运动，主要是创造时间价值和场所价值，有时也创造一定加工附加价值的活动。

摘自：王艳玲.现代物流实务与法律[M].北京：人民交通出版社,2001.

（3）物流管理的发展

从企业管理发展历程来看，生产管理始于 19 世纪末 20 世纪初，营销管理 20 世纪 30 年代开始实践。而物流活动作为客观存在的实体历史久远，但物流管理登上历史舞台仅有几十年时间，甚至在销售活动中常被忽视。直到 20 世纪 90 年代，物流管理才受到企业界的普遍重视。

① 物流管理发展的原因

a. 计算机的普及。低成本硬件结合先进的软件、强大的数据处理功能，使管理人员可以把采购、制造到配送的全过程集成为物流系统进行管理；

b. 信息革命。越来越多的企业运用条形码、EDI（Electronic Data Interchange，电子数据交换）、因特网等信息技术传输商业数据，提高了物流及时信息的可获得性，使信息成为有效地、可持续地降低物流成本的重要因素；

003

c. 竞争环境的改变。基于时间的竞争使单一企业竞争模式逐渐转变为供应链之间的竞争。在这一竞争环境下，有效的物流管理是保证供应链协同运行通畅的必要条件。

② 物流科技的发展动态

a. "物流管理"向"物流管理 + 物流工程"转变

重视物流过程的实现技术与装备（运输、储存、装卸搬运、包装、加工、配送、定位、检测、企业信息化及信息处理等）；

b. "物流管理与工程"向"供应链管理与工程"转变

进一步认识信息和标准的作用与价值，重视供应链的信息化技术和标准化技术（供应链可视化管理与实现技术、供应链商务智能与决策支持技术、信息平台集成与协同技术、智能信息交换、集成与处理技术以及标准化体系建设等）；

c. "重视物流"向"重视物流 + 采购"转变

重视基于物流和采购的集成技术和成套技术（基于采购的集成化设计技术、仿真设计与装配技术、过程控制技术与方法以及采购信息平台与共享技术等）。

③ 物流日益增长的驱动因素

经济规制的放松；顾客消费行为的改变；技术进步（集成化、信息化、柔性化）；零售商在渠道中的作用日益增大；贸易全球化、专业化和一体化。

（4）第三方物流

第三方物流(Third Party Logistics，3PL)，是相对第一方发货人和第二方收货人而言的。 通过与第一方或第二方的合作提供专业化的物流服务。 第三方不拥有商品,不参与商品的买卖,而是为客户提供以合同为约束、以结盟为基础的系列化、个性化、信息化的物流代理服务。 最常见的第三方物流服务包括设计物流系统、EDI 能力、报表管理、货物集运、选择承运人和货代人、海关代理、信息管理、仓储、咨询、运费支付、运费谈判等。

（5）第四方物流

第四方物流是 1998 年由美国埃森哲咨询公司率先提出的,专门为第一方、第二方和第三方物流公司提供物流规划、咨询、物流信息系统、供应链管理等服务。 第四方物流实际并不承担具体的物流运作活动。

第四方物流服务主要是指由咨询公司提供的物流资讯服务。 咨询公司为物流公司进行物流系统分析诊断、提供物流系统优化和设计方案等。 第四方物流公司必须具备良好的物流行业背景和经验,并且不需要从事具体的物流活动,也不用建设物流基础设施,只是对整个供应链或物流活动提供整合方案。

1.2　服装业的物流

服装业属于劳动密集型产业,现代物流管理刚刚起步。 随着全球经济一体化的快速推进、信息工具的普及、竞争环境的变化及物流业自身的发展,物流管理已逐渐受到服装企业经营者的重视。

1.2.1　服装物流的特征

20 世纪 80 年代中期,随着"快速反应"(Quick Response,QR)和"敏捷销售"(Lean Retailing,LR)的兴起,供应链环境下的物流管理思想得以广泛应用。

（1）服装物流管理的主要任务

a. 以实现客户满意为第一目标;

b. 以企业整体有效产出最优为目的;

c. 以信息技术为管控手段;

d. 以效率为重,强调效果。

（2）服装物流管理的目的

实施服装物流管理的目的是尽可能以最低的成本实现既定的客户服务水平,即寻求服务优势和成本优势的一种动态平衡,并由此创造企业在竞争中的战略优势。 根据这一目标,物流管理要解决的基本问题是将合适的服装产品,以合适的数量和合适的价格,在合适的时间和地点提供给客户(或消费者)。

（3）服装物流管理的主要内容

a. 合理利用来自销售终端并贯穿于供应链中共享的销售和库存信息；

b. 科学规划生产计划、库存决策和物流配送；

c. 有效地满足市场需求、降低库存、快速配送；

d. 缩短从制造、分销、零售直至消费者的供应链产品周期；

e. 提高资金周转率；

f. 减少零售店的剩货率和缺货率。

（4）服装物流的时间性

从商品角度分析，服装是一种淘汰率极高的消费品。服装流行趋势的演变不仅受到政治、经济、文化等多方面因素的影响，更直接受到人们约定俗成的社会伦理道德、风俗习惯等左右。然而，服装从企划、设计、出样、生产、流通到零售，"时间性"是市场运作第一要素。

案例 1-1——美国的服装 QR 战略

20 世纪 80 年代，美国实施快速反应战略时曾做过调查：一件普通的服装商品从原材料到消费者手中的产品周期约 66 周，其中 23 周处于纤维和面辅料工艺流程阶段，再经过 24 周形成成衣，最后在流通领域停留 19 周；在整个产品周期中仅有 11 周时间处于加工状态，使产品增值，而其他 55 周处于库存或运输状态。

为了缩短纺织服装产品周期，美国服装 QR 合作企业先后引入了物料需求计划（MRP）、制造资源计划（MRP Ⅱ）、企业资源计划（ERP）等管理方法，在此基础上形成了供应链管理（SCM）系统。20 世纪 90 年代开始，Wal-Mart 等大型零售商实施并推动了快速反应和敏捷销售战略，加快了企业间的信息交流，在实现有效销售和降低库存成本方面取得了显著成果，服装整个产品周期缩短至 22～23 周。

随着顾客（客户或消费者）期望值的不断提高，企业必须提供更高水平的服务。20 世纪 70 年代，美国服装制造商普遍接受的服务水平是交货提前期 7～10 天，订单完成率 92%；80 年代，提前期缩至 5～7 天，订单完成率上升为 95%；90 年代，最低限度的提前期为 3～5 天，订单完成率 98%。而国内著名服装休闲品牌企业通过流程再造，强调服装供应商（加工企业）必须按期交货，如要求交货提前期至多三天，订单完成率要求达到 95% 以上。由此可知，物流管理关注的是获得产品时间的便利性。简而言之，企业是否有顾客需要的产品，顾客能否拿到现货？因此，企业物流管理的核心或最终目的是在时间、便利性等方面使顾客满意。

1.2.2 服装物流的功能

服装物流包括产品包装、装卸、运输、储存作业的标准化、规格化、系列化和信息化。

（1）服装物流的一般功能

① 服务商流

在服装商流活动中，商品所有权在购销合同签订时，便由供方转移到需方，而商品实体并没有因此而移动。 一般的商流必须伴随相应的物流过程，即按照采购方（需方）的需要将商品实体由供应方（卖方）以适当方式和途径向需方转移。在整个流通过程中，物流是商流的后继者和服务者。

② 保障生产

从服装面辅料采购开始，便有相应的物流活动，即将所采购的面辅料配送到位。 否则，整个生产过程便成了无米之炊；在生产的各工艺流程之间，也需要原材料、半成品的物流过程控制，以实现均衡生产或流动。 整个生产过程实际上是系列化的物流活动。 依据合理化的物流管理，降低制造成本，通过优化库存结构以减少资金占用，使服装生产活动和效益得到有效保障。

③ 方便生活

生活的每一个环节，都有物流的存在。 通过全球贸易，世界名牌服装可在各国市场销售；依据先进的储藏技术，可以让新鲜食品在任何季节上市；搬家公司周到的服务，可以让人们轻松地乔迁新居；多种形式的行李托运业务，可以让人们在旅途中享受舒适的情趣；而电子商务及快递业的迅速发展，使服装成为网上购物的最大宗商品，改变了一代人的生活方式。

（2）服装物流的实务功能

a. 收货、产品检验、包装、配送；

b. 流通加工设施与机器配置；

c. 流通加工业务的成本控制；

d. 退货处理、库存差异控制；

e. 安全保障；

f. 处理与相关业务部门的关系；

g. 物流信息化。

1.2.3 服装物流管理的方法

（1）物流管理的系统方法

物流管理强调运用系统方法解决问题。 现代物流通常由运输、存储、包装、装卸、流通加工、配送和信息等诸环节构成。 各环节原本都有各自的功能、利益和管理方法。 系统方法是利用现代管理理论和现代技术，使各个环节共享总体信息，把所有环节作为一体化的系统来进行组织和管理，使系统能够在尽可能低的总成本条件下，提供有竞争优势的客户服务。

系统方法认为，系统的效益并不是它们各个局部环节效益的简单相加。这一观点意味着，对于出现的某一个方面的问题，要对全部的影响因素进行分析和评价。从这一观点出发，物流系统并不是简单地追求各个环节上的最低成本，因为物流各环节的效益之间存在相互影响、相互制约的倾向，存在着交替益损的关系。比如过分强调服装包装材料的节约，可能因其易于破损而造成运输和配送费用的上升。因此，系统方法强调要进行总成本分析和成本权衡应用的分析，避免次佳效应，在提高有效产出的同时，达到总成本最低以及满足既定客户服务水平的目的。

（2）供应链环境下的物流管理

物流管理不能仅单纯考虑从生产者到消费者的货物配送问题，而且还应考虑从供应商到生产者对原材料的采购以及生产者本身在产品制造过程中的运输、保管和信息等各个方面，全面地、综合性地提高经济效益和效率。因此，供应链环境下的物流管理以满足顾客的需求为目标，是将制造、运输、销售等相关企业和市场信息统一起来管控的一种战略措施。

当前经济形势下，特别是我国加入 WTO 后，服装企业面临激烈的市场竞争和严峻的挑战。物流管理，尤其是借鉴了供应链管理思想的物流管理模式，将成为服装企业发展的又一个动力源。

国外先进企业利用物流管理为生产和销售服务的成功运作，为我国服装企业物流管理的发展提供了借鉴。在汽车制造、大型超市等行业起重要作用的物流管理理论和模型，经过调整也同样适合于服装业。

1.2.4　服装物流与库存管理

我国库存管理真正引起企业界的重视是在 20 世纪 90 年代后期，开始时将重点放在汽车制造、大型超市等行业，当时的服装业鲜有涉及。

（1）物流管理环境下的库存问题

a. 缺乏整体观念。物流各部门之间是相互独立的，都有各自的目标与使命。有些目标与物流整体目标不相干，甚至可能是冲突的。

b. 对客户服务的不恰当理解。物流管理的绩效好坏应该由客户来评价。但是，由于对客户服务的理解与定义各不相同，往往导致对客户服务水平产生差异。

c. 交货状态数据不准确。一些服装企业并没有及时地把修改后的交货信息准确地提供给客户，结果必然造成客户不满和企业信誉损失。

d. 信息传递系统效率低。企业的信息系统并没有实现网络化，当供应商需要了解客户的需求信息时，常常得到延迟或不准确的信息。由此影响服装库存量的精准度，同时，新款快单和补单生产计划的实施也会遇到困难。

e. 忽视不确定性对库存的影响。 缺少研究和跟踪不确定性的来源及影响，错误估计物料的流动时间（提前期），造成服装库存过剩或不足。

f. 库存控制策略简单化。 库存控制是一个动态的过程，确定性随时间而变化。 依据不确定性信息制定的库存控制策略风险大。

g. 缺乏合作与协调性。 容易导致交货期延迟和服务水平下降，同时库存量也由此而增加。 或者供应链缺乏柔性时，易造成产品积压，产生过剩商品。

案例 1-2——我国服装库存现象

由表 1-1 可知，我国服装制造业中库存过多（产品过剩）达 31.3%，这一数据比制造业总体多了 14.3 个百分点。 由此可知，服装业的库存管理有很大的改进空间。

表 1-1　纺织服装企业库存　　　　　　　　　单位：（%）

	不足	正常	过多	不足－过多
制造业总体	10.6	72.4	17.0	－6.4
纺织工业	3.9	63.0	33.1	－29.2
化纤制造业	2.0	54.0	44.0	－42.0
棉纺织业	3.5	56.6	39.9	－36.4
服装制造业	3.1	65.6	31.3	－28.2
其他纺织工业	5.9	75.5	18.6	－12.7
国有企业	7.1	57.2	35.7	－28.6
国有控股企业	—	44.7	55.3	－55.3
非国有企业	4.3	71.5	24.2	－19.9
大型企业	1.0	52.1	46.9	－45.9
中型企业	5.1	62.9	32.0	－26.9
小型企业	3.0	74.2	22.8	－19.8

来源：中国纺织工业协会. 2001—2002 中国纺织工业发展报告［R］. 北京：中国纺织出版社，2002：183-184.

高库存问题近一两年最让服装企业头痛。 从 2011 至 2012 年，因库存问题致使 IPO（Initial Public Offerings，首次公开募股）被否的服装企业不在少数。 服装分析师马岗在《第一财经日报》上表示："如果把目前全国库存的服装拿出来卖，只怕三年都卖不完"。

服装企业不断尝试打折、电商、直营以及回购等方式去库存。 不过，这些方式依然很难真正解决库存问题。

案例1-3——库存服装三年卖不完 三大利器难破题

利器之一：疯狂打折

打折是服装企业促销去库存的传统做法。

M品牌总部仓库相关人士对记者表示，每年他们都会举行几场特卖会来销售库存。中金公司研报统计称，在竞争白热化的当下，一些服装品牌新品刚上市就选择打折，有些会打8.5折或者8.8折，库存则打3~5折。

李宁首席执行官兼总裁张志勇曾公开表示，2012年，零售店折扣率将达24%~25%，工厂店及折扣店折扣率为50%~53%。

然而，打折过度对代理商的积极性也会造成挫伤。一位二线城市休闲服装代理商杜先生对记者说，除去人工、店租，盈利空间已经十分有限，只要品牌直营店一打折，自己几乎赚不到钱。

对于深耕品牌、定位中高端的服装企业来说，打折只是针对尾货的一种促销方式。七匹狼上海地区一位负责销售的人士对记者称："花几个亿请明星代言，做广告，如果打折泛滥，品牌形象到头来将会一文不值"。

利器之二：电商化

去库存的另一个方式，是让企业又爱又恨的电商渠道。

无底线的价格战让企业有时候不得不以近乎于零的利润来快速推货，成为一种"断尾求生"的不得已之举。以某品牌2012年某新款休闲男鞋为例，在实体店卖239元，而在"天猫商城"团购价则为155元，相当于打了6.5折。

361度年报显示，将重点拓展电子商务，已通过独立的第三方代理，在淘宝网销售鞋服产品。李宁、安踏和匹克也都曾在年报中提到，要继续加强电子商务渠道建设，以适应当下的消费需求，应对高库存的情况。

环球鞋网数据显示，以中国运动品牌基地福建泉州为例，目前已有近七成鞋服企业涉足电子商务。2011年，安踏的电商销售额为1.6亿元，特步为1.2亿元，鸿星尔克为1亿元，乔丹为5 000万元。

不过，如果控制不好，电商渠道反而更容易造成库存。以某电商品牌为例，截至2011年三季度末，其总库存量高达14.45亿元，几乎是2011年销售额的一半。这类服装电商品牌，靠的就是低价来争抢线下市场，当出现滞销款式时，很难再像线下品牌那样靠大折扣促销来消化库存。

利器之三：直营模式＋弹性供应链

为控制新存货的产生，M品牌从2010年以来，以五倍于加盟店的成本，在一线城市建立直营店和折扣店，逐步加大对销售终端的控制力度，截至2012年一季度，直营店销售收入达到总收入的45%。

然而，从加盟店走向直营店的模式，也宣告了M品牌"轻资本化"模式的结束，"重资本化"模式的到来。直营店比重越大，意味着运营成本越高，要求企业必须具备更为安全的现金流水平，以支付各种经营开支。

某品牌服装经营者认为："有一定比例的直营店,对企业来说是一个安全通道,但也要以企业的资金情况来权衡。比如一个区域的购买力只有2 000万元,但生产出来3 000万元的货品,那怎样才能让消费者把多余的1 000万元货品买回去呢?这还是得从生产这个源头上控制,比如降低产品的同质化、地区渠道不要过于密集等"。

目前,国际上也只有ZARA、H&M、优衣库等几家企业能够较好地做到库存的有效控制。前两者是款多量少、高速换代,后者则是依靠精细的流程控制。

摘自:夷施.库存服装三年卖不完,三大利器难破题[N].第一财经日报,2012-06-19.

(2) 库存管理的相关因素与方法

物流管理涉及到需求预测、库存水平和订货周期等诸多因素。高速的信息技术工具能使服装企业的采购和销售成本有较大的下降空间,给位于这两个环节之间的库存管理带来广阔的发展空间和巨大的挑战。

① 库存管理(Inventory Management)

库存管理是指在物流过程中对商品数量和质量的管理。

计划经济时代,仓库里的商品多,表明企业发达、兴隆,库存是资产;市场经济时代,库存多,占用资金多,利息负担加重,库存是负债。

库存管理系统是生产(或营销)、计划和控制的基础。通过计算机管理软件,可以对仓库、货位等账务管理及入/出库类型、入/出库单据进行实时管控,及时反映各种物资的仓储、流向信息,为生产和市场营销等管理提供成本核算依据。通过库存分析,可为管理及决策人员提供库存资金占用、物资积压、短缺/超储等信息。服装品牌企业依据对商品码的跟踪,可实现专批专管,保证质量和服务跟踪的贯通。

② 库存的主要作用

a. 保持生产运作的平稳性;

b. 满足市场需求的变化;

c. 利用经济定购量的优势;

d. 克服交货时间波动;

e. 增强生产经营计划或服务的柔性。

③ 库存管理目标

对顾客需求做出及时反应的能力已日益成为衡量服装企业竞争力的基本指标。快速反应和敏捷销售理念有助于服装企业合理利用来自售点并贯穿于物流中共享的销售和库存信息,有利于指导生产计划、库存决策和物流配送,有效地满足市场需求、降低库存。通过综合分析,使总费用减少,企业获得更多利润。ZARA、UNIQLO、GAP等国际著名服装品牌的成功经验证明,通过协调一致的物流管理可以使企业库存降低,费用减少,这些企业从较高的利润率、顾客服务水平以及更快的反应速度中获益匪浅。

SKU 即存储保管单元,是储存在特定地理位置的某个物料。例如,服装库存由不同款式、规格、颜色的 SKU 构成。

(3) 售点库存管理

合理的库存管理可使售点顺利完成销售指标、节省开支、提高盈利。 服装售点库存管理需要考虑服装季节性因素,主要工作如下:

a. 确定各售点货品的铺货量;

b. 实行合理的配货原则和货品管控;

c. 严格执行退货制度;

d. POS 系统的应用。

(4) 服装库存管理软件现状

目前国内市场上销售的服装进销存软件,主要功能是进货、配货、发货、退货、换货、库存结算、库存盘点、查询等。 而为服装业"定做"的标准化服装企业库存管理软件尚待开发、推广和应用。

1.2.5 物流管理与供应链管理

物流管理是供应链活动的一部分,即为了满足客户需要,对商品、服务以及相关信息从产地到消费地进行高效、低成本流动和储存的规划、实施与控制的过程。 在发达国家,物流管理被称为企业发展的"第三利润源",特别是借鉴了供应链管理思想的现代物流管理模式,无疑将给服装企业提升竞争力带来巨大的帮助。供应链管理已成为 21 世纪企业的核心竞争力,而物流管理则是供应链管理的核心组成部分。 如今,运用先进的物流管理模式在竞争中获胜的服装企业已不乏先例,如意大利的贝纳通(Benetton)和美国的耐克(Nike)公司等。

对供应链中的物流、信息流、资金流以及业务流进行计划、组织、协调和控制,通过贸易伙伴(供应链上的每个链节)的密切合作实现最佳的配合与协调,以最小的成本为客户提供最大附加值的商品和最好的服务。 由制造商、批发商、流通(配送)中心、连锁店或零售商组成的网络,从获得原材料,然后加工为半成品、成品并进行销售,形成信息、利益共享的供应链管理模式或系统。

(1) 供应链的"拉动效应"和"双赢机制"

现代物流来源于消费者需求的拉动力,即由消费需求开始,通过物流系统各个环节的信息传递与反馈,决定企业的生产经营活动,它的最终目的是满足消费者需求。

①"拉动效应"

由纤维供应商、面料生产商、成衣制造商以及批发商、零售商构成的供应链系统中,运用现代化的物流管理手段,建立企业间订单自动处理系统,有效地管理客户关系,进行销售预测,不再将消费者不需要的商品"推"向市场,而是由市场需求来"拉"动生产。

②"双赢机制"

现代物流管理模式力图在制造、批发、零售环节建立供应链体系,使制造商和批零商能够共享信息,协同管理库存,利用现代化的配送中心,实现灵活的调配货,建立信息和利益"双赢"机制。

(2) 供应链环境下的库存管理策略

① 供应商管理库存(Vendor Managed Inventory, VMI)

供应商代理客户行使库存决策权,关键要素是库存状态对供应商透明化。

供应商能随时跟踪客户库存状态,主动调整供货频率,从过去单纯执行客户订单转变为主动分担补货责任,快速响应市场需求变化,同时也使客户减少了库存。

② 联合管理库存(Jointly Managed Inventory, JMI)

风险分担的库存管理模式。 物流中的每个库存管理者(供应商、制造商、分销商)都从相互的协同性考虑,保持相邻节点间库存与需求预期一致,从而解决物流管理中由于独立库存运作导致的"长鞭效应"[2]。

③ 协同计划、预测与补货(Collaborative Planning, Forecasting and Replenishment, CPFR)

建立在 JMI 和 VMI 的实践基础上,强调着眼于物流整体效率,使供应链企业之间能够实现从制造商到零售商之间的功能协同,显著改善预测准确度,降低库存总量、成本和现货百分比,发挥供应链管理的全部效能。

服装供应链的 QR 和 LR 的推行对物流管理提出了更高要求,对加速服装企业的信息技术水平提升以及物流管理的发展起到巨大的推动作用。

1.2.6 物流管理的信息化

(1) 服装企业库存管理信息化现状及问题

a. 服装产品的特点决定了服装业是信息量大、对信息灵敏度要求高的行业。 我国服装业库存管理信息化处于起步阶段,人工管理和计算机管理并存;

b. 服装业具有不同于其他行业的特性,普通计算机管理软件未必能提供完善的解决方案;

c. 以中小服装企业居多,单个企业全面实施计算机信息管理系统难度较大;

d. 信息化管理运作不畅,库存管理系统效果不佳;

e. 缺乏有效的流程管理来保证库存管理软件的运行;

f. 服装从业人员计算机操作水平较低,适应现代化信息管理系统有难度。

（2）物流信息化管理的层次

第一层：基础技术层。 包括基础网络架构、OA 办公自动化、财务管理、信息采集的条形码、RFID（Radio Frequency Identification，无线射频识别）及 GPS（Global Positioning System，全球定位系统）技术等。

第二层：运作执行层。 包括仓储管理（WMS）、运输管理（TMS）、流程管理（PM）与事件管理（EM）等应用系统。

第三层：计划协同层。 包括供应链计划（Supply Chain Management）和网络设计（Network Design）、需求计划（Demand Planning）和高级计划/高级排程（AP/AS）以及 B2B 业务集成（协同）应用等。

第四层：战略决策层。 由企业管理层决定企业的战略方向，寻找企业的核心竞争力，决定企业采取何种竞争、发展策略。

（3）服装物流的信息技术

① 服装条形码技术

服装条形码的应用，可实现销售、库存、配送等数据的收集、整理、统计、分析自动化，大大提高流通速度和生产效率。 无论是生产型还是销售型服装企业，都可从条形码的应用开始进行库存信息化管理。

② 服装 POS 系统

目前国内服装品牌企业在直营店中普遍开始应用 POS 系统。 一般的售点POS 系统，可以为店家统计销售数据，而实时销售数据分析和挖掘比较薄弱。 在百货店设专柜的服装企业采用"准 POS 系统"，将售出商品的条形码集中后传真给公司总部或区域销售中心，再统一扫描输入电脑。

③ 基于因特网的服装 EDI

EDI 是一种基于计算机应用、条码技术、通信网络和电子数据处理的 B2B电子商务方式和技术，它能够将纸面文件电子化，以标准的电子数据报文形式通过因特网在各企业计算机网络之间实时传递。 EDI 既是一种先进的技术手段，又是一种科学规范的管理方法。

a. EDI 在国外的发展。 目前，国外著名服装品牌企业已成功应用 EDI 系统，取得了可观的经济效益，如意大利的贝纳通（Benetton）公司、美国的列维·施特劳斯（Levi Strauss）公司等。

b. EDI 在服装业的应用。 服装企业通过 EDI 能够快速获得信息、合理安排生产、提高生产率、降低库存、减少订货周期、及时补货、实现敏捷销售和对市场的快速反应。 我国服装 EDI 在进出口贸易方面运用较多，主要是外向型服装企业。 而内销的服装企业以中小型居多，比较适合基于因特网的 EDI 模式。在实施时，供应链上各企业遵守统一的 EDI 报文格式和标准，通过因特网传输相关信息，形成一个集成化模式的信息技术系统。

④ 射频技术（RFID）

RFID 亦称射频识别、感应式电子晶片或近接卡、感应卡、非接触卡、电子标

013

签、电子条码等。 基本原理是由扫描器发射一特定频率的无线电波能量给接收器，用以驱动接收器电路将内部的代码送出，此时扫描器便接收代码。 主要应用有动物晶片、汽车晶片防盗器、门禁管制、停车场管制、生产线自动化及物流管理。我国秋水伊人服装品牌已开始在服装生产和物流管理上应用 RFID 技术。

1.2.7　现代物流

在当今的电子商务时代，全球物流产业有了新的发展趋势。 现代物流服务的核心目标是在物流全过程中以最小的综合成本来满足顾客的需求。 现代物流不仅考虑从生产者到消费者的货物配送问题，而且还应考虑从供应商到生产者对原材料的采购以及生产者本身在产品制造过程中的运输、保管和信息等要素。因此，现代物流是以满足消费者的需求为目标，把制造、运输、销售等市场要素统一起来综合管理的一种战略措施。 这与传统物流把它仅看作是"后勤保障系统"和"销售活动中起桥梁作用"的概念相比，在深度和广度上又有了进一步的发展。

（1）现代物流的特点

电子商务与物流紧密结合；现代物流是物流、信息流、资金流和人才流的统一；电子商务物流是信息化、自动化、网络化、智能化、柔性化的结合；物流设施、商品包装的标准化，物流的社会化、共同化。

（2）虚拟物流技术

虚拟物流（Virtual Logistics）指以计算机网络技术进行物流运作与管理，实现企业间物流资源共享和优化配置的物流方式。 即多个具有互补资源和技术的成员企业，为了实现资源共享、风险共担、优势互补等特点的战略目标，在保持自身独立经营的条件下，建立较为稳定的合作伙伴关系。

虚拟物流利用日益完善的通讯网络技术及手段，将分布于全球的企业仓库虚拟整合为一个大型物流系统，以完成快速、精确、稳定的物资保障任务，满足物流市场多品种、小批量的订货需求。 虚拟物流本质上是多频次、小批量物资配送过程，能使企业在世界任何地方以最低的成本跨国生产产品以及获得所需物资，以赢得市场竞争速度和优势。

虚拟物流管理模式的另一个特点是可以在较短的时间内，通过外部资源的有效整合，实现对市场机遇的快速响应。 但由于虚拟物流并没有改变各节点企业在市场中的独立法人属性，也没有消除潜在的利益冲突。 因此，虚拟物流对各联盟企业而言，同样存在风险问题。

1.2.8　物流的组织架构

（1）传统的物流活动

服装企业现行组织结构主要基于职能部门进行划分，从管理层到基层员工之间形成了"金字塔"型的组织体系。 在工业化时代、产品供不应求的情况下，这种组织结构的缺陷还不是很明显；但随着市场经济的产品过剩、信息时代的到来，市场环境趋于不稳定，顾客需求多样化，企业之间展开了基于时间的竞争，这种金字塔组织系统越来越难以适应市场要求。 例如，一项任务要顺序地流经各职能部门，虽然各职能部门的专业化程度提高了，但由于上一环节的工作完成之后才能开始下一环节的工作，一项完整的业务在各职能部门可能被分解得支离破碎，造成部门衔接中的大量等待，大大降低了企业运作效率。

（2）物流功能独立的组织形式

20 世纪 60~70 年代，物流的重要性得到了企业界的重视，出现了物流功能独立的组织形式，此时将物质配送和物流的功能独立出来，物流部门在企业中的地位日益提高。 随着市场需求的逐渐加大，企业为了以更低的成本做出物流的快速反应，开始建立面向零售业的物流配送中心，这也是造成物流部门相对独立和地位提升的原因之一。

（3）一体化物流组织形式

20 世纪 80 年代，出现了物流一体化的雏形，这种组织结构的目的是在高层领导下，统一所有的物流功能和运作，对各种原材料和制成品的运输和存储进行战略管理。 这一时期，计算机管理信息系统的发展直接促进了物流一体化组织的形成。

（4）基于动态流程再造的物流管理组织

20 世纪 90 年代，自从业务流程再造（Business Process Reengineering，BPR）的概念提出后，适应供应链管理的组织结构逐渐从过去的注重功能集合向注重过程重构与发展。 在新的经营环境和信息技术不断发展的条件下，上述的物流功能一体化对企业获得成功绩效的作用有限。 若不能彻底改变原有流程就不能实现新的目标。 因此，业界提出了将物流流程的整合或重组作为新的工作重心，尤其在发达国家，企业开展了物流业务流程再造，构筑了新型的物流管理组织。

第 2 章 | 服装业与物流业的环境

知识要点:

> 服装业的发展受到诸如人口、经济、政治、法律、人文、科技等宏观环境以及服装企业 4P(产品、价格、渠道、促销)、结构调整等中微观环境的影响。 在激烈的市场竞争中,服装企业除了提高产品质量、增加产品种类、加快供货频度以适应消费者的需求外,还需要提高物流管理水平。 本章根据服装业和相关物流业的经营环境,阐述物流的发展沿革、业务构成、组织形式及物流管理面临的课题,分析不同物流运作模式的基本原理与特色。

2.1 服装业的环境

2.1.1 服装业宏观环境

宏观环境涉及人口、经济、政治法律、社会文化、科技环境等,这些因素既能给服装业带来机遇,也会对服装业造成挑战。

(1) 人口因素

人口是市场构成的第一要素,即市场是由具有购买欲望同时又具有支付能力的人构成。 人口数量、年龄结构、家庭状况、人口地理流动和受教育水平等都会影响服装市场需求,进而对服装业产生影响。

国家统计局 2012 年 1 月 18 日对我国 2011 年人口总量与结构变化做了相应的分析。 从报告中可以得知人口结构的变化,其中人口老龄化趋势加快、适龄劳动力人口比重的下降[3]尤为显著。

① 我国人口总量继续保持低速增长

截至 2011 年末,我国大陆总人口(不包括香港、澳门和台湾地区)为 13.47亿,同比 2010 年末增加 644 万人,全年出生人口为 1 604 万人,人口出生率为11.93‰,同比 2010 年末增加 0.03‰;死亡人口 960 万人,人口死亡率为7.13‰,同比去年年末增加 0.03‰。 人口及其自然增长率变化趋势见图 2-1。

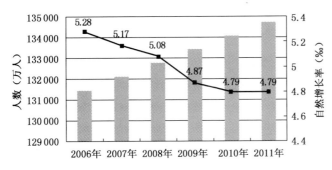

图 2-1　人口及其自然增长率变化趋势

来源：国家统计局

② 劳动年龄人口比重 10 年来首次出现下降

　　截止 2011 年末，全国 60 岁及以上人口达到18 499万，占总人口的13.7%，同比去年年末增加了 0.47 个百分点；65 岁及以上人口达到 12 288 万，占总人口的 9.1%，增加 0.25 个百分点；15~64 岁劳动年龄人口的比重自 2002 年以来首次出现下降，2011 年为 74.4%，同比去年年末下降了0.1%。2011 年末各年龄段人口比重见图2-2。

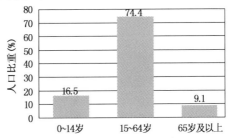

图 2-2　2011 年末各年龄段人口比重

来源：国家统计局

　　15~64 岁劳动人口比重 10 年来首次下降，印证了我国人口老龄化的趋势正在逐步加快。 改革开放 30 余年来，支撑我国经济快速发展的一大优势是劳动力资源丰富，而随着"人口红利"①的持续衰减，人口结构的老龄化，给我国经济的发展提出了诸多新问题。 各年龄段人口比重变化情况如图 2-3所示。

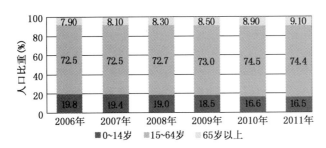

图 2-3　各年龄段人口比重变化情况

来源：国家统计局

---

① "人口红利"是指一个国家的劳动年龄人口占总人口比重较大，抚养率比较低，为经济发展创造了有利的人口条件，整个国家的经济成高储蓄、高投资和高增长的局面。

人口比重变化对服装业发展的影响：

a. 服装业转型升级刻不容缓

改革开放 30 多年来，"人口红利"带来的巨大成本优势使得我国成为全球工业品生产制造基地和世界工厂。 毋庸置疑，低廉的劳动力成本在中国服装业中扮演了十分重要的角色，而低廉劳动力成本的基础是我国适龄劳动人口众多。随着我国老龄化趋势的加快，劳动力人口比重已经发生了微妙的变化，从上升转为微降。 由此可以判断，我国服装业作为劳动密集型产业，随着人工费用和材料费上涨，低成本优势正逐渐丧失，转型升级已刻不容缓。 如何转型升级、摆脱单纯依靠廉价劳动力成本的发展模式，是政府、行业组织以及企业亟待解决的课题。

b. 企业"招工难"的局面长期存在

自 2009 年以来，我国东南沿海地区的纺织服装企业几乎每年都会出现"招工难"和"用工荒"的局面，导致这一现象产生的原因是多方面的，但适龄劳动人口比重在局部地区的下降以及 20 世纪 80 年代、90 年代出生的年轻人的就业观念改变是重要原因。 随着我国整个劳动人口比重和观念的变化，将在长时间内影响我国劳动力的供求关系，可以预计"招工难"和"用工荒"的局面将继续存在。 与此同时，随着我国诸多惠农利农政策的推出，将吸引大量劳动力回乡务农或创业，一定程度上也会加剧服装企业招工的困难。

（2）经济因素

经济环境是指构成企业生存和发展的社会经济状况，即国家的经济政策。一个国家的经济状况会影响具体产业的表现，而经济环境对服装产业的发展有着更直接、更显著的影响。

2011 年是"十二五"开局之年，也是经济形势异常复杂的一年。 政府刺激经济增长的政策在不断调整、推出，经济增长越来越多地依赖于国内消费和企业投资；以国民家庭和企业等微观经济主体行为调整为基础的发展方式转型正在逐步推进，家庭购买活动和企业转型升级活动成为消费、投资增长的深层次决定性因素。

① 经济增长呈下行态势

自 2008 年金融危机以来，我国的经济增长率有所减缓，经济增长率减弱至个位数，2008 年全年的经济增长率下跌到 9.6%。 在此之前，中国的经济增长率2006 年为 12.7%，2007 年为 14.2%。 这场金融危机同样对我国的服装业带来负面影响，在宏观经济减速发展的情况下，市场需求增长减弱，服装企业发展将面临更为严峻的挑战。

图 2-4 所示为 2006—2011 年我国经济增长率。

2011 年 1—11 月份消费实际增长率同比降低近 4 个百分点。 从结构调整和发展方式转变来看，面对市场环境和要素成本的变化，服装业经济增速下滑，一批低水平、粗放型发展模式的服装企业开始陆续退出市场，而新一代企业，

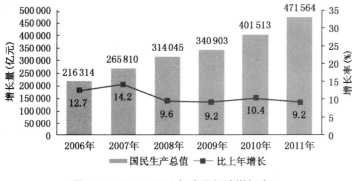

图 2-4　2006—2011 年我国经济增长率
来源：国家统计局《中华人民共和国 2011 年国民经济和社会发展统计公报》

如服装物流企业的成长尚需时日。从短期因素看，由于土地、劳动力、服装原辅材料等要素价格上涨以及人民币汇率持续上涨，将导致服装产品成本压力加大。

② 可支配收入与人均衣着支出

个人可支配收入是指个人收入扣除向政府缴纳的各项税费后的余额。个人可支配收入被认为是消费开支最重要的决定性因素，常用来衡量一国生活水平的水准。可支配收入决定了社会和个人的购买能力。因此，居民可支配收入越高，代表该国的经济越发达，也表明该国的居民购买能力强、生活水准高，追求高品质生活。

国家统计局统计显示，2008 年全国社会消费品零售总额 10.85 万亿元，比上年增长 21.6%，其中，服装类增长 25.9%，增幅较 2007 年下降了 3.1 个百分点，全年全社会累计服装消费超过 1 万亿元；2009 年全国社会消费品零售总额超过 13.27 万亿元；2010 年全国社会消费品零售总额为 15.70 亿元，比上年增长 18.3%，扣除价格因素，实际增长 14.8%；2011 年全国社会消费品零售总额为 18.12 万亿元，同比增长 17.1%，服装消费超过 1.4 万亿元。

随着国民生活水平的提高，对服装家纺产品的需求也越来越旺盛。国家统计局数据显示，2011 年中国城镇居民人口为 6.907 9 亿，人均衣着支出 1 674.7元，比 2010 年提高 15.93%；农村居民 6.565 6 亿人，人均衣着支出比 2010 年提高 29.5%。中国纺织工业联合会预计，2011—2020 年，中国城镇居民人均衣着支出平均增长率为 12.5% 左右，农村居民人均衣着支出增长率为 15% 左右。2001—2011 年，我国城镇居民人均衣着支出情况见图 2-5。

③ 利率和汇率的变化

从 2012 年 5 月 18 日起，中国人民银行下调存款类金融机构人民币存款准备金率 0.5 个百分点，表明国家正在采取积极的财政政策，有利于拉动内需，促进消费，同时银行可贷资金增加，为企业筹措资金松绑。在这一经济环境下，服装企业可适当扩大融资规模，为企业的发展拓宽道路。

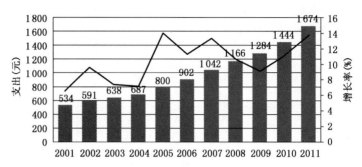

图 2-5　2001—2011 年我国城镇居民人均衣着支出情况

自全球金融危机以来，迫于各种压力，人民币对美元不断升值，不利于我国以美元结算的商品出口，但有利于商品进口。人民币升值，从某种意义上讲，意味着我国纺织服装产品的出口价格竞争力下降。研究表明，人民币每升值 1%，纺织服装业销售利润率将下降 2%～6%。

人民币升值将对我国主要依靠出口的纺织服装业产生重大影响，主要体现如下两个方面：

a. 价格优势削弱

人民币升值会相对提高纺织服装的出口成本，企业要维持利润的方法之一是提高出口产品的价格。但就中小企业而言，价格提高将削弱它们在国际市场上的竞争优势，会使出口受到一定的抑制，减少纺织服装的出口数量。人民币汇率调整冲击最大的主要是纺织服装大宗、低档的产品出口。

b. 中小企业举步维艰

我国纺织服装出口以中小型企业居多。因自身实力、品牌效应、营销策略等方面的竞争力弱，这些企业中的相当一部分在今后激烈的国际竞争中将处于明显的劣势地位，面临被淘汰出局的危险。

1990—2011 年美元对人民币汇率的变化情况如图 2-6 所示。

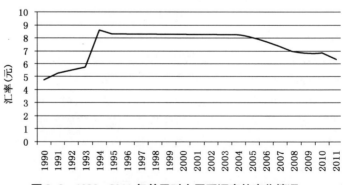

图 2-6　1990—2011 年美元对人民币汇率的变化情况

因此，在人民币升值带来不利影响的情况下，我国纺织服装业应加速转型，调整产品结构，在产业链中依靠品牌和科技创新能力提升产品价值，积极提升出口产品档次,提高出口产品的附加值,鼓励加工贸易向深加工、高增值方向发展;利用外汇金融工具,规避外汇风险;积极实施"走出去"战略,向国际市场直接投资,在国外设厂和联合办厂、收购企业、设立贸易公司和原料基地,利用各种区域性优惠安排,排除贸易壁垒干扰;在利用原有资源、品牌和销售网络,扩大市场份额的同时,主动进入发达国家的供应链和销售终端,并与国外的生产商和零售商结成互补双赢关系,以合作求发展;同时坚持市场多元化策略,在巩固欧洲、北美、东亚等原有主要出口市场的基础上,应更注重开拓中亚、西亚、东欧乃至非洲等新兴市场,避免因市场过于集中所带来的被动局面。

（3）政治法律因素

针对劳动密集型产业(如服装业)面临的实际困难,政府连续出手救市。 服装业面临国外市场萎缩、人民币升值的不利环境,服装出口受阻。 作为劳动密集型的传统产业,国内服装业从业人数多、影响面广。 在这种形势下,首先政府多次调高服装出口退税率,及时缓解了企业出口的盈利压力;同时,国务院出台了《纺织工业调整和振兴规划》,以指导和帮助纺织服装业进行结构调整,提升行业竞争力。

2008 年以来,我国政府先后出台各种优惠政策对纺织服装业予以扶植,加大财税金融支持,特别是加大了出口激励措施的力度。 其中提高出口退税率是调整和振兴规划中最实惠的政策。 自 2008 年 7 月起,财政部和国家税务总局为缓解企业压力,连续上调出口退税率,至 2009 年 4 月 1 日,纺织服装的出口退税率已经达到 16%,较 2007 年同期上涨 5 个百分点。 2010 年 3 月,有专家建议出口退税率提高"最后一点",征多少退多少,即 17%。 图 2-7 所示为 1995—2011 年我国纺织服装退税率变化。 此外,财政部还提出要对基本面较好但暂时出现经营和财务困难的企业给予信贷支持,加大对中小纺织服装企业扶持力度,鼓励担保机构提供信用担保和融资服务,减轻纺织服装企业运营资金负担。

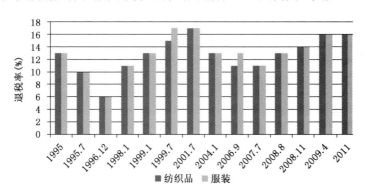

图 2-7 1995—2011 年我国纺织品和服装出口退税率变化

来源:根据国家税务总局相关数据整理

党的十七大提出,要"加快培育我国的跨国企业和国际知名品牌",国家七部委也顺势推出了《关于加快推进服装家纺自主品牌建设的指导意见》。《指导意见》提出,将选择自主创新能力强、市场覆盖面广、市场占有率高、企业赢利能力强的 100 家左右服装、家纺自主品牌企业进行重点跟踪和培育。 这些都可视为宏观政策的重大利好消息。

2012 年财政部、国税总局印发《关于物流企业大宗商品仓储设施用地城镇土地使用税政策的通知》[4],自 2012 年 1 月 1 日起至 2014 年 12 月 31 日止,对物流企业自有的(包括自用和出租)大宗商品仓储设施用地,减少按所属土地等级适用税额标准的 50% 计征城镇土地使用税。

政府从保护行业发展的高度进行政策性帮扶,是政府部门应有的责任,尤其是在新的竞争环境下,一些过去阻碍企业发展的陈规旧制将逐渐进行调整改革,比如中小企业融资政策、进口棉花滑准税等;新的法规需要完善配套细则,兼顾国情和企业实际,采取渐进方式推行实施等,比如劳动合同法和出口退税政策等。

(4) 社会文化环境

社会文化是某一特定人类社会在长期发展历史过程中形成的,它主要由特定的价值观念、行为方式、伦理道德规范、审美观念、宗教信仰及风俗习惯等内容构成,它影响和制约着人们的消费观念、需求欲望及特点、购买行为和生活方式,对企业营销行为产生直接影响。

服装业的发展变迁离不开当代社会的主流文化。 文化代表着一个国家,一个时代的精神文明发展程度。 文化对服装业的影响无处不在。

文化从思维观念上,影响着当代中国服装发展的主流方向。 精神文明的不断发展,使社会产生一种新的生活方式,人们在审美、道德观念上也随着文化的提升而发生变化,从而对服装有了不同的选择。 服装必须满足人们日益丰富的需求,所以,服装业的发展必然会在社会文化的推动下产生日新月异的变化。 由于不同的国家有不同的历史发展,文化背景的不同,导致了东西方消费行为差异,因此,进驻不同的国家必须采用不同的管理模式。 除此之外,西方的思想比较前卫,销售的服装可以采用大胆的设计,而相对于经济欠发达地区,则要尊重当地的文化与习俗,采用适合当地民风的服饰商品进行营销。

(5) 科技环境

科学技术是社会发展的动力,它决定了一个社会的生产、生活方式,体现着时代的物质文化特征。 科学技术对服装业的影响是多方面的,服装业的发展离不开科学技术。 如在简练的高级男装中,非常讲究精湛的工艺制作技术,先进的技术和加工设备不仅能塑造良好的服装外型,使穿着者得体、舒适,同时又拥有一些低档加工设备所无法制作出的造型细节与品质感。 尽管款式简洁且大众,但由于存在着一种间接的科技美感而呈现出很强的卖点。 又如,雅戈尔利用先进生产工艺技术使品牌服装获得与普通衬衫、西装等服装所不能具有的品质效果;杭州凯喜雅集团利用先进的数码图形技术在真丝制品上印花,获得了独树一帜的图形视觉效果,提升了丝绸商品的档次。

同时,科学技术对服装业在生产设备、服装材料等方面的发展有直接影响。

生产设备的发展为服装时尚不断演变、发展变迁提供了可能。 从工业革命开始的纺纱机、织布机到 18 世纪中期的工业缝纫机,再到 21 世纪的自动化、智能化纺织服装机械,在这一发展变化的历史过程中,服装业也随之走过了一段由手工定制、缓慢、单一样式到快速反应、产品多样化的历程。 现代专业机器、缝纫机、高速针织机拥有在一分钟缝制 5 000～6 000 针迹的能力;绣花机能够被设计成通过旋转刻度盘来变换不同刺绣的模式并且能够在同一时间在多块面料上刺绣花样;缝边机能够通过超声波进行"焊接",利用黏合机器对面料进行黏接;一些机器甚至可以黏接纤维,使得新型的无纺织物比通过毡合成的一般无纺织物更加柔软和精巧。 生产设备的发展为服装加工制造提供重要的工程技术基础,从另一方面推动了服装多元化风格的形成。

农业科技对服装业的发展也有很大影响。 农业技术的提高和完善促进棉花、亚麻、羊毛、皮革等原料品质的提升。 高质量的种子、植物疾病更好的控制都有利于提高每亩棉花种植的质量和数量。 机械化的设备帮助农夫种植和照料庄稼,并能在收获季节节省劳动力、提高生产效率。 科学化的喂养让羊毛的品质和数量逐渐提高。 毛皮养殖业和畜牧业的完善发展为毛皮工业提供质量更加优良的毛皮,为服装业提供优质服装材料。

科学技术影响时尚流行传播的速度。 20 世纪初,各种信息的传播速度相当慢,时尚流行保持着同信息传播一样缓慢的节奏。 但随着科技的发展,电子时代的到来,身边的一切都离不开网络。 网上交易的出现,为服装行业打开了新的销售渠道。 网购由于成本低廉和时空便利性赢得了不少忠实消费者。 越来越多的服装企业为最大限度出售产品,纷纷增设网上交易平台。 除此之外,网络的影响是巨大的,由于年轻一代几乎每天都与互联网打交道,在网络上打广告能极大程度的宣传面向年轻人的品牌,扩大企业知名度。

2.1.2 服装企业环境及结构调整

(1) 服装企业环境变化

① 服装企业内外部环境

全球市场在时空上日趋一体化,服装企业赖以生存的技术和信息基础以及环境条件发生了显著改变。 经历了金融危机后,我国纺织服装企业内外部环境都在发生重大变化。 据《2009 年中国服装协会工作报告》指出,在较为不利的行业运行环境下,2009 年服装行业平均利润率呈现逆势上扬趋势,行业利润率同比增长 5.93%。 服装消费需求正向多样化和个性化方向发展,产品生命周期越来越短,对企业的协调反应能力提出了更高要求。

在新的竞争环境下,服装企业需要不断调整经营战略和目标,改变传统的粗放式管理和业务流程。 企业金字塔组织结构与多元化、个性化的市场需求之间冲突越来越频繁,市场环境促使企业经营战略和组织结构不断改革与创新。

② 大型品牌服装企业不断涌现

在经济全球化、信息化新形势以及强大的市场拉动下,我国服装业生产经营集中度正在提高,大型品牌服装企业、集团不断涌现,如雅戈尔、杉杉、红豆、中国服装等集团公司,通过资本运营、商业运作等业务活动,逐步成为跨地区、跨国界的大型服装企业。

服装业经济指标完成情况良好,产业资源向大企业集聚。 规模以上企业(产值500万元以上)完成经济量占全行业比重大幅提高,"减员增效"成为一大特点。 中商情报网数据显示:2011年1—12月,全国规模以上服装企业产量达254亿件,同比增长8.14%。 其中,梭织服装为133亿件,占总产量的52.36%;针织服装为121亿件,占总产量的47.64%。

(2) 服装企业的结构调整

随着企业规模的不断扩大,产品品类、员工数量增加,对企业经营者的管理能力和管理水平带来挑战,员工的主观能动性和创造性成为企业活力的关键。 依靠更有弹性的组织结构和更大限度地利用新技术、新资源已成为企业最重要的竞争优势。 其中,组织管理创新更是企业管理的核心和关键。

企业采用的组织结构形式众多,包括直线制、直线职能制、事业部制等。针对发展需要,不少企业对组织结构调整进行了不懈努力,积极实施组织结构的优化与变革。 尽管企业兼并、重组不断,但仍有许多传统纺织服装企业的组织结构不能适应日益变化的环境和市场需求,如:权利过于集中和管理层次较多,影响了有效信息传递的速度,导致管理效率低下,无法形成在激烈竞争的市场条件下所需的灵活性和反应能力;公司管理层经常陷入日常性事务,缺乏建立核心业务的经营战略或战略发展与研究的深度不足;等级组织结构割裂了管理部门与职能部门之间的沟通与交流,下属积极性和创造性有待发挥。

自20世纪90年代以来,网络技术使生产商与终端用户可以直接对话,中间环节的减少使中小企业根据市场及时调节经营方向。 但是,在以金字塔型组织结构为主的服装企业中,职能部门太多、沟通不畅、层次和职位等级分明、效率不高,无法适应瞬息万变的市场需求。 因此,一些品牌企业已经开始积极探索各种组织结构解决与改革方案,如推行结构扁平化组织系统、事业部制和建立团队型组织。 虽然不少传统企业仍延续原来的直线职能制结构,但已开始借助信息技术手段缩减中间管理层级,即在高层中具有分工明确的管理人员和完备的研究人员,在基层有分工细致的业务人员,而中间管理层则得到压缩。 此外,组织结构团队化,有助于面对个性化需求安排灵活生产经营,团队成员可以进行工作轮换而减轻个人工作的单调性。 每一个团队将面对特定的客户提供全方位服务,每个成员擅长整个业务流程中的特定环节,并能协调其他业务环节的工作。

案例 2-1——优衣库的组织结构调整

优衣库从成立到成功上市,期间进行了数次大大小小的变革。公司总裁柳井正认为,组织的产生是为了进攻,而原有的模式只是为了防守。他曾经列出一张组织结构图,包括公司的职能、暂存的老部门和创设的新部门、部门现有的职责、部门应该追求和实现的目标、部门名称及主要负责人。在优衣库不断发展壮大的过程中,图表上的部门和人名已经经过了数次变动。柳井正认为不及时对图表进行修改,公司就很可能有跟不上时代变革的危险。公司从自上而下的中央集权管理形式过渡到以店长为中心的形式,原先各个部门之间的职责也相应地发生转变或者分解。

公司在快速推广店铺的同时,大部分店铺能很快产生盈利,这背后离不开公司两大特有的管理模式:超级明星店长制和员工长期合同制。

所谓超级明星店长制,即对旗下经营好的店铺,公司对其店长进行充分的授权,店长将自主决定从采购到销售的所有事项,同时店长的薪酬也和店铺的经营挂钩,充分调动了店长的积极性,激励了店长的工作热情和工作效率,也统一了公司和店长之间的利益。

而所谓员工长期合同制,即对业绩突出、有才华的员工,公司将对其进行专门的培训并与其签订长期合同。日本目前的就业情况是正式员工人数减少,非正式员工人数增加,两者的薪酬和待遇差别较大,所以能够成为正式员工,与公司签订长期合同无疑是十分吸引人的,这项制度在以非正式员工为主的店铺中产生了很好的激励作用。

025

案例 2-2——GAP 的组织结构调整

GAP 组织变革从营销端切入,在理顺营销中心与门店之间的流程之后,沿价值链逆上解决产销物流衔接问题,在原有的职能式组织结构基础上,按 T 恤衫、夹克、衬衣、休闲裤的分类,将营销、生产计划和采购等人员组成相应的工作小组,每个小组管理一类产品,负责该产品的订货、生产、铺货、补货等各环节,并对最终业绩负责。

案例 2-3——李宁的组织结构调整

李宁公司 2009 年财报显示,年销售额同比增长 25.4%,实现销售收入 83.87 亿元,超过了业内估测的阿迪达斯中国 2009 年的销售额。在产品设计和研发上,李宁公司原先的服装(包括配件)和运动鞋平行事业部变成了以篮球、跑步、羽毛球等以运动品类为主的矩阵式组织结构。在研产销贯通阶段,设计人员开始加入小组,小组成员还包括制版师等样衣制作人员。小组也不再依照单一产品划分,而是依照品类和风格划分。在这一阶段,许多企业的男装和童装都有一个独立的小组负责;女装常常有多个平行工作的小组,每个小组负责一个概念系列。当设计师成为这个小组的一员,他的工作不但要由资深设计师凭经验评估,还要与其设计的产品所实现的销量和利润挂钩。

案例 2-4——雅戈尔积极实施组织结构的调整与变革

2009 年 7 月 14 日,雅戈尔公告披露,将投资 14 亿元,以增加全资子公司雅戈尔服装控股有限公司的注册资本,使其从 2 亿元增至 16 亿元。增资完成后,雅戈尔服装控股将以出资额计价,收购雅戈尔控制的 22 家服装企业的股权。中信证券研究报告显示,雅戈尔过去的 22 家服装公司,生产环节以"产品种类"划分,销售环节却分地区管理,各子公司之间各自为政,缺少统筹管理。而在本次组织结构调整后,雅戈尔将按"品牌塑造流程"重组服装板块,下设多个事业部,共同运营多个品牌。

2.2 物流业的环境

服装最重要的特点之一是流行性。 服装款式流行周期变化大,有些服装款式推出市场后不久即成为流行,被大众所接受和喜爱,但此类狂热产品的流行可能仅维持几个月甚至数周,很快又被新款替代;而有些服装却历经数年乃至几十年仍保持稳定销售,如衬衫、牛仔裤、西服、内衣等。 服装商品的这一特点决定了服装生产的两种方式:快速反应加工生产和大规模集约化生产。 为了成功实行这两种生产方式,品牌服装企业必须规划和制定有特色的产品营销策略,确保终端货品快速准确运转,及时将货品送达目标客户手中,并全面提升终端店铺效益。 解决这些问题需要服装企业引入物流管理理念。

2.2.1 物流业的现状

(1) 物流业的发展

改革开放以来,我国经济体制逐步转型,经济总量明显增强,基础设施建设步伐加快,社会商品供应日益丰富,现代综合运输体系初步形成,供求关系逐渐由卖方市场转为买方市场,整个生产、流通和零售领域发生了深刻变革。 与此同时,国内市场出现了与这些领域相关的多种形式的物流服务业。

国家标准物流企业分类与评估指标(GB/T 19680—2005)将物流企业划分为

三种类型：运输型物流企业、仓储型物流企业和综合服务型物流企业（表 2-1）。

表 2-1　物流企业的分类

物流企业类别	定　义	主 营 业 务
运输型 物流企业	以货物运输服务为主，包括小件包裹快递服务或代理运输服务以及其它物流服务。	为客户提供门到门、门到站、站到门、站到站等运输一体化服务，以实现货物运输为主；根据客户需求，运输型物流企业可以提供物流功能一体化服务。
仓储型 物流企业	以区域性仓储服务为主，包含其它物流服务活动。	为客户提供货物储存、保管、中转等仓储服务，并以配送服务为主；并提供其它仓储增值服务，如商品经销、流通加工等。
综合服务型 物流企业	从事多种物流服务活动，并可以根据客户的需求，提供物流一体化服务。	业务经营范围广泛，为客户提供运输、货运代理、仓储、配送等多种物流服务项目，并能够为客户提供契约性一体化物流服务；为客户制定整合物流资源的解决方案，提供物流咨询服务。

来源：根据国家标准（GB/T 19680—2005）整理

由 2012 中国物流发展报告会信息可知：2011 年，我国物流业发展取得了新进展。社会物流总需求增速虽然趋缓，但物流专业化、社会化进程在结构调整中明显加快。全年社会物流总额约 160 万亿元，物流业增加值约为 3 万亿元，与上年同期相比，分别增长 12% 和 14%，增幅分别回落 3 个百分点、提高近 1 个百分点。物流业为国民经济平稳较快运行提供了有力支撑，为推动发展方式转变发挥了重要作用。

① 国家支持物流业发展的政策集中出台

2011 年被物流界称为"政策年"。

2011 年 3 月，全国人大通过的《"十二五"规划纲要》突出强调"大力发展现代物流业"，共有 20 多处提及物流业发展的内容。

6 月，国务院常务会议专题研究支持物流业发展的政策措施。

8 月，《国务院办公厅关于促进物流业健康发展政策措施的意见》印发，《意见》有九项内容：切实减轻物流企业税收负担、加大对物流业的土地政策支持力度、促进物流车辆便利通行、加快物流管理体制改革、鼓励整合物流设施资源、推进物流技术创新和应用、加大对物流业的投入、优先发展农产品物流业以及加强组织协调，被业内称为"国九条"。

10 月，国务院常务会议决定，从 2012 年 1 月 1 日起，在上海市开展交通运输业和部分现代服务业营业税改征增值税试点。

12 月，国务院办公厅发出国办函《关于印发贯彻落实促进物流业健康发展政策措施意见部门分工方案的通知》，把"国九条"细化为 47 项具体工作，落实到 31 个部门和单位。

当前，"国九条"提出的政策措施正在逐步落实。由中国物流与采购联合会组织推荐、国家发改委审核、国家税务总局发文批准，第七批 341 家物流企业纳入营业税差额纳税试点范围。到目前，试点企业总数已达 934 家。第八批试点企业推荐审核工作正在进行当中。 物流企业土地使用税调整方案基本形成，降低物流业土地使用税政策近期将出台。 中央和地方财政先后对农产品冷链物流、粮食物流、服务业功能集聚区、城市共同配送系统和农村流通体系建设等重点物流项目给予资金支持。 各省市正在酝酿出台落实"国九条"的实施细则。

② 物流基础设施持续改善[5]

近年来，政府加大物流业固定资产投资力度，物流基础设施规模不断扩大，为物流业的发展提供了必备的基础条件。 我国物流业固定资产投资总额逐年增长，取得了卓越的成效。

我国物流业固定资产投资总额快速增长。 2000年以后增长速度加快。1991年投资总额为357.5亿元，2009年已增加到2.57万亿元，2010年为3.07万亿元。 我国物流业固定资产投资总额占全社会固定资产投资总额的比重呈现上升趋势，这一比重从1991年的6.39%上升至2009年的11.44%。

由于物流业固定资产投资力度的增加，我国物流基础设施规模迅速扩大，为物流业的长足发展提供了良好的基础条件。 在运输线路方面，我国目前已经建成由公路、铁路、水路、航空、管道等5种基本运输方式组成的综合运输体系，营运能力不断增加。 物流园区、配送中心正在加快建设步伐。 包装与储运设施方面，物流企业正逐渐与国际接轨，广泛运用现代包装技术和货物搬运技术。

③ 物流产业规模迅速扩张[5]

总体来看，我国社会物流业增加值总额和各项增加值都呈现快速增长的趋势。 2009年我国物流业增加值为23 078亿元，是1991年的12.47倍。 从构成来看，物流业的增加值包括交通运输业增加值、仓储业增加值、贸易业增加值和邮政业增加值。 其中，交通运输业的增加值占物流业增加值总额的70%以上，是物流业增加值中所占比例最大的部分。

我国货运量和货运周转量持续增加。 我国货运量和货运周转量整体上保持增长的趋势，且在1990年至1997年保持匀速增长，1997年至2000年增长速度非常缓慢，几乎保持在原有的水平上，而2002年之后的增长速度越来越快。 同时，货运周转量的增速逐渐超过了货运量的增速，主要得益于我国交通基础设施的不断完善以及"多式联运"的广泛运用。

（2）企业物流业务的构成

企业物流是指在企业生产经营过程中，物品从原材料供应，经生产加工，到产成品和销售以及伴随生产消费过程中所产生的废弃物的回收及再利用的完整循环活动。 按照企业经营活动的环节，企业物流可以分成供应物流、生产物流、销售物流、回收物流等不同的类别，与服装物流有关的主要是前三项，三者的内容和关系见图2-8。

① 供应物流是企业为保证生产节奏，不断组织原材料、零部件、燃料、辅助

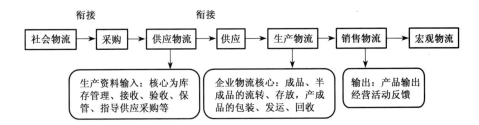

图 2-8　供应物流、生产物流和销售物流的内容和关系

材料供应的物流活动。包括：a. 原材料及半成品采购；b. 原材料及半成品从供应地到工厂的运输；c. 原材料及半成品到厂入库后的仓储管理；d. 原材料及半成品向生产环节的配送。特点是原材料及半成品是分散、集中、分散的"流动"过程。

② 生产物流指生产工艺中的物流活动。企业一旦确定生产工艺、生产装备及生产流程，物流成为工艺流程的重要组成部分。特点是可控性、计划性强，选择性及可变性小，是与生产过程紧密连接而非独立的系统，对生产物流的改进主要是通过对工艺流程的改进和优化。

③ 销售物流则是企业为实现产品销售，组织产品送达用户或市场供应点的物流活动。销售物流的起点，一般情况下是制造企业的产成品仓库（或品牌企业的仓库），经过分销物流，完成不同长短分销渠道的物流活动，再经过配送完成市内和区域范围的物流活动，最终送达企业、商业用户或消费者。需要进行长途运输、分拨运作、配送中心运作和市内配送等活动，特点是物品呈集中分散的"流动"过程。

（3）物流管理的组织形式

现代企业经营管理组织结构形式的不断演变，使物流管理组织结构形式也不断发展变化。一般来讲，组织机构应包括决策指挥层、执行监督层以及反馈、参谋机构。物流管理组织一般可归为三种组织结构形态：直线型组织、参谋型组织和运用型组织[6]。

① **直线型组织**

直线型组织结构如图 2-9 所示，是一种按基本职能组织物流管理部门的形式。当物流活动对于一个企业的经营较为重要时，企业一般会采取这种模式。在这种组织结构中，物流管理的各个要素不再作为其他职能部门，如财务、市场、制造等部门的从属职能而存在，而是处于并列的地位。物流主管或经理对所有的物流活动负责，对企业物流总成本的控制负责。在解决企业的经济冲突时，物流经理可以与其他各部门经理平等磋商，共同为企业的总体目标服务。这种组织管理形式的优点是机构层次少、权力集中、命令统一、决策和执行迅速、工作效率高。缺点是管理层需要处理的事务太多，精力受牵制，不利于提高企业的经营管理水平。

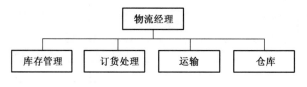

图 2-9　直线型组织结构图

② 参谋型组织

参谋型组织结构如图 2-10 所示,是一种按照不同职能设定的组织,但由于物流活动往往贯穿于企业组织的各种职能之中,只把有关物流活动的参谋组织单独抽出来,基本的物流活动还在原来的部门中进行,物流管理者只起"参谋"的作用,负责物流与其他几个职能部门的协调合作。 参谋型组织的特点在于能够在较短的时期内,使企业经营顺利地采用新的物流管理手段。 参谋组织主要从计划、预测、顾客服务、技术以及成本分析等方面对配送中心的经理提供参谋和建议。

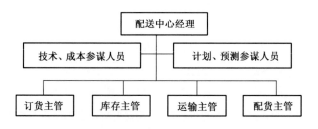

图 2-10　参谋型组织结构图

③ 运用型组织

主要目标是对不同的物流活动实施控制,使它们之间保持协调一致。 因此,要能达成目标可以设立专门正式的物流组织,也可以利用原有的组织。 通过各种手段和合作方式达成负责物流活动人员之间的协调,或是外聘第三方物流或专家,对本企业的物流活动进行规划调整,推进企业物流合理化。 运用型组织属于一种非正式物流组织,因此它的运作常常需要建立一些激励机制,或是成立一个协调委员会来促进物流合作活动。

（4）物流管理的课题

近年来,我国服装业发展迅速,取得了令人瞩目的成果。 但同时服装业也面临着激烈的竞争,服装市场的特性决定了服装企业面临各种挑战,其中最为突出的问题之一是如何降低库存,减少物流成本,同时提高对市场变化的把握能力[7]。 服装商品的季节性和多样性(款式、颜色、尺码)决定了需要更高效、顺畅的物流管理来满足市场需求。

传统的服装企业是按照行政管理模式建立起来的,是逐级负责的生产链,产品全部按照供给制模式进行分配。 在低水平、低档商品生产的情况下,这种内部流程是畅通的,但当面对多品种、少批量、快交货的市场需求时,这种模式必然受到制约。 随着市场经济的不断成熟和企业专业化、协助化、精细化、集约化的发展,服装生产企业长期以来"重生产、轻物流"的经营方式愈显弊端,它影响了纺织服装企业核心竞争力的形成,也制约了产业升级的进程[8]。

目前,我国多数服装企业对物流管理理念以及对物流服务意识的认识有待提高,虽然一些企业已成立专门的物流管理部门,但物流管理部门的职能定位不清,多数只是负责产品的采购、仓储和运输等。关键的统一协调信息流和资金流等的管理能力较弱,能从供应链管理角度思考物流管理的企业较少。有些企业虽然认识到物流的重要地位,但是思想观念还没有转化为实践,在企业发展的整体战略中尚未建立规划物流系统和实施细则。为此,提高企业的物流管理和服务质量水平刻不容缓。

① **培育企业现代物流意识和理念**

现代企业要想在激烈的市场竞争中争得一席之地,需引入现代企业物流管理理念和系统,摒弃传统的忽视物流管理,只注重生产成本、产品质量与销售的做法。管理层要树立起物流是企业争夺市场、提高利润的“源泉”这一概念。在提高企业核心竞争力的过程中,把物流管理置于企业整体战略规划层面进行统筹兼顾。同时,企业可以通过改进物流流程管理,提高客户服务水平。当然,企业物流的良好发展离不开有效的政策指引,所以企业应按照政策法规的引导,制定详细可行的物流发展策略,促进企业物流的良性发展。

② **加大投入,改善物流管理技术水平**

物流业的发展离不开专业人才,人才是最核心的竞争力。因此,企业应加大投入,为物流人才培养打好基础。

a. 与高等院校共同培养,保证人才专业技术水准

当前,服装物流缺少合适人才,企业可通过不同形式的培养和社会化继续教育,产学研合作,提升物流业各种层面管理和作业人才的技能素养。与高等院校进行合作,能为在职物流人才继续深造提供更好的发展平台。

b. 企业内部培训,营造终身学习氛围

在企业内部组建学习论坛、培训等,营造学习氛围,为员工打造完善的职业通道,稳定人心,减少人才流失,这是企业物流发展的重点方向之一。

③ **建立和完善物流管理部门的机构设置**

a. 建立适应企业生产经营流程的物流管理部门

企业应本着现代物流管理的原则,制订相应的物流规划。物流管理职能应贯穿于交通运输、存储保管、装卸搬运、包装配送、流通加工和信息处理的全过程,并将每一环节有机地结合在一起。通过对物流各个环节的控制,提高企业部门物流活动的执行力。

b. 生产销售活动与物流活动业务对象分离

改变传统的物流运作状况,实现生产销售活动与物流活动业务对象分离。企业生产和销售部门、供应部门将专门负责商品交易的各项活动,如客户关系管理、合同管理、客户服务、价格管理等有关的商务活动。而诸如产品分销配送、装卸、库存、仓库管理等物流活动则可交由物流管理部门负责。

031

④ **实现企业物流管理的信息化和企业运营的网络化**

当前以信息技术为核心的现代高新技术正在改变传统的物流作业模式,有效拓展了以时间和空间为基本条件的物流运作新体系。 其中,物流管理的信息化对企业各个物流管理层面的活动进行了有效的重新整合,通过连接企业内部的各个部门,使原来各部门的信息、资源成为整个企业的共享资源,以此改变企业各个物流部门独立和信息过于分散的传统管理模式。 企业应积极采用先进的物流和信息技术,最大限度发挥物流的增值效用,大力推进计算机信息技术、特种物流专用车辆以及先进的装卸、仓储保管技术等的应用。

案例 2-5——ERP 系统在爱慕公司的应用

爱慕内衣有限公司是从事专业设计、生产、销售"爱慕"品牌内衣的股份制企业。前身是国内最早生产文胸的专业化厂家之一,由此积累了丰富的内衣品质控制和生产管理经验。自 1993 年起,成立合资公司,注册"爱慕"商标,面向国内市场,开始实施品牌经营战略。北京总部下设 20 多个国内办事处、数十个经销代理商、形象专柜超过 300 个,形成了覆盖全国的销售网络。

1998 年第一次 ERP 实施失败后,2000 年,爱慕总结了前次实施失败的经验教训。在管理层重视、技术人员支持和 ERP 实施方的配合下,进行了 ERP 的二次开发。之后,生产与营销 ERP 模块取得了良好收效,为企业带来了可观的经济效益。

爱慕在实施 ERP 之前根据本企业的需求制定了信息化整体目标。ERP 项目实施后,在整体目标的指导下,通过对时间、成本的控制,建立强有力的组织机构。制定详尽的项目实施计划和检测规范,控制项目进度和质量保证,对项目各阶段进行考核和评估,在项目实施一年后取得了预期成果(表 2-2)。

由案例可知,ERP 在服装企业的应用可大幅提高产品的准交货率和资金周转率,减少管理人员,从而节约管理成本,实现物流、资金流、信息流的有力集成。结合强大的数据分析功能,能为企业决策者提供第一手数据信息,有助于管理层决策和计划的制定。可以预见,ERP 的应用对服装多品种小批量的发展将起到极大的推动作用。

表 2-2　爱慕 ERP 系统实施一年后的效果

序号	考核项目	考核指标
1	产品准时交货率	98%
2	降低库存资金占有率	5%～15%
3	提高资金周转率	5%～10%
4	提高流动资金周转率	5%～10%

续　表

5	降低采购成本	5%～15%
6	降低生产成本	2%～5%
7	降低管理成本	10%～30%
8	提高利润率	2%～5%
9	提高存货周转率	5%～10%
10	提高应收账款周转率	10%～35%
11	物流、资金流、信息流集成率	90%
12	减少管理人员	10%
13	投资回收期	1 年

摘自：舒扬，牛继舜，张军.爱慕 ERP 之路[J].网络财富，2009(1)：31-33.

2.2.2　自营与外包物流模式的分析

进入 21 世纪后，现代物流业发展迅速，依据先进的高科技手段和完善的科学组织方法，推进企业物流管理成为关键。物流从传统的简单货物处理，逐步发展为当今的集机械设计、计算机科学、管理和自动化控制技术等先进技术于一体的综合性技术。物流业经过多年的发展已取得长足进展，但也存在着诸多亟待解决的问题。

物流业从早期的不断实践，经过人们对物流理论研究和现代科学技术推广，如今全球范围内物流业迎来了生机勃勃的景象。特别是进入知识经济时代后，物流业更成为经济全球化的一个不可或缺的部分。纵观我国物流业的发展现状可以发现，我国服装企业物流管理水平尚处于初期阶段，特别对中小型企业而言，由于企业的经营规模较小、主营业务面较窄、对市场变化的反应以及参与市场竞争的能力较弱等因素，与现代物流管理水平差距不小。因此，如何解决当前我国企业物流中存在的问题，更好地服务企业生产经营活动，是值得关注的问题。

（1）企业自营物流

美国物流管理协会(Council of Logistics Management，CLM) 1985 年对物流的定义是：以生产制造企业为对象，物流是生产企业与生俱来的组织功能，要求企业通过自有物流设备或网络将原材料、产品、半成品送达相应的目的地。生产企业的自营物流主要有两个类别：

第一类：源于传统自营物流的生产经营纵向一体化。

生产企业自备仓库、车队等物流设施，内部设立综合管理部门统一企业物流运作或者是各部门各司其职、自行安排物流活动。在自我运输服务需求满足的情况下，生产企业可将闲置的物流资源提供给原材料供应商、其他生产企业或者物流服务机构。这种自营物流服务还停留在简单的生产管理环节，对生产企业来说物流活动完全是一种附属产物，而且，物流沟通产销、降低成本和改进服务的重要作用未能发挥。这种传统的自营物流不能带来产品的增值效应。

第二类:基于生产企业供应链管理思想的现代自营物流概念。

将企业的物流管理职能提升到供应链管理的战略地位,即通过供应链各部门进行科学、有效的物流管理实现产品增值,形成竞争优势。 一般在企业内部设立物流运作的综合管理部门,通过资源和功能整合,专设企业物流部或物流子公司统一管理企业的物流运作。

我国服装生产企业基本处于第一类。 但也有不少制造零售一体化的大型品牌服装企业已开始设立物流部或将有关物流运作的职能部门通过整合成立直属的物流子公司,如李宁品牌公司。

① 企业自营物流的优势

a. 掌握物流控制权

企业自营物流,可以根据掌握的资料对物流活动的各个环节进行有效的调节,能够迅速地取得供应商、销售商以及最终客户的第一手信息,解决物流管理活动过程中出现的问题,随时调整自己的经营策略。 通过自营物流,企业可以全过程地有效控制物流系统的运作。

b. 有利于内控商务信息

一般来说,企业为了维持正常的运营,对某些特殊运营环节必须采取保密措施,比如原材料的构成、生产工艺等。 当企业将物流业务外包,引入第三方进行生产环节的内部物流活动时,有时不可避免地要向第三方公开商务信息,一旦泄露给竞争对手,将会影响企业的市场竞争力。

c. 降低交易风险

企业靠自己完成物流业务,不必对相关的运输、仓储、配送和售后服务的费用问题与第三方物流企业进行谈判,可避免交易结果的不确定性,降低交易风险。

d. 盘活企业原有资产

企业选择自营物流的模式,在改造企业经营管理结构和机制的基础上,可利用原有的物流资源,盘活企业资产,为企业创造利润空间。

e. 提高企业品牌价值

企业自营物流,能更好地控制市场营销活动,一方面企业可以为顾客提供优质服务,顾客也能更好地熟悉企业、了解产品,使顾客感受到企业的亲和力,切身体会到企业的人文关怀,提高企业在顾客心目中的形象;另一方面,企业可以快速地掌握顾客信息和市场发展动向,从而根据顾客需求和市场信息制定和调整战略,提高企业的市场竞争力。

案例 2-6——李宁品牌整合自营物流

李宁公司在全国共有两个一级配送中心。一处位于北京五里店,总面积25 000 m²,负责长江以北地区的配货;另一处在广东三水,总面积 12 000 m²,负责长江以南地区的配货。全国共有 13 个分公司,各自下辖的仓库是二、三级配送中心。集中起来,李宁公司的仓储面积约有 50 000 m²。

通过调整,李宁公司一方面将全国 13 个分公司的物流储运部整合起来,设置物流中心进行统一管理,另一方面推行按销售地入仓的做法。产品出厂后直接送到相应销售地的配送中心,然后通过分拣,分销出去,而不再走以前的通过生产地的仓库,再进入配送中心的路线。

这种新做法试行一年,已经达到三个目标:①在广东生产的,一部分发到北京,一部分发到三水,分拨距离短、速度快;②由于减少了运送环节,不仅成本降低了,在接到订单后,货物在 36 h 即可到达所有的门店,能及时快速反应当地销售的需求;③整车运输的成本小于零散车的成本,按销售地点入仓所耗费的运力实际上等同于做批发的车辆运力。大部分里程都是长途干线运输,整车价格比小批量送到门店的成本要低很多。

减少库存要在保证安全库存量的前提下,配送中心必须有一定的储存量。现阶段门对门的配送还不能完全实现,不能要求经销商和专卖店担负起仓储的责任。若是在中心城市一二类街区设销售点,则不允许再增设大面积仓储。此外,城市对交通运输的管制,也使大型车辆在特定时间内不能直接配送到门店。

因此,李宁在可控范围内压缩时间和库存,尽量做到即时生产、没有原料库、成品库。在对整个物流过程的各个指标反思之后,李宁公司发现货物分拣配送时间比不上第三方物流公司。其中原因主要是由于李宁品牌产品在国内市场上推出新品频率高,现在已有两万种不同款式、色码的服装、鞋、帽、便装、套服等。在货物分拣配送时,首先要分清产品大类,然后根据不同的款式、色码上架;而且配送中心既做批发又做零售,选配货物要不断拆箱,这些都给货物拣配带来了难度。

因此,李宁公司投入巨资改造了仓库,并且在细节方面投入大量精力。比如为了选择合适的货架,相关人员几乎考察了所有的货架类型。他们先对货品进行EIQ(属性分析),然后请来 5 家货架厂家,根据货品属性做出不同的方案,前后修改了一个月,不同的货架在仓库里按照不同的发货需求和货品属性依次排开。

为加速物流运转,李宁公司引进新的信息系统,力争实现四个目标:加快物流分拨和配送速度,降低成本;分拣准确性更高,从交订单到货物出库的时间将大幅度压缩;进一步节省仓储面积、增加库容,不再租更大的仓库;今后的运输控制依靠信息系统电子化手段完成。

摘自:物流案例分析:李宁物流的组合拳[EB/OL]. 21CN 教育网. http://edu. 21cn. com/wuliu/g_70_222235-1. htm. 2009-11-30.

② 企业自营物流存在的问题

a. 物流基础设施和技术水平

企业用于物流的设施老化,或因资金投入不足使得物流基础设施建设跟不上业务发展的需求,加上物流技术水平偏低,这些问题综合在一起,对企业的物流效率产生不利影响。

b. 物流人才储备与管理水平

现代物流业涉及多学科专业领域，业务范围也不再局限于某一个区域，需要得到企业生产、销售、运输等多个部门的协助才能顺利完成。 因此，企业必须配备专业物流人员，熟悉和了解信息技术、企业管理、法律、金融等专业技术。然而，目前国内物流人才培养，无论是物流人才的总量、质量或后续教育、专业技能培训等都与国外物流业发达的国家存在差距。 在服装自营物流中，物流岗位员工大多数没有经过专业系统的培训，管理水平层次较低。

c. 规模、物流配送的专业化程度及成本控制

对规模较小的企业来说，企业产品数量有限，采用自营物流，不足以形成规模效应，一方面导致物流成本过高，产品成本上升后，降低了市场竞争力；另一方面，由于规模的限制，物流配送的专业化程度较低，市场需求往往得不到满足。

d. 物流的效益评估

自营物流的企业内部，各职能部门相对独立地完成各自的物流活动，没有将物流费用从整个企业分离出来进行独立核算，因此企业无法准确地计算出产品的物流成本，无法进行准确的效益评估。

③ 企业自营物流优化对策

a. 重视物流的作用

经济贸易的高速发展，促使物流服务逐渐成为国内企业中具有吸引力的、经济合理的综合服务模式。 随着信息技术的强势介入，物流业显示出强劲的动力和蕴藏的无限商机，物流已成为企业提高竞争力的重要手段。 而我国多数服装企业还没有意识到控制物流成本的重要性。 企业应充分利用现代物流的理念和技术手段，采取切合实际的措施，加快物流的发展，降低物流成本，促进企业经济效益的提高。

b. 优化组织结构提高物流运作效率

对于一般的服装企业，物流的各个环节被划分为独立的职能，如采购、生产、销售等，各部门只考虑本部门的利益，缺乏信息沟通和统筹规划。 若只是追求部门内的费用最优，企业总的费用未必达到最佳。 例如，服装零售信息变化不能及时反映到生产计划中，面辅料采购因缺乏信息沟通，往往不能满足近期生产需要，直接导致在原料、半成品和成品环节囤积大量的库存，增加了产品运营成本，降低了市场反应速度。 在这种情况下，为降低企业总物流成本，提高物流效率，企业应根据实际情况进行相应的组织结构调整，成立一个能综合协调、调动各部门资源的物流管理部门，由该部门负责全面管理企业的物流活动。

c. 标准化、规范化、信息化

信息技术和信息系统是现代物流的技术基础，是以优质高效的物流服务赢得竞争优势的重要手段。 信息技术使供需各方能突破组织壁垒和信息壁垒，形成一条无缝连接的供需链，供需各方通过共享信息、共担风险以及对信息的运作，降低物流成本，提高服务质量。 企业可以运用信息技术和互联网，将相关的运作信息、仓储信息、物流信息整合于企业的信息系统，通过标准化、规范化流程的

运作,灵活地调度企业内外资源,实现资源的有效配置。

d. 建设先进的物流信息管理系统

企业的生产经营面临为数众多的供应商和快速变化的市场行情。 如果企业自营的物流速度跟不上生产经营活动的脚步将使企业遭受损失。 随着信息技术的广泛应用,现代化的物流业与信息技术已紧密结合,形成现代物流信息管理系统,成为企业优化自营物流的重要手段。

以零售企业为例,在电子商务大力普及和推广的今天,以连锁经营为主要模式的零售企业必须通过信息管理系统传输订购数据至物流配送中心,并及时与上游供应商共享产品销售和库存信息,同时在电子订货清单信息管理方面,为商品检验入库、退换货、价格变动、货款结算与支付等业务处理提供动态信息。 通过建立物流信息管理系统加强销售采购与供应商结算,物流配送、销售与客户服务部门之间的信息沟通。 这也是提高企业竞争力的关键组成部分。

e. 物流人才的培养

由于企业物流工作是经济性与技术性相结合,人与物相结合的综合性、专业性工作。 一个称职的物流管理人员应具有:良好的职业道德和文化修养;工作岗位所必需的业务技术基本知识和技能;组织纪律性强;身体素质健康。 因此在对物流人员进行培养的过程中,坚持理论与实践相结合,将长期的专业培训与短期教育互为补充,保证持续的专业培训时间,不断培养物流员工,使之成为高素质、具有实践经验与理论知识相结合的复合型人才。

案例 2-7——物流人才培养

发达国家的企业十分重视培养物流管理人才的素质,APICS(美国生产与库存管理协会)是一个国际性现代管理的权威性协会和教育培训机构,为了使接受培训的专业人员业务知识水平有一个统一标准,1973 年 APICS 开始实行资格考试。APICS 有 CPIM(产业管理资格师)考试。CPIM 考试的内容分为供应链管理、存货管理、及时交货存货系统、物料与容量需求规划、生产活动控制、系统和技术等。对我国企业而言,要提高物流从业人员专业素质,一方面可从有关高校物流专业选拔优秀毕业生到企业工作;另一方面也可通过内部和外部培训方式提高物流人员的知识水平和实战能力。

(2) 企业物流外包

随着市场竞争的加剧和社会分工的细化,更多的企业将人力物力集中在核心业务上,不少企业开始将自己原本不擅长的业务,诸如运输、仓储等业务,外包给"第三方"经营。

企业物流外包,即制造或零售等企业为集中资源、节省管理费用,增强核心竞争能力,将物流业务以合同的方式委托给专业的物流公司(第三方物流)运作。外包是一种长期的、战略的、相互渗透的、互利互惠的业务委托和合约执行方式。

① 企业物流外包的优势

a. 业务优势

企业可获得自己本身不擅长的物流服务。在很多情况下,企业客户要求的物流服务需要特别的专业技能和知识,制造企业的物流服务要求往往不能依靠企业内部的物流所能满足。特别是对中小企业来说,物流外包可以突破企业资源限制,合理利用外部资源。

b. 成本优势

一方面,企业将物流业务外包可以降低委托方企业的运营成本,这是由于第三方物流企业在经营规模、经营范围上的经济性,降低了包括劳动力要素在内的物流运营成本;另一方面,对于委托方企业来说,物流成本在产品成本中占据了较大的比重,物流外包可以减少企业在固定资产方面的投资,加快资本周转。

c. 客户服务优势

与委托方企业相比,第三方物流企业在信息网络和配送节点两个方面都具有资源优势。利用信息网络可以加大订单的处理能力、减少对客户需求的反应时间。配送节点多,可以进行直接到户的点对点配送,使商品更快的到达客户手中,提高客户的满意度。而且,第三方物流在物流服务方面具备独特的专业能力和优势,能为客户提供更周到的服务,有利于增强委托方企业的市场竞争力。

d. 归核优势

第三方物流企业因为专门从事各种物流项目的运营活动,通过整合各项物流资源,使物流作业更高效,而且物流的运营成本相对较低,服装品牌企业如果将物流业务外包给第三方,将获得更周到的物流服务,同时又可以集中精力发展核心业务。

案例 2-8——百世第三方物流的服务创新(一)

百世物流科技有限公司成立于 2007 年,是由信息技术领域和物流管理领域资深专业人士联合组建的创新型物流服务提供商。针对不同类型的客户需求,提供以信息系统为核心的一体化第三方物流服务。

目前,百世为李宁、ZARA 等多家知名的服装品牌提供综合物流配送服务,凭借多层次的配送网络、分销仓储网络和强大的运营管理系统平台,为客户的多品牌、多渠道战略提供物流保障,得到了客户的认可,并获得李宁公司合作伙伴2008 年度最佳运作质量奖。

服装属于季节性产品,需要在较短时间内完成生产和流通。在这一过程中,还存在进、退、调、换等频繁且复杂的操作。服装物流的特点可大致概括为变化快、多批次、小批量。同时,从我国服装销售市场的现状来看,存在多种渠道销售的方式,因此需要形式多样的物流服务进行支持。这些特点要求服装物流第三方服务必须做到及时、准确,尽量缩短交货周期。通过强大的物流网络,及时的运输、配送,为企业铺货提供有力的支持。

服装业的运输需求是多层次的,需要物流服务商能更好地整合资源,提供综合性的服务。尤其是随着国内需求的增长和主流服装品牌企业对三、四级城市的深度配送需求,需要物流公司既具有快速的建网能力,又必须保证能有标准化的质量管控。百世采用业务拓展部、合作伙伴发展部和运营管理部门联合建网模式,在国内的各级城市设置网点,通过项目驱动对物流资源进行分级分类整合,这些资源已经通过公司专业团队的认证和质量检验。将资源分为仓储、干线、区域配送、同城配送、快递、空运、铁路等,逐步形成完整的资源数据库。公司"7×24 h"的一站式客户中心结合系统对订单属性进行判断、调度和资源匹配,从而确保用户各种需求能够快速响应,并保证服务品质。

百世这种模式帮助服装企业迅速实现三、四级城市的"小批量,多批次"配送能力;提高市场响应速度,起到降低库存,减少"牛鞭效应"的作用;通过对客户末端配送网络化管控,在时效性、安全性方面提供足够的保障,由此提高服装企业的客户满意度。

摘自:服装物流第三方服务的创新——访百世物流科技有限公司副总裁汪拥君[J].物流技术与应用.2009(5):83-85.

② 企业物流外包的风险

物流外包已为众多企业,特别是外资企业及跨国公司所采用,发展迅速,但物流外包在实际运作中仍然存在风险。因此,企业在实施物流外包之前,需要对物流外包的潜在风险做科学、详细的分析,制定控制风险的应对策略。

企业物流外包的主要潜在风险[9]:

a. 客户关系管理的风险

在与第三方物流服务的合作中,最直接接触客户的大多是第三方物流企业。他们往往拥有全面的客户信息,甚至是潜在的客户信息。因此,在客户关系处理中,应注意避免产生以下两类风险:与客户的关系被削弱以及客户资料被泄密。

b. 公司战略机密泄露的危险

经过长期的交往、合作,第三方物流企业自然对客户企业的公司战略有很深的认识,从采购渠道的调整到市场策略,从经营现状到未来预期,从产品转型到客户服务策略,第三方物流企业都可能得到相关信息。对于那些信息处理能力比较强的第三方物流公司,依据数据挖掘技术得到的信息往往连客户自己都未能察觉,容易出现核心战略被泄露的危险。

c. 对物流控制能力降低的风险

将物流业务外包，第三方物流企业自然会介入客户企业的采购、生产、分销、售后服务等诸多环节，成为客户企业的物流管理者，从而导致客户企业对物流的控制能力减弱。在双方协调不顺时，容易出现物流失控的现象，第三方物流企业若不能完全理解并按客户企业的要求完成物流业务，将导致客户服务水准降低。

综上所述，物流外包虽然具有利用外界有效资源、节约成本等优势，但同时隐藏着诸多潜在的风险。这也是有些企业放弃物流外包而选择物流自营的原因之一。因此，企业在进行物流决策时，需要综合权衡本企业的物流活动是完全依赖第三方物流服务商而承担一定的风险，或是培养自己的物流技术专家防范相关的风险。

③ 企业物流外包的优化对策

a. 合作伙伴之间的有效沟通

在实施合作过程中，外包服务的供应与需求双方之间有效的信息沟通是成败的关键因素。合作伙伴双方的有效沟通，可以避免物流活动的失误，实现有效信息共享。

b. 选择值得信任的合作伙伴

外包的成功始于双方互信。企业在对物流供应商进行选择的时候，要改变以往那种仅考虑增加企业内部核心竞争力的观点，而缺少对物流服务商利益的关注。当企业基于长远战略，考虑采用物流外包降低企业经营成本时，应同时兼顾双方的利益又能够有利于物流供应的合作发展，这样才能达到双赢的目的。

c. 加强企业和物流供应商的共同监管

要使物流外包卓有成效，企业管理层必须仔细权衡每一个在实践应用中取得成功的因素，并反馈应用到下一轮的实践中，以此获取物流外包可持续性利益。同时，也可以为双方今后长远的发展提供信用和技术，依据这些标准监管企业的目标利益和所能达到这些利益的路径。

第 3 章 | 服装业物流现状与基本业务

知识要点：

服装产品生产销售流程从原材料到成品出售，涉及众多物流环节，如原辅材料或半成品加工搬运，成品采购、仓储、运输、流通加工、配送等均与物流息息相关。本章通过对服装业及服装物流业现状的回顾，探讨服装物流发展的对策。依据服装物流的基本要素和案例剖析，论述服装物流的基本业务，包括：成衣流程、质量检验、货品入库、货品编码、出入库、运输、退货、库存及资源管理等。

041

3.1 服装业现状

衣食住行中，衣是人类生活中的重要组成部分，无论在国内市场还是海外市场，服装业都是一个庞大的产业。这一产业由设计、生产、销售及相关配套、多层次产业构成，在社会经济活动中地位显著。

3.1.1 服装业的构成

狭义的服装业指服装制造业，根据 GB/T 4754—2002《国民经济行业分类》国家标准，服装制造业指以纺织面料为主要原料，经裁剪后缝制各种男、女服装以及儿童成衣的活动，包括非自产原料的服装制作和固定生产地点的服装制作。

广义的服装业涉及面辅料、服装生产与流通、相关服饰产品（如鞋帽、包袋和皮具等）、化妆品以及服务咨询和会展等。

在社会经济活动中，作为劳动密集型行业，服装业集中地反映了社会进步、经济改革和全球产业结构变化的冲突、挑战与机遇。

（1）服装业的特点

加入 WTO 后，我国成为全球经济最活跃的发展中心之一，经济发展迅速，人民生活水平不断提高，服装业得到了快速发展。

① 服装业的劳动密集型属性

服装加工和生产组织过程一般不需要大型复杂的机械设备，可以在较少的资本投入下运行。虽然服装 CAD、CAM 和先进的生产经营方式不断地被服装企业所接受、采用，但由于服装业中小型企业占主体，多数企业仍未脱离传统的生产经营模式，这使得服装业对劳动力成本颇为敏感。服装业仍然属于劳动密集型产业[10]。

② 服装的地域性和季节性

自然环境是影响人们着装的主要因素之一，地域和季节对着装的影响最为显著。主要原因在于：我国地域广阔，各地经济发达程度、气候条件及消费者对服装的偏好特征等存在差异。如江南以小巧为主，北方以粗犷为特色；当东北地区的人们还在身着冬装，广东、海南等地的人们已换上夏装。东部沿海地区及其他一线城市购买力较高，对时尚趋势也较为敏感，二三线城市及其周边地区的购买力快速上升，时尚敏感度与大城市不分伯仲。

③ 服装市场流行周期短

随着人们生活水平的提高，消费观念开始改变，追求个性、多变、新奇的服装已经成为时尚。这不仅表现在时装季节性的更迭，也表现在季节间此一时彼一时的差异，甚至这种差异可能发生在面料、色彩、款式、设计和其他配套方面。这种快速变化，一方面给服装业带来无限机会，另一方面也给企业经营带来风险和不稳定性。

④ 服装运营流程长

尽管服装本身的加工流程不长，但一个季节一个新款式的推出往往涉及纺纱、织造、印染甚至新型纤维的生产、服装的生产与流通以及与服装零售相关的渠道等，使得一款服装从企划至上柜的运营流程时间长达几个月，这与时装流行的短周期相矛盾。

⑤ 服装的层次性和多样性

市场由消费者组成，消费者在性别、年龄、受教育程度、收入、信仰以及生活态度等方面存在显著差异，服装的需求和偏好各异，因而形成了服装市场多层次和多样性的特点。多层次主要有高档、中档、中低档以及低档之分，不同档次的服装，价格差异大，从几十元到几十万元不等，以满足不同层次消费者的需求；多样性是指服装的种类、花色品种繁多，以满足人们多种多样的穿着需求和审美情趣。

⑥ 服装业缺乏经济规模效应

进入服装业的门槛较低，初始投入和固定资产投入较少，加工过程具有相对的独立性和分散性，此外还受到服装多品种、小批量、短交货期的影响，服装业的经济规模较小。

⑦ 相关产业多

服装业除了与纺织业、零售业有关以外，还与其他行业如物流、广告、行业协会、服务和文化娱乐业等有密切关联。

（2）服装生产经营流程的层次

为满足服装消费者的需求，服装生产经营流程可分为四大分支层面：初级（原材料)层面,包括纤维原料供应商、纱线生产商、面料生产商;二级(设计生产)层面,包括服装制造商和承包生产商;三级(零售)层面,包括服装批发商和零售商;四级(相关辅助)层面,包括物流、出版、信息等[11]。 流程结构层次见图 3-1。

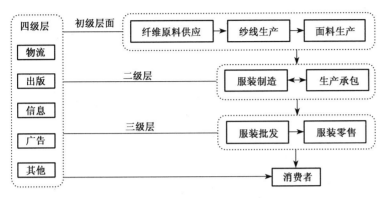

图 3-1 服装业的层次结构

① 初级层面

初级层面主要由服装原料的种植和生产构成,如棉花、苎麻的种植,纤维、面料、皮革、毛皮的供应等。 这一分支层面距离服装终端市场的时间最长,一般需要 1~2 年时间,是服装业发展的基础。

043

案例 3-1——原材料短缺和价格上涨,给服装业带来压力

资源短缺,是导致原材料价格飙升的主要原因。根据中国纺织经济信息网资料:以 328 棉为例(价格指数见图 3-2),2008 年 11 月,价格接近 10 400 元/t,是近几年棉价最低点;此后,棉花涨价不断,到 2010 年 5 月,我国 328 棉花价格指数已突破 17 000 元/t 的关口,比 2008 年 11 月上涨了 63.5%,而高级长绒棉的市场价

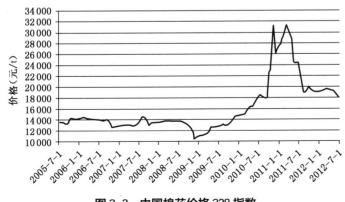

图 3-2 中国棉花价格 328 指数

来源:根据凤凰网财经资料绘制

格高达 24 000 元/t。

2010年,新西兰羊毛的价格持续上涨,中等细度的半血种羊毛的小批供量导致价格上升了5%,羔羊毛的价格上升了4%～5%,杂交类型的羊毛价格上涨了2.5%～5%,碎毛的价格升幅高达5%。我国南京羊毛市场综合指数变化如图3-3所示,2009年3月,南京羊毛综合指数处于近几年的最低点,最低价为40.14元/kg,而后一直高走,截止2010年4月,南京羊毛综合指数为 58.37 元/kg,比2009年3月上涨了45.4%。

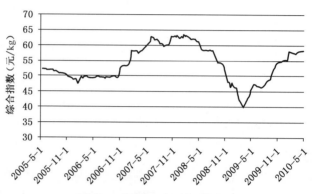

图 3-3　南京羊毛市场综合指数

来源:根据凤凰网财经资料绘制

原材料短缺和价格上涨,给纺织服装业带来了成本压力。我国服装企业处于全球服装产业链的加工贸易环节,附加值较低,原材料价格的上升进一步削弱了企业的利润。一些纺织服装企业通过重组生产流程、开发内销品牌、提高生产效率、提升产品附加值等方式增强了市场竞争力,但也有部分企业因经营不善在激烈的竞争环境中被淘汰。

② **二级层面**

二级层面(设计生产),包括生产和承包企业,通过对原材料进行加工,制成服装成品。 服装产品根据生产工艺不同,可分为机织服装和针织服装等;按照产品类别和使用对象进行细分,可分为男装、女装、童装,而男装根据着装风格又可以分为正装、商务休闲装、时尚休闲装等,即每一细分类别又可进一步细分为更具体的品种。 与这一层面相关的产品还有鞋袜、饰品、化妆品、香水以及家居装饰用品等。 二级层面的服装产品周期,通常在服装上市之前的三个月到一年时间内完成。

③ **三级层面**

三级层面是产品的最终零售。 在这一分支层面中,零售商从二级生产企业处购进产品,然后转售给消费者。 因此,三级层面需要与初级、二级层面企业紧密协作、协调生产,才能提供给消费者需求的产品。

④ **四级层面**

相关辅助层面主要包括物流、出版、信息、广告、皮革、珠宝加工、化妆、服务和文化娱乐等内容,该层面与其他三个层面处于水平面关系,即第四级层面是与其他层面同时发生联系的分支行业。

服装业不同层面的事例见图 3-4。

(a) 初级层面(面料展示)

(b) 二级层面(成衣车间)

(c) 三级层面(零售店铺)

(d) 四级层面(时尚杂志)

图 3-4　服装业不同层面的事例

3.1.2　我国服装业发展沿革

(1) 我国服装业的发展历程

建国以来,我国服装业由原来的手工作坊逐渐发展成机械化流水线生产,并向半自动化生产过渡;一部分先进企业由单一生产模式发展为多元产业的现代企业运营体系[12]。

① **基础阶段(1949—1979 年)**

解放初期,中国服装业除了少数军工被服厂外,多数是小型的手工业作坊、加工厂或裁缝铺。 这一时期的特点是国家处于计划经济阶段,国民经济发展缓慢,通货膨胀基本为零。 市场处于单一的生产导向,企业之间没有什么竞争可言,基本上生产什么,人们就接受什么。 服装产品单一,以生理需求为主。 该阶段,尽管服装业的产量、产值增加缓慢,但为以后服装业的发展培养了技术人才,奠定了我国现代服装业的基础。

② **过渡阶段(1980—1985 年)**

1979 年,我国开始实行改革开放政策。 从 1980 年开始,为了发展对外经济技术合作，促进现代化建设，政府先后在深圳、珠海、汕头和厦门4个城市划出一定的区域，建立经济特区，这是我国对外开放政策的重大试验。经济特区实行特殊政策，采取灵活措施，成为我国对外开放的前沿阵地。1984年，大连、天津、上海等4个沿海城市和海南岛又进一步开放，作为我国对外开放的第二梯队，开始大量吸收外资，引进技术。外向型服装企业是这些经济开发区的主要产业之一，也为我国后阶段服装对外加工业的快速发展拓展了道路。1980—1985年间，政府逐步贯彻对外开放、对内搞活的方针，大力发展消费品生产，把服装业列为消费品生产三大支柱产业之一，促进服装业向新的时期过渡。

③ **平稳增长阶段(1986—1991年)**

随着改革开放的进一步深入，我国进入第七个五年计划，服装业开始新的平稳增长阶段。经济特区和沿海开放城市的建设和发展，充分发挥了交通便利、信息灵通的优势，积极吸引外商投资，引进先进技术和管理经验，提高科技、管理水平，对服装业的发展起到明显的促进作用。这一期间，我国服装出口大幅度上升，服装进口有所增长，但与出口额相比所占份额较小。

④ **快速膨胀阶段(1992—1995年)**

1992年政府加快了由计划经济向社会主义市场经济转型的步伐，实施总量控制、结构调整的战略措施。纺织服装业以服装为龙头，带动纺织业全面发展，加快了技术改革力度，取得了显著发展成果。这一时期服装市场日趋繁荣并开始出现竞争，服装产地分布、产业与产品结构都发生了很大变化。中国实行社会主义市场经济政策后，允许国外零售商进入中国市场，一些国外服装品牌以雄厚的实力、丰富的品种涌入国内服装市场，迅速吸引了一部分消费者，促使中国服装企业改变原来以生产为导向的经营方式。我国服装进出口额迅速上升，一批骨干服装生产企业开始具备完善的策划、生产、营销和批发功能，形成了一系列国产服装名牌。

⑤ **第一次产业升级阶段(1996—2000年)**

受亚洲金融危机影响，从1997年下半年到1999年上半年是我国服装业发展的困难时期，服装生产和出口停滞不前。面临困境，许多服装企业开始调整产品结构、开拓新市场。1999年下半年开始，随着国际、国内两大服装市场的回暖，服装生产开始逐月回升，到2000年我国服装业的发展速度基本恢复正常。经过多年努力，国内一批服装企业在树立品牌、企业形象方面卓有成效，成为深受国内消费者欢迎的知名品牌。这些拥有知名品牌的企业，在增大无形资产的同时，借助自身的有利条件，利用资金、市场优势，以上市、并购等方法迅速扩张。同时，一些大型服装企业集团，依托原有的品牌优势，走"系列化"和"多层次"的发展道路。也有一些服装企业利用自身优势，向上游产业延伸，开发服装面料。还有一些服装企业开始向其他获利较高的行业和产品拓展。国内消费观念和消费水平的提高以及国际、国内服装市场的竞争加剧，促使服装业加快产业结构和产品结构的调整步伐，步入转型升级的初始阶段。

⑥ 第二次产业扩张与转移阶段(2001 年一至今)

进入 21 世纪,中国服装生产产能急速扩张,企业整合周期越来越短,市场竞争激烈。 虽然 2003 年受"非典"打击的影响,但中国加入 WTO 后,业界看好市场前景,诱发了行业的第二次快速膨胀。 如原来做男装西服的企业,不断扩大产品经营范围,增加衬衫、服饰配套甚至商务休闲服等产品。 由于服装企业进入门槛低、投资少、见效快,投资者或其他行业转产和调整时往往首选服装企业。 2005 年世界服装贸易自由化,全球优势资源重新配置,我国政府随之调整了相关政策,如出口税、汇率等。 随着新一轮国际贸易谈判开始,人民币升值,国内外市场竞争日趋激烈,各种生产经营成本不断上升,我国服装业面临产地转移和深度变革的新局面。 2009 年以来,在《国家纺织工业调整和振兴规划》的引导和推动下,我国服装业进入了产业转移和升级的新阶段,省内转移成为我国服装业梯度转移的第一站,沿海地区纺织服装业向中西部地区转移的步伐加快,向海外发展中国家转移受大企业青睐,反向转移成为二三线城市及内陆地区服装品牌企业的通用模式。

(2) 我国服装业现状分析

① 产能分析

得益于海内外需求的迅速增长,我国的服装业发展快速。 2005 年到 2011 年我国规模以上服装产量如图 3-5 所示,服装年产量从 2005 年的 148 亿件增长至 2010 年的高峰值 285.2 亿件,之后,受欧美金融债务危机影响,服装年产量有所下降。

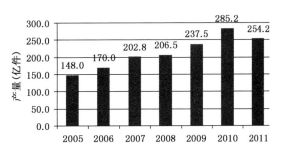

图 3-5 2005—2011 年我国规模以上服装产量

② 区域分布

我国的服装产地主要分布在珠江三角洲、长江三角洲、环渤海等区域,产业集聚特征明显。 广东、浙江、江苏、上海、福建和山东的服装产量约占全国总产量的 3/4。 同样,从出口量来看,2010 年,浙江、广东、江苏、上海和山东五大省市的出口量占全国总出口量的 75.6%[13]。

③ 增长方式

我国服装业增长状况基本呈现从总量型增长向结构性增长的转换,这是国内服装业发展阶段的客观反映,也是未来继续加快加深调整的必然趋势。 从需求结构、市场环境和经营成本变化来看,我国服装传统粗放型产品增长幅度减小,简单重复的经营渠道和方式正逐步改变;服装增长逐渐与有效供应和市场需求相对接;虽然我国服装总量大,且供需不对应和方式不对应的增长正在逐步消退,但结构性商品短缺仍然存在。

④ **产业链分析**

在服装商品价值链中,产品设计开发与市场运营各占价值链两头 40% 的附加价值,运输物流占 10%,而服装生产加工仅占 10% 的附加价值,形成一条微笑曲线(图 3-6)。

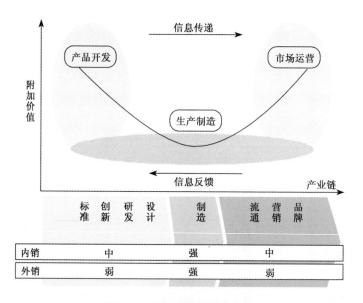

图 3-6 服装商品的微笑曲线

从目前我国服装业的现状来看,存在的主要问题有:科技含量不高;产品数量大,整体档次和附加值低;从业人员多,人均效率低;服装企业数量多,平均规模小;产品过剩,低价竞争。 中国本土服装企业的竞争优势主要在微笑曲线的底部,除了生产领域是强项外,其他领域均存在薄弱环节。 例如:拥有先进品牌策划能力的企业不多;服装设计与国际水平仍有较大差距;产品批零主要采用价格竞争手段,缺少运用信息管理系统、品牌战略、终端掌控等非价格竞争方法。为此,提高微笑曲线两头的附加值是我国服装企业改进的主要方向。

⑤ **外贸方式正在转变**

外贸是我国服装业拓展国际市场的基础产业之一,更是我国出口创汇的重要支柱。 受 2008 年金融危机的影响,我国向欧盟、美国和日本三大贸易伙伴的出口量明显回落。 目前,世界各服装出口竞争国的外贸加工价格都已相当透明,加上我国服装生产受到人力、土地、能源等因素影响,加工成本一再升高,继续走单纯 OEM(Original Equipment Manufacturing,原设备加工,业界亦称代工,贴牌加工)模式的利润越来越小,这种服装外贸方式必须变革。

a. 提高出口附加值,由 OEM 向 ODM(Original Design Manufacturing,原设计制造)、 OBM(Original Brand Manufacturing,原品牌制造)转变

多年来外贸加工经验的积累和设计力量的不断发展壮大,使得我国一部分服装企业具备了由 OEM 向 ODM、 OBM 转变的实力。 越来越多的出口企业加入

ODM、OBM 队伍中。 自主设计研发和品牌开发不仅能为服装企业提供增值和利润,除了为客户提供产品外,还能提供有核心技术的超值服务。 目前,广东、浙江、江苏、福建等服装产业大省中 ODM 和 OBM 企业已十分普遍,大大提高了这些地区的国际竞争力,进而改变了我国乃至国际服装贸易的竞争格局。

b. 加快品牌走出国门步伐

我国服装品牌“走出去”的步伐正在加速,越来越多的品牌在海外寻求市场。 在中东、东南亚、俄罗斯等地开设专卖店的品牌个数不断增多。 一些品牌已初步打开通往欧、美、日等服装发达地区市场的道路。 海外业界对中国服装的印象也由此发生转变,对中国服装品牌设计的认可及关注程度正在提升。

3.2 服装业的物流现状

我国服装物流配送体系的建设与管理起步较晚,企业效益未能充分展现。品牌企业经营者往往轻视物流管理,尚未认识到物流配送是企业品牌规模扩张的基础。 而规模较小的企业因缺乏资金,迟迟不能建立自己的物流配送和管理体系,配送管理活动处于粗放状态。

近年来,中国服装业的快速发展,特别是国内市场呈现快速增长,助推国内自主服装品牌企业加速扩大规模,进一步提升做大做强的信心。 同时,电子商务等新的服装消费方式和经营模式的出现,也对服装企业的供应链与物流管理提出了新的要求和挑战。 在此背景下,服装企业对物流的重视程度不断提高。

3.2.1 服装物流概况

服装业作为时尚产业,具有多品种、小批量、周期短、交货快的特点,因此服装物流管理的目标是提高面向市场需求的供应速度。 目前,国内品牌服装企业在生产经营过程中,库存积压呈上升趋势,其中,物流是否通畅,即原料采购、生产到配送是否及时有效是解决过量库存的关键问题之一,也是过去企业经常忽视的要素。 服装物流具有服装业和物流业的双重特性,受服装业特性的限制,服装物流活动呈现若干特征[14]。

(1) 管理对象的多样性

服装物流的管理对象是服装产品,产品具有品牌、款式、尺寸、颜色等多重属性,导致款多量少,一般物流管理方法很难适用。 解决方案:a. 依靠专业化的设施设备和物流管理手段;b. 选择合适的物流信息系统。 如何满足服装产品的多品种、小批量的发展趋势,需要服装企业、物流公司共同努力,通过设立仓储、配送中心等现代物流设施,建设共同配送系统。

(2) 服装物流的快速反应性

服装商品的季节性、流行性强,一般来说,时尚新款的生命周期仅为两三个月,在此期间,要完成包装、运输、仓储、配送与退货等多个物流环节的大量工作,时间是重要制约因素。为此,物流系统要有快速反应能力和时效运作水平。

(3) 服装库存管控

一般来说,服装库存主要包括制造企业库存和流通渠道库存,要控制好这两个方面的库存,一方面要有很好的市场预测和市场营销策略;另一方面应通过实施服装供应链管理(SCM)策略,进行科学的库存控制。

(4) 服装物流配送网络的复杂性

我国人口多、地理位置差异大,从事服装商贸的企业不计其数,服装企业销售渠道复杂,尤其是对大型品牌服装企业来说,店铺遍布全国各地,销售终端既有代理店,又有连锁专卖店,对物流配送网络、运作水平提出较高要求。

(5) 服装物流对信息化的依赖

成千上万的服装单品或 SKU,仅靠人工方法已无法适应物流管理,需要信息系统支撑,通过条形码技术、POS 系统等信息技术进行物流管理。

案例 3-2——服装企业发展阶段不同,物流系统需求不同

德马泰克是全球最大的物流系统集成商之一,为多家世界著名的服装品牌成功实施物流中心建设项目,拥有丰富的行业经验。该公司系统集成部的订单履行业务经理指出,服装企业在发展的不同阶段对物流系统的需求不同。具体表现为:在初创阶段,企业的物流需求主要以支持业务开展、经济适用为重点;当品牌赢得初步认可,企业开始通过连锁经营进行扩张时,物流需求主要以库存管理、及时补货为重点;当销售额达到 10 亿元以上,店铺网络初具规模时,企业进入了急速发展阶段,物流受到重视,物流需求以供应链保障为重点;随着门店数量的增加和销售额的扩大,企业开始进入稳步发展阶段,物流已经成为公司新的增长点,对长期发展至关重要,高效率的自动化物流系统建设和物流网络优化提上日程。

摘自:赵皎云.服装物流新技术新机遇新挑战——第三届中国服装行业现代物流技术研讨会纪实[J].物流技术与应用,2011(8):28-35.

3.2.2 服装物流的需求

每个制造企业的情况千差万别,对物流服务的要求也不尽相同。服装物流以满足客户的需求为基础,具有行业特色。

（1）服装包装运输方式

根据服装种类采用不同的包装方式,可分为平装(折装)或挂装。 平装或折装的过程中,将每件成衣折叠好,放进封装袋内;采用挂装时,成衣悬挂在衣架上,然后套上塑料袋,封好袋口。 一般高端产品采用挂装方式,优点是服装运输过程中能保形,褶皱少,在成衣运送至门店后可直接销售,省去二次熨烫工序;缺点是包装和运输成本高。 中低端服装包装一般采用折装方式,物流费用低。

（2）适应市场快速反应机制

服装季节性强,流行周期短,在激烈的市场竞争中,如果市场反应速度慢,企业将付出惨重代价。 若企业产品仅仅停留在流通中间环节,未实现销售,则库存和现金流将严重制约企业的发展。 因此,建立快速市场反应机制,能在第一时间将服装货品送至店铺,以最快的速度达成有效销售。 通过提高服装制造和物流环节的信息化水平,打造现代物流供应链,缩短服装企划至成品上柜的周期,抢得先机赢得主动,变市场机会为企业效益。 对于规模较大的服装企业,除建立覆盖全国的大型物流中心外,还必须建立功能强大的区域物流分中心,以满足快速销售的需求。

案例 3-3——快时尚模式下的服装物流

拥有近 14 亿人口的中国是全球最主要的服装消费国和生产国之一。 近几年,中国服装业发展迅猛,服装企业规模不断扩大,销售额大幅上升。 服装业出现了以产品风格和消费群为特点的深度细分,市场竞争日趋激烈。 因此,对市场需求的"快速反应能力"逐渐成为服装企业的核心竞争力。 特别是在 ZARA、H&M、优衣库、C&A 等为代表的全球时尚巨头的带动下,越来越多的中国服装企业开始进入这一领域。

快时尚在整个产业链体系上的表现是快速生产、快速物流、快速销售,在整个生产环节中能够快速运转,并且迅速地向市场推出最为流行、新颖、时尚的款式。 在全面有序地整合产业资源的基础上,核心在于企业拥有完整的产品开发体系、生产供应体系、物流配送体系、上架销售体系等一整套产业链体系。

据了解,在快时尚成为服装业某种趋势的过程中,服装产品的生命周期越来越短,卖不出去、过时的产品在价格上将大打折扣。 研究显示,一款鞋或服装平均每天贬值 0.7%,只要提前 10 天卖出,则会少贬值 7%,毛利率也随之增加 13%。 因此,如何缩短供应链、加快物流速度是服装企业迫切需要解决的课题。

摘自:赵皎云.服装物流新技术新机遇新挑战——第三届中国服装行业现代物流技术研讨会纪实[J].物流技术与应用,2011(8):28-35.

（3）建立功能强大的物流配送中心

服装业多品种、小批量的发展趋势给服装物流设计规划带来困难，以托盘为储存单元的自动化立体仓库难以满足服装配送要求，必须建设功能强大的物流配送中心，增加快速分拣区域、功能和设施，才能适应多品种、小批量这一行业发展趋势的需要。

服装企业物流配送中心事例见图3-7。

图3-7　某服装企业物流配送中心

案例3-4——雅戈尔物流配送研发中心

雅戈尔物流配送研究服务中心于2008年8月正式投入运行，中心总投资5 000万元，占地面积5 500 m²，实际建筑面积仓储能力达到25 000 m²。中心信息处理系统WMS（Warehouse Management System，仓库管理系统）接了上游生产部门ERP系统的末端数据，同时衔接了来自下游销售部门DRP（Distribution Resource Planning，分销资源计划）系统提供的货单数据信息，着重通过WMS系统对DRP提供的订单信息进行分类处理，加快所需货物的配货、拆零速度，协调好运输车辆的最佳路线和运送能力，从而逐步缩减了库存的周转周期，有效保证了立体仓库的剩余仓储应对突发市场因素所造成的库存激增及数据处理工作的能力。

案例3-5——报喜鸟集团物流配送实现快速反应

报喜鸟信息化物流中心位于报喜鸟工业园区，于2011年10月上线并正式投入使用。该中心采用国际尖端的自动化吊装系统、国内领先的自动化存储和拣选设备，同时采用高度智能化的信息化物流管理技术。该公司有关人士表示，此项

系统是目前国内系统最复杂、自动化程度
高、管理先进的服饰成品物流系统,平均订
单反应时间3~5 h,日吞吐能力5~8万件,
可满足 3 000 家专卖店、每年 50 亿元销售
额的配送需要。 按功能划分,物流中心一
层为拆零分流货架拣选区;二层为普通货
架拣选区和逆向物流处理区;三层为正装
储存区。 整个物流中心配备立库货架、堆
垛机、托盘输送系统、近三万个拣选点、拆
零补货箱输送线、高速分拣机、电子标签等
自动化设备。

图 3-8 报喜鸟服装企业物流配送中心
来源:《报喜鸟全自动化物流中心开始使
用》http://www.3188.tv/brand/news/
baoxiniao/23758/.

报喜鸟的物流配送中心工作场景如图 3-8 所示。

053

(4) 服装企业的库存统筹管理

现代物流的一个根本理念是尽量降低库存,直至零库存。 服装库存包括企
业内部库存、物流过程动态库存和门店库存,零库存对于正常运作的服装企业来
说实施非常困难。 换言之,服装企业进行库存控制的目标不是消灭库存,而是合
理控制库存。 合理库存的一个基本准则是将库存尽量集中于畅销产品。 企业
应适当控制库存,或者配合销售部门的推广、促销活动安排,及时在不同门店、
仓库之间调配货品,将库存产品集中到促销活动辐射区域。 服装的季节性和流
行性决定了服装在库时间应尽可能短,企业内部库存必须严格控制并尽量减少,
否则意味着企业大量资金占用和产品滞销风险。

3.3 服装物流的问题及对策

3.3.1 服装物流存在的问题

我国服装企业管理者往往重视设计、生产和销售,而作为对服装生产零售系统
提供支持的、必不可少的物流系统则没有受到应有的重视。 随着现代物流管理理
念、方法、技术的进步和广泛应用,服装企业开始关注自身的物流系统建设。

国内服装物流管理中的常见问题如下[15]:

(1) 体制、机制、理念与设施

宏观上,物流市场对以 IT 技术为特征的物流解决方案需求正在迅速增长,这

一部分业务是外资物流公司的核心竞争力所在,而国内物流体制和市场不完善使之与国际先进的物流公司对接存在差距。 微观上,服装物流管理不成熟,缺乏先进管理模式和理念;服装物流的基础设施薄弱,与港口、机场、高速公路的网联尚待完善;服装物流供应商受地方保护及行政体制的影响较大,造成物流工作质量参差不齐,服务质量有待提升。

（2）信息技术与信息共享

服装物流活动中,信息化程度较低。 特别是服装生产制造型企业,基本上处于相对封闭状态,实行各自为政的运作方式。 生产与流通企业之间的物流存在"信息孤岛"和"信息壁垒"现象,服装物流资源共享缺少综合信息平台的支撑。 服装企业缺少物流信息交流,未能进行有效合作和共同提高。

（3）物流企业竞争激烈,服务内容同质

为服装品牌企业提供服务的第三方物流企业间价格竞争激烈,服务内容同质化明显。 长期以来,国内服装物流企业更多关注的是减少运输成本、仓储成本,轻视对服装物流提供服务的可持续改进,使得服装物流业长期仅仅停留在价格竞争的层面。 由于国内物流领域有效的非价格体系(包括服务、信息化、标准化、程序化)尚未形成,企业容易陷入低价恶性竞争,从而导致物流服务水平难以提升,进而影响到服装业价值链绩效的提高。

（4）有效供给与持续创新

我国服装企业正趋向于选择由"第三方"物流提供服务的过程中,然而,服装物流业存在定价不合理与低水平服务价格战并存的局面。 服装物流企业提供的物流管理水准、供货的准时性等尚不能满足生产、流通企业的准时、高效需求。

（5）物流增值服务

从目前我国服装物流所提供的服务功能和经营范围来看,绝大部分只是提供传统的仓储和运输服务,很少提供物流增值服务项目。 总的来说,运输、仓储等传统性业务占相当大的比重,物流服务收益中大部分来自于这些基础性服务。 服装物流从业者需要深刻领会现代物流所蕴涵的意义,增加对增值服务知识的认知。

3.3.2 服装物流的发展对策

（1）重组企业内部的物流管理组织机构

物流管理是企业管理的重要组成部分。 服装企业应在管理机构中设置专门的物流管理组织机构,给予足够的重视,避免把物流部门看作是生产或销售部门的从属机构。 通过有效的物流管理,改善中间环节滞留时间长、占用空间大、重复物流作业多、物流线路长等现象。

（2）加强服装企业的信息化建设

为了适应快速多变的市场需求,服装企业应根据企业的销售订单,对销售产品、地区、客户等各种信息进行管理,加强对服装产品市场需求预测的准确度;

同时,通过现代化的信息手段直接与国内外采购商、供应商对接,实现纺织服装生产、供货全流程的信息化。在整个生产加工销售过程中,由于原料、半成品采购、供应环节多且业务量大,所以以信息化为基础的仓储管理和控制尤为重要。

企业从采购、储存、加工、配送到售后服务各个环节需要有高效的物流配送体系保障,尤其是大型品牌服装连锁企业,需要建设高效的信息化配送体系确保快速、准确的运输配送。

多品种、小批量的生产、流通特点使服装企业的库存管理显得十分重要。依据信息技术工具,控制存储物料的数量,保证稳定的物流支持正常生产和流通的同时,可最小限度地占用资金。依据市场和生产需求的变化及时、动态地调整库存,为实现合理的生产采购计划以及准确的成本核算奠定基础。

案例 3-6——秋水伊人开创 RFID 仓储管理

浙江印象实业股份有限公司(秋水伊人)是集设计、生产、销售于一体的国内女装股份制企业。公司年生产、销售服装数量达 500 多万件。

公司目前使用 RFID 进行仓库管理,虽然单个芯片成本较高(0.20 元/个),但是由于产品信息得到有效的归类和统计以及仓库管理中耗费的时间和人力成本降低,提升了公司的电子信息化程度和仓库管理效率。

公司在库存管理和分销系统上实施了供应商管理库存(Vendor Managed Inventory,VMI)模式,企业所有直营店都已经实施该项目内容并取得良好的效果。采用"全退货模式"后,即代理加盟商只负责店铺的选址、提供顾客服务和门店销售,而配货则完全由公司管控,将货品的 1/3 置于门店,2/3 置于总仓,通过数据信息系统的支撑,公司总仓及时调配各门店货品,实行"卖一补一"策略,加盟商的库存和滞销产品可完全退回。若实际销售与计划符合,可将库存减至最低。通过方案实施,2009 年,冬装的库存为 10%,而夏装则实现了零库存。

(3)多方联合构建服装业物流平台

目前我国服装业在物流策略上,除了少部分企业采用完全外包的社会化物流外,有实力的大企业集团大多采用自建物流设施。对于服装企业而言,由于产品的季节性和时尚性,如果自建大容量仓库和车队,在生产旺季资源利用率很高,而到了淡季资源可能被大量闲置,加重了管理的难度。

目前,我国第三方物流还在发展中,一些物流企业只是利用临时组建或租借的车队进行配送,运送效率和服务质量有待提升。为此,可以通过社会共同出资联合构筑纺织服装社会化物流平台,实现技术和利益共享,并通过专业物流平台对生产原料和流通产品进行实时配送,以降低行业物流费用和提高流通效率。

案例 3-7——东北红博构建国际物流平台

红博在原有商业基础上全力创建了一种全新的国际物流平台,通过红博世纪广场(物流园区)的建立,有效地北移国内服装中心。红博世纪广场是目前东北地区最大、品种最多、物流配送最快、辐射面积最广的国际商业配送中心和国内品牌服装服饰、体育休闲用品、鞋帽、箱包等集散中心。拥有上万个下线分销网络,辐射范围遍布东北三省、内蒙古,成为东北地区重要的服装集散地,掌控着东北服装市场85%的份额。这一网络使红博世纪广场拥有众多国内知名服装品牌,同时也创造了最佳分销渠道。

各种商品在这里通过迅速整合,形成保税、展示、批发、销售、报关、报检,通过哈尔滨便利的航空、铁路、水运、公路等物流通道,迅速地输往中国东北、俄罗斯、东欧各地。由此形成的大物流贸易,推动了东北经济的发展。

3.4 服装物流的基本要素

3.4.1 服装物流的效用

(1)物流创造时间效用

无论是原材料加工制成服装产品,还是服装成品从供给端到消费者之间都存在一段时间差。 物流的时间效用体现在改变这段时间所产生的价值。

① 缩短时间

缩短物流时间,提升服装产品对市场需求的反应速度,可获得多方面效益。如减少服装产品前置时间,抢先占据市场先机;加速物流周转,增加资本周转次数。 同时,服装本身具有季节性和流行性的特点,物流时间越短,资本周转越快,越有利于服装产品阶段性生产销售,提升资本增值速度。 对服装业总体而言,缩短物流时间是产业物流必须遵循的经济规律。

② 弥补时间差

服装产业链中,需求与供给之间普遍存在时间差。 例如,棉花在北半球普遍秋季收获，而棉类织物广泛用于四季的服装中。 服装业的原材料品种多、来源广，此类时间差不胜枚举。 物流通过科学、系统的方法，依据合理的仓储、运输等改变这种时间差，实现时间效用。

（2） 物流创造空间效用

由于现代社会产业结构庞大、分工细化，供给地与需求地往往存在空间差距，空间距离通过物流改变创造的价值称为空间效用。 同样，对服装业而言，无论是原材料加工制成服装产品，还是服装成品从供给端到消费端之间都存在空间差距。

① 分散供应地流向集中生产地

不同类型服装产品所需原材料不同。 服装产品纷繁复杂，品类繁多的原材料，统一通过物流运输至集中生产地。 例如棉花由各个地块种植，但面料加工厂往往集中在一处范围，散落在各地的加工厂又将面料运输到服装集中生产地，进行成衣加工。 由此形成分散生产与集中需求的纺织服装生产链，从而体现出物流的空间效用。

② 服装集中生产地流向分散需求地

鉴于规模效应，服装生产加工往往会集中在某一区域，而服装产品销售却是面向全国或者某一宽阔区域。 服装产品通过物流作为流通介质，由集中生产地分散到大范围的各个需求地，能增加企业生产量、提升获利空间，满足多地需求。 这种服装产销物流链的空间效用能拓展服装利润来源。

③ 低需求区域流向高需求区域

自古以来，不同地域的需求、消费水平并不相同。 对服装产品而言，在某个地域滞销的款式可能在另一个地域畅销。 由于这种需求区域差异，服装产品在试销一段时期后，需要进行相应的货品转单和调整。 合理的物流管理可将适当的货品送达需求地，盘活库存品，实现产品增值，体现空间效用。

（3） 物流与服装生产的保障

服装企业的正常运转需要不断地流入原材料、流出产成品。 在服装加工制造过程中，物流管理活动可以保障各个工序、工作地生产之间的连续性和平衡性。

（4） 物流降低库存

服装企业影响成本和效益的重要因素之一是库存积压，合理的物流活动可以有效地调整库存，减少仓储费用。 无论是企业内部原材料还是产成品的库存都可通过积极有效的物流活动加以解决，关键点在于企业对库存规划的物流活动管控。

（5） 物流管理带来新的利润增长点

服装企业对市场需求的快速反应能力已经成为新的利润增长点。 合理的物流体系、良好的物流管理能够针对市场需求，快速生产、送货或补货，为企业提供"第三利润源"。

057

3.4.2 服装物流的变迁

物流的发展与科技水平、消费水平及消费观念息息相关。图3-9是服装物流业的发展轨迹。

图3-9 物流业的发展阶段

（1）自主仓储运输服务

在服装业市场化初期，由于市场范围较小，企业往往根据自身的经营经验和习惯，自主开展物流活动（包括工序之间物流及产成品配送）。作为物流活动的主体，服装企业自建仓储运输或向仓储运营机构购买仓储服务、向运输运营机构购买运输服务，但是这种物流活动仅限于一次或短暂的合作。此时企业的物流活动与价值链的联系是松散的，物流并不成为产品增值或获利的重要因素。

（2）自建产销配送中心

随着服装业日渐成熟，市场需求日益多元化，短暂合作的物流活动无法满足产成品规模扩大带来的市场弹性需求。此时，服装品牌企业纷纷建立自营车队，以满足企业外部及内部的物流活动。自营车队能有效地满足企业对周边区域的市场供应，但较低的按期配送率与居高不下的物流成本使得服装企业资金运作面临较大风险。

这时的服装企业采用内部仓库作为物流的存储方式。由于市场需求变化日趋复杂，销售准确预测愈加困难，快速反应对于企业的生存重要性日渐凸显，自主仓库存储已无法满足现代消费人群需求。企业通过快速的分拣、配送，高效率的物流活动解决服装销售中显性、隐性缺货，因此系统整体处理存储、包装、装卸搬运、分拣配送的物流配送中心成为服装企业提升物流效率、市场反应的核心枢纽。大型品牌服装企业适合建立这种配送中心。

（3）第三方物流或联建物流配送中心

为了改善物流活动效率，同时从投入资金趋多的物流成本束缚中解脱，服装企业开始与新兴的第三方物流（3PL）进行合作。通过把物流活动中的运输业务外包给第三方物流机构，企业可集中资金和精力提升服装核心业务。

第三方物流是由物流服务的供方和需方以外的第三方完成物流服务的物流运作方式[16]。随着信息化应用的普及，信息流的快速、准确传递，人与人之间、地域之间空间距离越来越短，流通的速度越来越快，第三方物流以其专业化形式逐渐受到服装企业青睐。

同时，一部分服装企业正在完成从传统的"厂—商"运输模式，或者采用以传统仓库作为"中转站"的方式转向与第三方联建的以物流配送中心为枢纽、区域仓库为节点的物流系统。这类体系能够有效地减少总库存,同时为各个销售终端及时铺货补货,解决服装企业库存管理的困境。

（4）第四方物流或现代物流管理

第四方物流(4PL)的发展基于第三方物流,能帮助企业实现降低成本、有效整合资源,并且依靠优秀的第三方物流供应商、技术供应商、管理咨询以及其他增值服务商,为客户提供独特、广泛的供应链解决方案,双方由此获取增值利润[16]。这种第四方物流或现代物流管理活动,能为服装企业的物流管理现代化、供应链协同化提供可持续发展的驱动力。

3.4.3 服装企业物流分类

（1）服装销售环节物流

服装销售的物流活动包括成品包装、仓储、分拣配送、渠道选择、货品信息处理等[17],主要分为三类:产销类、营销类以及第三方物流类。

① 产销类

图 3-10 为服装企业自主管理销售环节的物流配送活动。从产成品进仓、产品加工包装至仓储、拣货、分类集中、出货、配送运输,一体化完成从销售环节物流始点至消费者的物流活动。采用该物流配送模式的服装企业能够按照生产计划、客户订单积极有效地调节成品供应、库存控制、销售补货追单等,达到供、销环节周转快,获利概率高的目的。

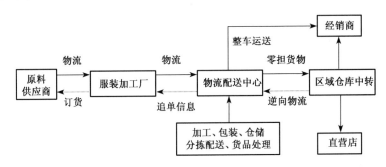

图 3-10　服装产销类的物流活动

产销类的物流渠道一般为生产商→直营店/零售点→消费者,企业所有销售环节的物流活动全部自主管理运作,虽然物流管理前期存在高投入低效率的束缚,一旦企业拥有成熟物流管理经验,能够对销售环节物流活动进行充分的效率挖掘、提升协同能力,有效地满足日益快速的市场需求。大型服装品牌企业适宜建立这种物流配送模式。

② 营销类

图 3-11 所示为营销类物流活动的示意图。这类服装企业不从事服装生产,

而是组织服装货源进行物流配送,通过品牌零售经营达到盈利目的。 因此企业需要通过物流配送部门从事服装成品的包装、加工以及产品的进货、仓储、分拣、送货等物流活动。 由于需要进行统一的流通活动,提高服装品牌产出效应,此类销售物流

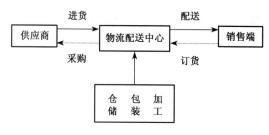

图 3-11 营销类的物流活动

活动需将物流配送中心作为始点,以此取代传统的仓储活动,承担进货、加工包装、储存、分拣配送等系统化活动。

营销类物流渠道一般为生产商→批发商→零售商→消费者,由于结构层次较多,一般须设立区域仓库作为物流活动中转站,由此提升物流活动效率。

③ 第三方物流类

如图 3-12 所示,第三方物流活动的组织者不直接参与商品的交易活动,不经销商品,只负责专门为服装企业的直营店、经销商提供验收入库、仓储、流通加工、分拣配送等物流服务。 由于第三方物流配送机构多数是从传统储运企业基础上发展起来的物流企业,业务是在传统仓储与运输业务基础上

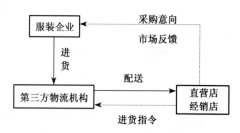

图 3-12 第三方物流的工作流程

增强配送服务功能,以更快的速度、更高的服务水平为服装企业提供全面的物流服务。 但在整个业务过程中,物流配送机构不直接经销商品,也不具有商品的所有权。

第三方物流类的渠道一般为生产商→直营店/零售点→消费者,服装品牌企业所有销售环节的物流活动都交与第三方物流机构管理运作,摆脱物流前期高投入低效率的束缚,专注提升核心竞争力。 但企业与第三方物流的协同能力、第三方物流服务水平的高低将直接影响销售环节物流活动的效率,存在一定风险。

案例 3-8——L 品牌与第三方物流

在我国服装企业中,L 品牌在销售物流环节采取第三方物流。2000 年 L 品牌卖掉起初自营的运输车队,重新梳理物流体系,实施 SAPR/3 系统及 AFS 服装/鞋业解决方案,这一系列动作是为了打通 L 品牌公司的各个关节,使物流畅通,信息传导快捷高效。L 品牌产品的物流分拨时间,即全国的在途分拨时间是 4.5 天,

比起业内著名的海尔物流还少半天。与国际著名品牌耐克在中国 7 天的物流分拨时间相比,L 品牌更是领先不少。第三方物流配送模式使得 L 品牌将企业资源集中用于服装等产品的经营业务,而将物流配送业务交给第三方物流公司,既可以节省物流成本,又可以提高顾客服务水平。

第三方物流的销售物流活动仅限于物流代理,业务较为单一专精,有利于提高服装企业专业化物流服务水平,占用服装企业流动资金少,经营物流配送风险低。但企业不直接掌握配送计划,调度和调节能力差,反应速度不能达到原先计划安排,对补货销货等会有不可避免的时间延迟。因此如何选择一个适合企业的第三方物流可以借鉴 L 品牌公司的成功案例。L 品牌公司根据以往合作经验,选择中等规模的第三方物流公司作为物流服务部,这一点不同于国内的很多服装企业——委托大型物流公司。然而 L 品牌在最初开始选择承运商的时候最看重的也是规模,但随着合作的深入,逐渐发现规模太大的承运商不仅费用高,公司管理结构、领导架构复杂导致管理力度削弱,而且由于自身规模庞大,L 品牌的货物比重不能占据绝对优势,受重视的期望值与公司的需求相去甚远。后来,L 品牌选择中等规模的物流运输公司作合作伙伴,这种现象得到很大程度的改进,L 品牌的货物倍受重视,物流公司在服务上尽心尽力。同时 L 品牌公司在物流承运合同中加上一条:无论什么情况,L 品牌公司的货物优先发送。L 品牌案例表明我国服装企业应当因地制宜地选择第三方物流管理销售活动。

摘自:李树伟. 体育用品企业 L 品牌公司的物流特征探讨[J]. 物流平台,2008(3):43-44.

(2) 服装物流配送中心

物流配送中心是接受并处理销售端的订货信息,对供应链上游多品种货物进行分拣,根据用户订货要求进行拣选、加工、组配等作业,并进行仓储、配送的设施和机构。

物流配送中心具有反应速度快、功能集成化、服务系列化、作业规范化、目标系统化、手段现代化、组织网络化、经营市场化、流程自动化、管理程序化等特征[16]。

服装企业物流配送中心的建设有以下三种:企业自有物流配送、第三方物流配送、联建配送中心。 服装企业可依据表 3-1 的物流能力与物流依赖度两个维度,建立相应的物流配送中心作为物流活动的枢纽。

表 3-1 我国服装企业物流配送中心选择

物流能力 物流依赖度	强	弱
高(多品种小批量)	自建物流配送中心	第三方或与物流能力强企业联建
低(少品种大批量)	自建或联建作为主导地位	第三方物流配送中心

来源:王茜. 我国服装企业物流配送中心的建设模式选择研究[J]. 商场现代化,2007(4):17-21.

① 自建物流配送中心

无论是多品种小批量还是少品种大批量,不管销售环节物流活动是营销类还是产销类,大型服装企业皆可采取自建物流配送中心作为物流活动枢纽。企业达到一定规模后,货物量大,作业订单多,正确运输率、新品率要求高。通过物流配送中心系统化、整体化的物流活动(包括加工包装、仓储、分拣配送、货品处理)提升企业内外部物流活动效率、市场反应速度。企业自建物流配送中心需考虑配送利润与配送成本因素,一般判断准则为:配送中心正常运转所取得的数量增加和加速资金周转创造的效益,足以抵偿配送中心建设和配送设施所花费的成本[18]。

② 联建物流配送中心

一家或多家服装企业联合,或者与专业物流机构联合建立配送中心,同样可以节约建设投资,以较少的资金投入获得较高的服务水平。七匹狼服装品牌企业采用联建物流配送中心,目的是提升区域规模的物流效益,降低整体物流配送成本,提高配送效益,也利于盘活整个区域的存量资产。同时,联建配送中心可以提高企业物流自营能力,利于将来企业规模做大后为建立自营物流配送中心获取相关物流活动实务经验。

③ 第三方物流配送中心

表 3-2 是我国利用第三方物流企业类型及其特点,服装企业需要根据自身特点与核心业务与第三方物流协同提升企业物流活动效率。

表 3-2　我国第三方物流企业类型

第三方物流类型	特　征	选择建议
由国营大中型企业转型而来的物流企业,如中海物流公司	拥有大量现成的物流基础设施和专用设备、面积较大的库区园地和完善的管理机制,对本土的市场更加熟悉,效率有待提高	与民营企业相配合,构成全国范围物流配送体系
传统仓储、运输企业经过改造转型而来,如中国储运总公司	拥有全国性的网络、运输和仓储资源,据有原有的物流业务基础、市场和经营网络、设施和企业规模等方面的优势,提高配送分拣、退货处理效率	适合追单生产后的少品种大批量全国范围补货
民营物流企业,如宝供、大通国际等	机制灵活、管理成本低、服务水平基本能以客户需求为中心,规模有限,区域性服务	适合区域性物流配送及仓储分拣,与第一种类型相配合
外资第三方物流企业	物流成本高,多负责进出口贸易物流配送,物流服务质量、效率、反应速度高	适合企业利润高,拥有海外货源或销售渠道

资料来源:根据我国第三方物流企业的 SWOT 分析. http://wenku. baidu. com/view/3cdead11cc7931b-765ce15a2. html 资料整合.

我国服装企业主体为中小服装企业,自建物流配送中心往往入不敷出。而采用第三方物流承运企业物流配送、分拣仓储业务不仅可以有效地解决企业前期资金投入能力不足的问题,还能将企业从不擅长的非核心业务中解脱,充分利用第三方配送中心提供专业物流配送服务条件,合理利用资金,将企业有限资源集中于发展核心业务,实现资源的优化配置,提升品牌竞争力。

（3）服装企业生产物流

服装企业生产物流是具体、微观物流活动的典型领域。

根据我国国家标准《物流术语》,生产物流(Production Logistic)是指企业生产过程中发生的涉及原材料、在制品、半成品、产成品等所进行的物流活动[1]。

企业生产物流的过程如图 3-13 所示:面辅料等材料从企业仓库进入生产线的开始端,进一步随生产加工过程借助一定的运输装置(如吊挂流水线、U 型流水线等)按工艺环节流动加工。 在"流"的过程中,在制品本身被加工,同时产生若干废料、余料,直到生产加工终结,再"流"至物流配送中心或产成品仓库,成为企业生产物流活动的终结点。

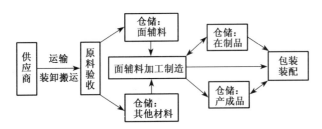

图 3-13　服装企业生产物流

由图可知,服装企业生产物流活动源于原料的输入,止于产成品仓库,贯穿整个生产流程,即物流活动流经的范围是整个工序生产流程。面辅料等原料进入企业后即形成物流,并随着加工流程不断改变物料形态(如裁料、整烫、车缝、搬运、仓储、等待等)和场所位置(车间、工位或工作地、仓库、物流配送中心等)。 生产物流的事例见图 3-14。

图 3-14　报喜鸟生产物流流水线

服装企业生产效率取决于生产物流活动效率的高低,影响因素如下[19]:

a. 生产规模。 指单位时间内的服装产品产量,生产规模越大,生产过程的工序复杂,物流量越大;反之,企业生产规模越小,工序简洁,物流量也越小;

b. 物流的连续性。 服装企业生产时逐道工序进行,各阶段、各工序的作业所需物料能否顺畅、高效地走过整个流程,在时间上能否紧密衔接,受生产物流影响大。

c. 物流的比例性。 提供生产物流活动的各种机器的加工能力与各工序、各阶段的物料需求量应保持一定的比例关系。 各物流阶段产能的比例相互协调，是保证整体企业生产物流活动高效的重要条件。

d. 物流的节奏性。 服装产品在生产加工的各个阶段，从面辅料投料到最后进入产成品仓库，必须有节奏地进行，保证在相等的一段时间内所进行的物流量大致相等，避免出现前松后紧或时松时紧的现象。

e. 物流的应变性。 21 世纪的服装企业多采取多品种小批量的生产加工方式，在批量转换时，企业生产物流活动必须具备良好的应变能力，以尽快适应、满足对新品种的工序加工、物料流动要求。

3.5 服装物流的相关业务

3.5.1 成衣流程

随着生活水平的提高，消费者对服装的品质要求越来越高，在激烈的市场竞争中，服装生产企业意识到加工费、产品质量、准时交货和快速反应能力等是衡量服装供应商的重要指标。 通常，服装成衣流程包含验布、裁剪、缝制、整烫等诸个环节，一件高档西服的成衣超过 300 道工序。

案例 3-9——服装供应商 Z 工厂生产流程

Z 工厂是中小型服装加工企业，以生产加工牛仔裤为主，全厂职工近 100 人，月产能约 3 万条。依照订单的生产周期，Z 工厂的订单可分为两类：来料来样加工订单（业界称 CMT 单）与自主采购面辅料加工订单（业界称 FOB 单）。其中，CMT 单的生产周期为 35 至 40 天，FOB 单的生产周期约 60 天。生产场景见图 3-15。

Z 工厂的生产工艺流程及人员配置见图 3-16，除了打版、裁剪、缝纫等主要工序由工厂自主加工外，面料缩率测量、水洗、绣花等工序需要外发，由其他专业加工厂协助加工。

图 3-17 为某款牛仔裤的款式及缝纫线工序流程图。此外，为确保准时交货，Z 工厂根据订单的交期，以计算机为辅助工具，对 Z 工厂的订单进行梳理，从而在保证每张订单在准时交货的前提下，对各类订单进行排程管控，使流水线生产有序进行。

图 3-15　Z 工厂生产现场

3.5.2　质量检验

所谓检验,是用某种方法对产品进行测定,将其结果与评定的标准进行比较,从而确定每个产品的优、劣或批量的合格与否[19]。

（1）检验计划

对生产企业而言,检验内容既包括服装成品检验,还包括加工之前的面辅料检验,加工时的半成品检验等。 在工序的何处进行何项检验,是检验计划的内容。 在工序的适当地方设立检验点,以便检查加工是否正确进行,这种点称为管理点。 原则上说,管理点越多越好。 然而,管理点多,花费在检验上的时间增加,成本也相应提高。 管理点的设置可根据各车间部门的特点、经验以及技术水平确定。 管理点不仅要与"质量",还应与"成本"和"交货期"结合起来进行检验和管理。 若由作业工人在操作后进行检验,称为"自我检验"或"自主检验",而多道工序后的检验,称为"中间检验"或"最终检验"。

（2）检验方法
① 抽样检验

抽样检验——从所需检验的产品中抽取一部分样品进行检验,并将检验结果与标准进行比较,以决定产品合格与否。

抽样是指按某种目的,从母体中抽取部分样品。 抽样时必须满足下述条件:

a. 根据目的抽样;

b. 实施及管理方便;

c. 考虑经济效益;

d. 抽样时不可出现因人而异的现象;

e. 工作方法便捷,便于他人理解;

f. 根据工序、抽样对象的变化而能随之改变;

g. 具有判断抽样方法是否恰当的能力。

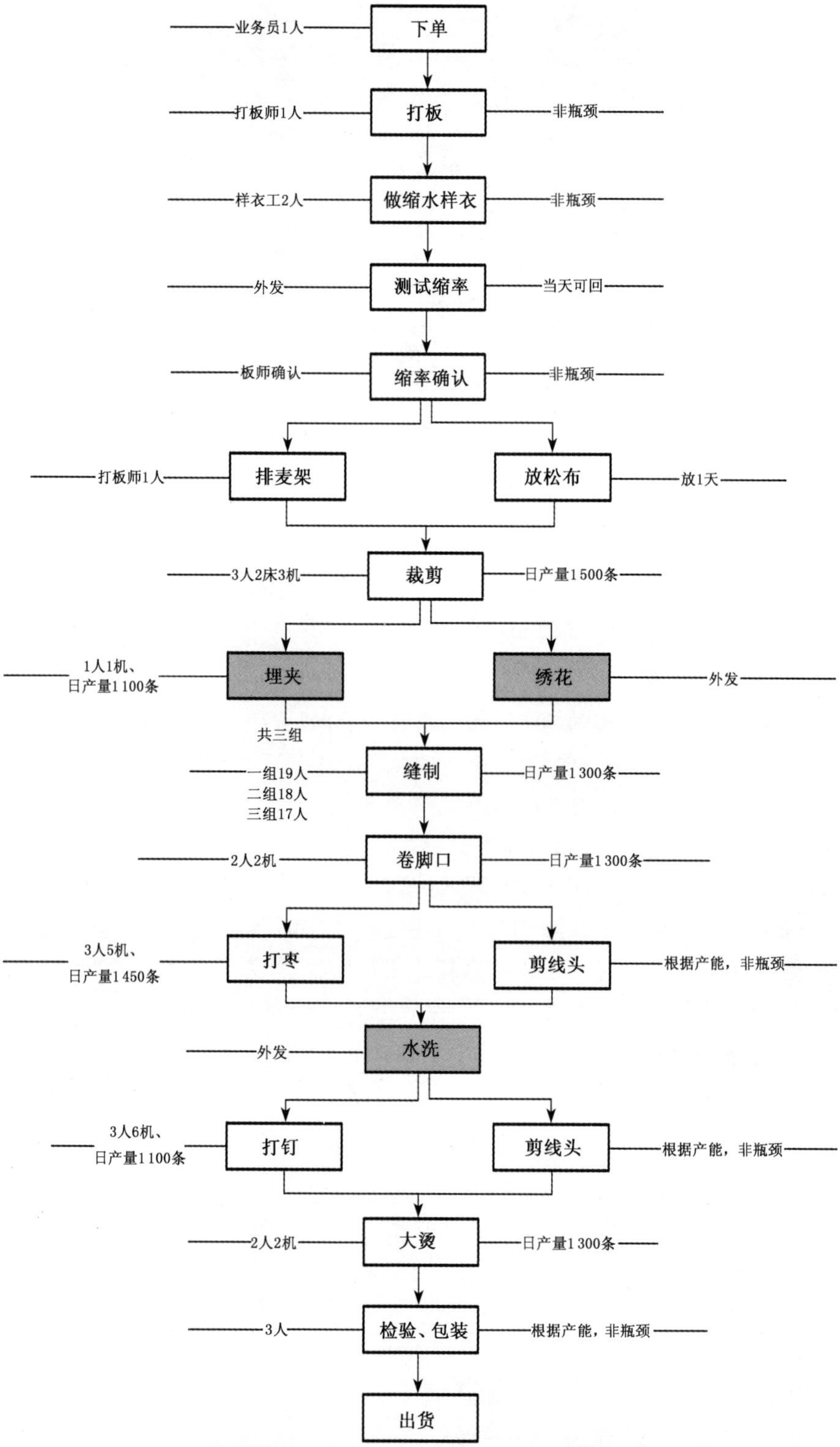

```
业务员1人 ────────── 下单

打板师1人 ────────── 打板 ────────── 非瓶颈

样衣工2人 ────────── 做缩水样衣 ────────── 非瓶颈

外发 ────────── 测试缩率 ────────── 当天可回

板师确认 ────────── 缩率确认 ────────── 非瓶颈

打板师1人 ── 排麦架            放松布 ── 放1天

3人2床3机 ────────── 裁剪 ────────── 日产量1500条

1人1机、
日产量1100条 ── 埋夹            绣花 ── 外发

共三组

一组19人
二组18人 ── 缝制 ────────── 日产量1300条
三组17人

2人2机 ────────── 卷脚口 ────────── 日产量1300条

3人5机、
日产量1450条 ── 打枣            剪线头 ── 根据产能,非瓶颈

外发 ────────── 水洗

3人6机、
日产量1100条 ── 打钉            剪线头 ── 根据产能,非瓶颈

2人2机 ────────── 大烫 ────────── 日产量1300条

3人 ────────── 检验、包装 ── 根据产能,非瓶颈

出货
```

图 3-16 Z 工厂生产工艺流程及人员配置图

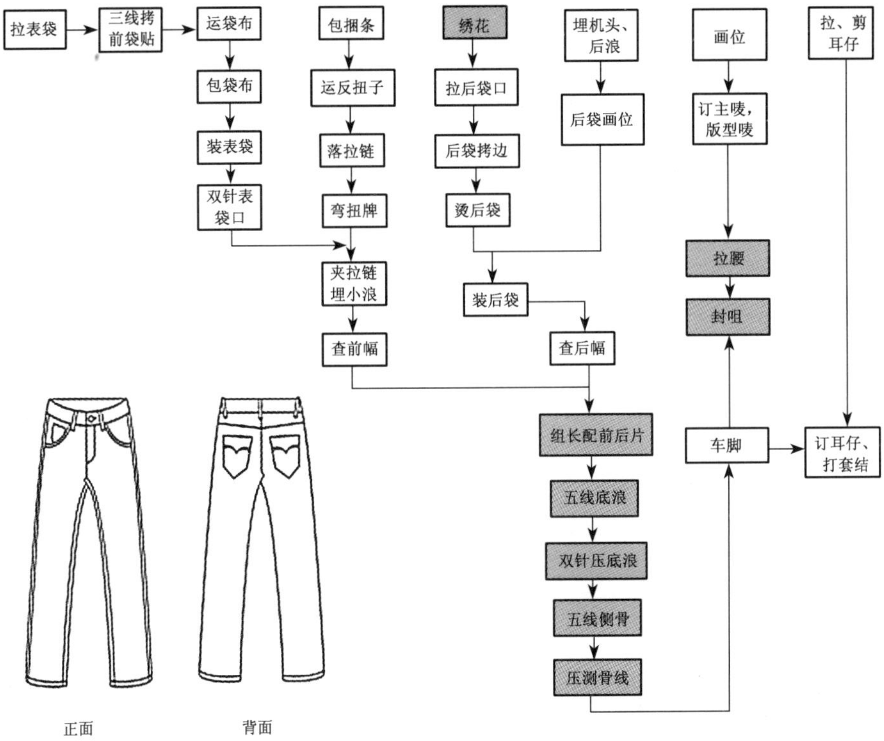

图 3-17　标准牛仔裤的款式图及工序流程图

下列场合,必须做抽样检验:

a. 破坏性检验。 如材料的拉伸试验、疲劳试验等项目的检验,不破坏产品就不能测试;

b. 连续体。 如卷材、胶片等连续体是不能全部开卷检验的;

c. 数量多。 批量多的产品,如内衣、袜子、西服胸衬等。

② 全数检验

全数检验是对产品逐件进行检验,并将检验的结果与标准进行比较,然后决定产品合格与否,全数检验与其他检验方法相比,花费较大。 但下述场合必须进行全数检验:

a. 即使数量很少,但是不合格品出厂会造成很大影响;

b. 若不进行全数检验就不能剔除不合格品,或者由于制造工序不稳定,在物品中混入若干不合格品,不能保证成品率;

c. 全数检验容易进行,并且费用便宜;

d. 若混入不合格品会造成致命或重大损害;

e. 要求每件产品必须为合格品。

通常,服装工厂内部的成衣流程,如裁剪、缝纫、整烫结束后进行全数检验。

3.5.3 货品入库

入库业务是指根据采购合同和货品计划,对入库商品进行接运、卸货、验收、办理入库手续等各项业务活动。

(1)货物接运

由于货物到达仓库的形式不同,部分由供货单位或委托第三方物流直接运送至仓库,大部分的货物经由铁路、公路、海运、空运或短途运输等交通方式转运。凡经过交通运输部门转运的商品都必须经过仓库接运后,才能进行入库验收。

货物接运时,必须认真检查,取得必要的证件,避免将一些在运输过程中或运输前就已损坏的商品带入仓库,造成后期验收和保管工作中的困难或损失[20]。

(2)货物验收[20]

货物验收包括质量检验、数量检验和包装检验。 即复核货物数量是否与入库凭证相符,货物质量是否符合质量要求,货物的包装是否保证在存储和运输中的安全。 就服装企业而言,数量检验是对服装进行件数清点,质量检验则是由采购商(品牌企业)相应的质检部门根据合同要求进行产品检验。

(3)入库手续

入库货品经过接运、验收后,可以安排卸货,办理相应的入库手续,表示已接受物品。

a. 接受物品和相关文件。 仓库通过理货、查验物品,明确将疵品退回供应商或编制残损单证等的责任,确定收到物品的确切数量和质量;接受送货人送交的物品资料、运输的货运记录等相关文件;

b. 签署单证。 留存仓库、送货人和承运人共同签署的送货单、交接清单等单证,提供相应的入库、查验、理货、残损单证,事故报告由送货人或承运人签署;

c. 记账。 仓库应建立详细反映物品仓储的明细账,登记物品入库的详细情况。 记账的主要内容有:物品名称、规格、数量、件数、批次、金额等。 随着信息技术在服装企业的应用,传统的人工单据作业逐渐被相应的计算机库存软件替代,ERP、VMS 等管理系统在服装企业的应用,使仓库货品管理更加有序、透明。

案例 3-10——ERP 在服装采购中的应用

C 品牌服装企业的 ERP 系统为上海伯俊软件公司的 NewEmax6.5 系统,图 3-18 是从业务的角度划分的系统功能模块。

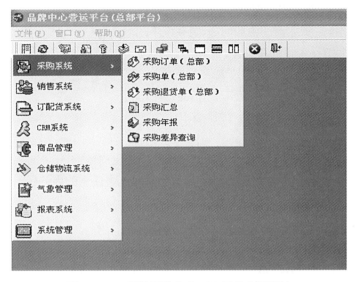

图 3-18　C 品牌服装企业 ERP 系统主要模块

图 3-19　C 品牌 ERP 系统中的单据流程

采购①系统中有三种单据形式：

① 采购订单。公司根据营销信息制订的商品采购计划；

② 采购单。公司落实每次采购业务需填写的业务凭据；

③ 采购退货单。公司向供应商采购的商品退回给供应商时的凭证。每张单据的流程如图 3-19 所示。

货控部门在 ERP 系统中新增采购单并对其进行审核，内容包括：服装款号、品类、颜色、尺码、数量等相关信息。并与货品提供的供应商联系，确定采购服装款号、品类、颜色、尺码、数量和入库时间等。C 品牌企业的产品分四个波段入库，一般为 12—2 月春装入库，3—5 月夏装入库，6—9 月秋装入库，10—11 月冬装入库。产品入库前需经公司质检部门进行抽检或全检，质量合格方可入库。产品入库后，仓库主管对相应的采购单进行记账，记账后采购的产品便转变成公司库存。

3.5.4　货品编码及归类

货品编码，即将货品按分类内容，用简明的字母、符号或数字代替货品的名称、类别及其他有关资料的一种编码方式。

---

① 此处所指的采购为成衣采购，非面辅料采购。

（1）货品编号的功用

货品编号使货品管理更加便捷,具有以下功用:

① 增加货品资料的正确性;

② 提高货品活动的工作效率;

③ 利用计算机整理分析编码的货品特性;

④ 节省人力、减少开支、降低成本;

⑤ 便于分拣货品及送货;

⑥ 若记录正确则可于储存或拣取货品时作为查对依据;

⑦ 可考虑选择作业的优先顺序,或达到货品先进先出的目的。

（2）货品编号的原则

合理的货品编号,必须遵从下列基本原则:

① 简单性:应将货品化繁为简,便于货品物流活动处理;

② 完整性:使每一种货品的编号能清楚完整的代表货品内容;

③ 单一性:使每一个编号仅代表一种货品;

④ 一贯性:号码位数要统一且有一贯性;

⑤ 伸缩性:为未来货品的扩展及产品规格的增加预留号码编列;

⑥ 组织性:应有组织机构管理,以便存盘或使用账上资料;

⑦ 充足性:采用的文字、记号或数字,必须有足够的数量及字段;

⑧ 易记性:应选择易于记忆的文字、符号或数字,或富于暗示及联想性;

⑨ 分类展开性:货品复杂,物类编号长,分类后还可再加细分编码;

⑩ 适应机械性:能适应自动化机器或计算机处理。

案例 3-11——A 品牌的服装货品编号规则

a. 商品编码由 12 个字母、数字组成,首位为字母 A,其余 11 位为阿拉伯数字（案例见表 3-3）。

表3-3　A品牌编码规则说明

编码规则	A	04	4	11	001	10	3
位数	单个字母	2 位	1 位	2 位	3 位	2 位	1 位
说明	品牌名称	年份编码	季节编码	品类编码	款式序号	颜色编码	尺码编码

b. 商品编码后三位数字只在产品确认生产完毕进行入库打吊牌时进行编码。

c. 编码(含字母)第二、三位为年份编码,以十二地支(即 12 生肖)为循环,从

01 至 12,对应编号见表 3-4。

表 3-4　年份编码细则

子鼠	丑牛	寅虎	卯兔	辰龙	巳蛇	午马	未羊	申猴	酉鸡	戌狗	亥猪
01	02	03	04	05	06	07	08	09	10	11	12

d. 编码(含字母)第四位为季节编码,对应数字为春(1)、夏(2)、秋(3)、冬(4)。

e. 编码(含字母)第五、六位为品类编码,第五位为大类编码,第六位为小类编码。具体对应编号见表 3-5。

f. 编码(含字母)第七、八、九位为款式序号,从 001～999。

说明:此处数字不分季节、品类进行排序,后加款式依次按阿拉伯数字由小到大排序。

示例:假设 2011 年冬季有 3 款服饰,一款梭织风衣,一款针织衬衫,一款配饰围巾,编码依次为 A04412001……、A04423002……、A04431003……。

表 3-5　品类编码细则

大类	小类	大类	小类	大类	小类	大类	小类	大类	小类
1 梭织	1 外套	2 针织	1 外套	3 配饰	1 围巾	4 饰品	1 吊坠	5 其他	1 衣架裤夹
	2 风衣		2 毛衣		2 鞋子		2 项链		2 陈列道具
	3 夹克		3 衬衫		3 帽子		3 胸花		3 货架
	4 T恤		4 连衣裙		4 领带		4 戒指		4 宣传类
	5 衬衫		5 T恤		5 包袋		5 耳环		5 文件类
	6 马夹		6 马夹		6 腰带		6 手链		6 办公类
	7 裙子		7 裙子		7 内衣		7 其他		7 其他
	8 牛仔裤		8 裤子		8 其他				
	9 连衣裙		9 短裤						
	0 短裤		0 吊带衫						

g. 编码(含字母)第十位、十一位为颜色编码(表 3-6)。

h. 编码(含字母)第十二位为规格码(表 3-7)。

i. 商品制作吊牌时需核对尺码颜色,加入后 3 位后,完成编码工作。

各部门需了解该编码规则并按要求实施,为新产品编码可向商品部提出申请。变更原款号必需向营销部提出书面申请并记录在案,防止款号编码重复。

表3-6　颜色编码细则

编号	缩写	颜色名		编号	缩写	颜色名		编号	缩写	颜色名	
00	WH	White	白色	10	OW	Off-white	米色	20	BK	Black	黑色
01	IV	Ivory	象牙色	11	BG	Beige	浅褐色	21	YE	Yellow	黄色
02	MS	Mustard	芥末黄	12	CA	Camel	驼色	22	BR	Brown	褐色
03	CO	Coral	珊瑚色	13	OR	Orange	橘色	23	SP	Sepia	棕褐色
04	LP	Light pink	浅粉色	14	PK	Pink	粉色	24	RD	Red	红色
05	VO	Violet	紫罗兰	15	PU	Purple	紫色	25	WI	Wine	深红色
06	YG	Yellow green	黄绿色	16	GN	Green	绿色	26	KA	Khaki	卡其色
07	LB	Light blue	浅蓝色	17	MT	Mint	薄荷色	27	SB	Sky blue	天蓝色
08	BL	Blue	蓝色	18	NY	Navy	藏蓝色	28	IN	Indigo	靛蓝色
09	GR	grey	灰色	19	MG	Melange grey	麻灰色	29	DG	Dark grey	暗灰色

表3-7　规格码细则

XS	S	M\F	L	XL
1	2	3	4	5

3.5.5　出库、运输、收货业务

（1）出库

货物出库是指根据货主开具的出库凭证，为使货物准确、及时、安全地发放所进行的一系列作业活动，如拣货、复核、包装等。

① 拣货

拣货是指将物品按品名、规格、出入库先后顺序等属性分门别类进行作业，然后采用适当的方式和手段从储存的货物中分出（或拣选）客户所需要的货物[21]。

随着互联网与通信技术的日趋成熟，计算机、POS 机等机器在拣货环节中的应用提高了拣货的效率。传统的人工拣货方式虽然成本较低，但是效率低且容易出错，现代拣货设备一般包含 RFID 设备、分拣输送带、叉车、托盘等。

② 复核

为了保证出库的货品不出差错，备货后应根据出货单对货品进行复核。复核的内容包括：品名、型号、规格、数量是否与出库单一致；配套是否齐全；技术证件是否齐全；包装是否完好等。只有加强出库货品的复核工作，才能防止错发、漏发和重发等事故的出现[21]。

③ 包装

出库货品的包装必须完整、牢固，标记必须清楚，如有破损、潮湿、捆扎松

散等不能保障运输中安全的,应加固整理,破包破箱不得出库。

出库货品如需托运,包装必须符合运输部门的要求,选用适宜的包装材料,重量和尺寸要便于搬运和装卸,以保证货物在途安全。

（2）运输

运输指用设备和工具将物品从某一地点运送到另一地点的物流活动。 其中包括集货、分配、搬运、中转、装入、卸货等一系列操作。

货品运输可以采用不同的运输方式,各种不同的运输方式有不同的特点。基本的运输方式有铁路、公路、水路、航空以及管道等运输。 每一种运输方式的服务内容和质量不同,因此,选择不同的运输方式成本也不相同。 企业应该根据客户要求和经济进行权衡,综合考虑各种因素,选择合适的运输方式[21]。

（3）收货

物主、经销商或店铺收到货品后应当面点清,签署收货确认单并及时在相应的系统中进行入库操作。

收货单位提出数量不符时,若是包装完好、数量短缺的则由仓库保管部门负责处理,若属于件数短少的,应由运输机构负责。 如果发出的货物品种、型号不符,由保管机构负责处理;若发出的货物损坏,则应根据承运人出具的证明,分别由保管及运输机构处理。

3.5.6 退货

由于提货单位任务变更或其他原因要求退货时,经有关方同意可以办理退货。 退回的货品要严格验收,重新办理入库手续。

就服装企业而言,退货的商品分为两种:质量有问题的瑕疵品和过季的货品。 瑕疵品退货时,退货单位需填写相应的瑕疵品退货单,仓库保管部门收到货品时进行查实,若公司内部有质检部门可进行返修时,应及时进行返修,无法返修的产品可根据与供应商签订的合同,发还给供应商或做公司内耗品处理。 过季货品退货时,退货数量应根据之前签订的合同执行,仓库保管部门应根据公司的调拨单对货品进行验收,并重新办理入库手续。

3.5.7 库存管理

库存指一切目前闲置的,用于未来的可能有经济价值的资源。 库存分为两类:一类是生产库存,即直接消耗物资的基层企业的库存,它是为了保证企业所消耗的物资能够不间断地供应而储存的物料;一类是流通库存,即品牌服装企业的成品库存。 合适的库存作用在于:防止生产和流通物料或货品中断,起物资缓冲作用,节省订货费用,改善服务质量,防止因货品短缺而造成的损失。 库存过多的弊端是占用流动资金,影响企业生产经营的获利能力。

服装库存管理时的注意事项:

① **存放位置合理**

服装存放时要考虑配套摆放。根据款式的款号,确定存放位置,提高拣货效率、简化盘点工作。以取货方便为原则,在内仓保管中做到品种定位、规格定位。

② **定期进行库存盘点**

库存盘点是为了精确计算当月或当年的营运状况,以月/年为周期执行清点公司内的成品和原材料,并制订本公司仓储中收发作业准则,以便对仓储货品的收发结存等活动进行有效控制,保证仓储货品完好无损、账物相符,确保生产和流通正常进行,规范公司物料的盘点作业。

在库存管理软件尚未应用时,库存盘点主要依靠手工作业,而随着库存管理软件在服装企业中的应用,可大大提高仓库盘点的工作效率。

③ **仓库货品保养**

库存服装要经常保养,服装受外界自然条件影响,如受空气、温度、湿度等的影响,当仓库温度和湿度过高或过低时,会引起霉变和服装形体变化。而仓储恒温又容易滋生微生物或各类害虫生长繁殖,尤其丝毛类蛋白纤维服装,易受虫害,管理不善,容易造成经济损失。

库存保养应坚持以防为主,防治结合的方法,严格验收、科学堆码、妥善保管。保管员了解各种服装所适应的温湿度,并对库房内外的温湿度,经常进行测量和记录,掌握变化的规律,采取相应的措施进行调节,随时控制仓库内的温、湿度,使其达到适于保管服装的条件。根据纺织面料、服装容易受潮发霉和被虫蛀的特性,服装的保养要做到"一细三勤",即处处细心,一丝不苟以及勤清洁、勤整理和勤处理。

④ **加强仓库安全管理**

仓库应建立和健全以岗位责任制为中心的各项安全制度。保管员应在每天班前和班后进行安全检查,主要检查内容有:服装在保管过程中有无质量变化及其他不正常情况;采取的服装养护措施是否有效;仓库的门窗是否严密;消防器材、工具是否齐全,消防设备是否能适应需要;电灯、电线、电源、火炉等是否符合安全要求。要随时防止火灾、盗窃、工伤事故和防止商品霉变残损,保障人身、商品和设备的安全。经过认真检查,如果发现问题,及时采取解决措施,防患于未然。

3.5.8 资源管理

合同是业务开展的基础,客户是企业服务的对象,资源管理主要包括对客户和合同等相关资源的管理[22]。

(1)仓库基本资料的管理

对仓库的基本信息进行管理。仓储管理系统可提供对仓库信息进行增加、修改、删除和查询等操作。当需要增加经营单位和仓库时,可以按照既定的编码规则生成相应的编码编号，同时分配系统功能使用权限、数据操作权限等。

（2）合同管理

对库存合同、代运、中转、租赁合同等进行管理。 如今大部分的仓储管理系统都会提供合同管理功能，一个合同可以对应多个货物、多种规格的标准。新增合同只能由合同管理员录入，录入内容一经审核，将不能进行修改。 如需修改需上级授权。

（3）客户基础资料管理

WMS 系统可对客户的基础资料进行增加、修改、删除和查询等操作和管理，支持对重要客户的多级管理需求，可对互联网查询的客户进行授权。

第4章│服装物流管理方法

知识要点：

现代物流已被广泛认为是企业在降低物质消耗、提高劳动生产率之外创造利润的第三源泉。企业物流管理战略的研究制定、物流管理活动的组织开展、物流职能与其他职能的相互协调，必须有战略思想进行指导，即注重提升供应链管理战略在现代物流管理中的作用。本章主要阐述物流管理的理论、评价方法、物流系统的设计与计划、物流的管理组织与人才培养以及物流成本控制的基本方法。

4.1 物流管理思路

4.1.1 物流管理的基本概念

第一章物流的概念中已阐述了物流管理的定义，即"为了降低物流成本达到客户所满意的服务水平，对物流活动进行的计划、组织、协调与控制"。美国物流管理协会将物流管理定义为：为满足消费者需求，计划、实施和控制从起始点到消费点之间的原材料、在制品库存和产成品有效流动和储存以及有关信息的过程。国内外对物流管理定义的侧重点不同，我国对物流的定义是对物流基本功能的论述，体现的是字面的直接表述；国际上普遍采用美国物流管理协会的定义，它不仅涉及货品，而且涉及服务和相关信息，并重在"以人（消费者）为本"的管理理念。

基于系统论、信息论和控制论，现代物流管理有狭义和广义之分：狭义的物流管理是指物资的采购、运输、配送、储存等活动，是企业之间的一种物资流通活动；广义的物流管理包括了生产过程中的物料转化过程，即基于供应链管理的物流活动。通常被人们提及的物流管理一般指狭义的物流管理，因此物流管理是供应链管理的组成部分[23]。物流管理本质上是一种对企业和客户系统整合的过程，起到保障物料或商品通过企业和作业环节畅通地流向客户端的作用。

物流管理包括订单处理、库存管理、运输管理、仓储、物料处理及包装、设施网络（图4-1）。

每项职能都包括诸多具体的物流活动,这些活动按所能提供的服务被划分到各自的职能模块,各职能相互关联才能实现物流系统的高效率。

物流管理的主要理论有:

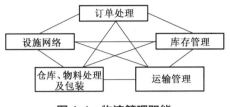

图 4-1 物流管理职能

物流系统论——物流是由各功能要素相互联系、相互制约共同组成的有机整体,物流系统论以总成本最低为目标,指导完成相关的物流活动。 物流系统的整体功能并非各功能要素的简单叠加,而是通过系统要素的整合产生出新的功能,即系统整体最优化。

物流战略论——通过分析职能或技术在物流领域的作用,从战略意义上研究物流为企业带来的实质性效益。

物流优势论——物流已成为企业的核心竞争力或差别化竞争优势的重要来源。 有效的物流管理对降低成本、赢得并保持顾客以及提高顾客满意度方面的作用日渐突出。

物流价值论——物流在企业的价值链中占据重要地位,物流创造顾客的买方价值和企业的战略价值,物流服务具有增值性。

物流营销协同论——企业的营销战略与物流战略必须密切配合。 企业的物流活动过程本身是服务的过程,物流服务需要相应的营销手段。

4.1.2 物流管理的背景与重要性

(1) 传统型物流管理

现阶段我国中小型服装企业仍然采用传统物流管理的渠道,这种渠道需要依赖若干个间断性的库存缓冲环节(原材料、制造和流通库存),以保障生产流通过程的货流通畅,并对变化的消费需求做出反应[24]。

传统物流渠道的运作分析:

① 市场需求反应

物资短缺年代,服装企业只要进行货品生产就能满足消费者的需求并从中获利。 进入 20 世纪 90 年代,出现了供过于求的局面,消费者着装也从之前的"从众心理"发展到如今不确定性膨胀的"个性化需求"。 例如,某款产品销售好于预期,店铺可能处于脱销状态;当店铺追加单上传后,品牌服装企业并未及时采取货品调拨或追单活动,而只是依据服装库存品总量降到最低库存水平时,才向供应商发出总体补货订单,开始计划追单生产;传统物流体系由于反应时间长,无法及时满足终端销售的最佳时机。 如图 4-2 所示,传统的物流活动采取的是沿着供应链向上游逐级转移的订货模式,缺少与潜在消费需求的及时沟通,往往无法做到快速向市场供应畅销产品而失去商机。

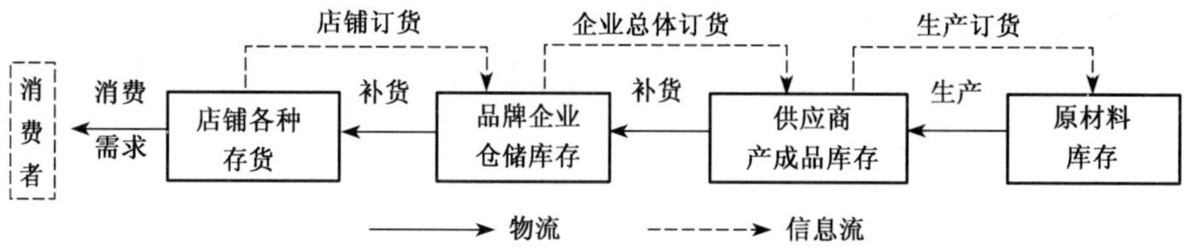

图 4-2　传统物流管理渠道

② 需求的不稳定性

由于需求反馈需要经历物流渠道的每一个环节向上游转移,因此需求的不稳定性增加,预测准确度降低。 当发现某些货品存在缺货现象的同时,品牌服装企业或供应商的仓库中往往堆积了大量滞销款的库存。

③ 封闭运行

传统物流渠道中的生产与销售虽然属于同一产业链,但并未形成相互开放的企业运作模式,产销各自封闭运作,这种方式已难以适应网络化竞争时代的经济发展需要。

（2）现代物流管理的特征

供应链管理下的物流模式跨越了企业之间的界限,依据建设战略伙伴关系的新理念,从原材料源头开始到产品消费市场的产业链融为一体,基于全局视角和信息化手段整合产品竞争力,使企业物流管理上升为一种系统性、开放性的管理方法。

① 以产出观代替成本观

服装企业的经营目标是建立决定性竞争优势,实现企业盈利水平处于同行业中的领先地位。 传统企业将这一目标等同为销售额的增长以及对成本的控制。通常成本管理的目的是依据压缩或降低成本,以提高产品或服务的性价比,但压缩或降低成本显然不是企业物流管理的最终目标。 在现代物流中,客户服务优先于其他各项活动,并且为了使物流客户服务能有效地开展,在物流体系的建设上,要求具备和持续完善物流中心、信息系统、作业系统和组织构成等基础条件。 这些物流体系的建设虽然要从企业自身出发,权衡成本花费、建设规模等客观因素,但物流活动最终是以客户满意、企业运营畅通以及提高有效产出为目的。 因此,物流管理应重视需求预测、库存水平和订货周期等诸多因素,通过提高服务水平增加产品附加值。 有时部分成本的增加能换取更多的有效产出。

② 以全局观代替局部观

随着服装市场的革新与变化,产品生命周期逐渐缩短,流通地域不断扩大,若企业物流仅仅追求"区域最优"或"部门最优",将难以在日益激烈的竞争中取胜。 从面辅料的采购到向最终消费者配送等各种物流活动,不仅是某一区域或部门的单独责任,而是将各区域或部门有效结合,发挥综合效益的物流过程管理。 现代物流管理追求的全局观和效益观,针对的是原料采购、成衣生产、服装销售等物流配送系统的整体最优。

③ 以逻辑观代替经验观

改变经验主义观念对服装企业物流管理至关重要。以供应链管理的信息技术、系统论和控制论为基础,科学地管控物流过程是逻辑观表现的实质。现代物流已经逐渐从"销售物流"和"企业内部物流"的狭小范畴,转向集采购、销售、企业内部、退货、废弃品等一体化的综合物流。流通的销售物流也在变革,将各阶段相对封闭的销售物流环节(如从生产供应商、品牌服装企业、店铺直至消费者的相对独立或封闭的物流活动)整合成一体化的销售活动,协同销售渠道各个环节的参与者,促进销售物流的合理化、标准化、规范化和程序化,提高物流效率及企业经济效益。

(3) 物流管理的重要性

设计和管理物流系统的目的是实现企业对市场需求的快速反应、维持合理库存、降低成本、经济运输以及适应服装商品短生命周期的目标。

① 快速反应

快速反应关系到企业及时满足市场或消费者需求的能力,科学的物流管理能保证企业在尽可能短的时间内完成物流作业和尽快交付所需货品。物流的快速反应所具备的柔性和灵活性,能促进企业根据不同客户和市场需求变化做出适时有效的应变。

② 减少变异

所谓变异是指破坏物流系统作业活动的任何未预期事件,它可能产生于物流作业的任何环节,如客户订单延误、生产过程意外中断、产品在运输过程中的破损和不确定性等,这些变异将影响物流服务的水平。传统物流解决变异的方法是建立安全库存或使用高成本溢价的运输,而以信息技术为依托的物流管理能将物流变异最小化,使积极的物流管控成为可能。

③ 合理库存

合理库存的目的是增加企业流动资金和提高库存周转率,以顾客期望为服务目标,通过物流管理将存货减少至最低水平,即存货较低但又能满足客户和市场需求。

小知识——隐性和显性缺货

缺货分隐性缺货和显性缺货,对企业会造成商机损失。隐性缺货指顾客对店铺内的产品整体不满意,选购不到适合的产品,甚至导致消费者不愿再次光顾,这时需要依据目标消费者的喜好,重塑品牌个性,改进服装款式、面料等方面的设计。显性缺货是指消费者有喜好的服装产品,但店内没有合适的规格、颜色或数量等。有效的物流管理能为服装店铺提供合理的 SKU 配货,将显性缺货的可能性降至最低。

4.1.3 物流管理的权衡

商品过剩的时代,市场和业界对物流服务水平的要求越来越高,多品种小批量和短交货周期的订单日益增多,由此造成企业物流成本大幅提高。 对于企业来说,权衡物流服务水平与物流成本,制定出最优的物流服务标准已成为企业经营决策的重要课题。 顾客是形成物流需求的核心和动力,在制定物流战略时,必须了解顾客的需求与特点。 物流服务通过物流活动向顾客提供及时而准确的商品实体移动服务,并为企业经营创造附加价值。

(1) 物流服务水平的权衡

物流服务水平是衡量物流企业为顾客创造时间和空间价值的尺度,物流服务水平能否适应企业经营发展的需要,实现物流成本与服务之间的优化均衡,不仅决定着企业现有客户的稳定和发展,同时也影响着潜在客户转变为现实客户的过程以及为企业创造的效益。

(2) "效益背反" [25]

又称"二律背反",表明两个相互排斥又被认为同样正确的命题之间的矛盾。"效益背反"认为物流的若干功能要素之间存在着损益的矛盾,即某一个功能要素的优化和利益发生的同时,必然会存在另一个或另几个功能要素的利益损失。"效益背反"是物流领域中的普遍现象,是物流管理内部矛盾的反映和体现。 一般来说,物流服务水平与成本是此消彼长的关系。 如图4-3所示,仓库数量与物流费用存在典型的"效益背反"。

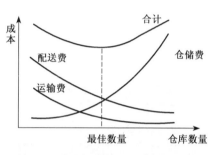

图4-3 仓库数量与物流费用的决策

由图可知,随着仓库数量的增加,仓储费用相应增长;但仓库的增多使仓库到店铺的距离减少,运输及配送费用随之减少。 企业需要权衡仓库数量的最佳值,使仓储费、配送及运输综合费用降至最低。 关于企业如何进行物流成本管理,将在4.5节中论述。

4.1.4 基于供应链管理理念的物流

进入20世纪90年代,供应链这一从价值链发展而来的概念正日益取代传统物流概念并受到越来越多企业的关注。 因此,有必要强调供应链与企业物流网络的整合,并在供应链管理的大环境下进行物流管理创新。

与企业传统的物流管理意义和方法不同,在供应链管理环境下,物流管理是为实现供应链企业之间的一体化、并行化和柔性化运作,为增强快速反应市场的能力提供保障的基础要素。 欧美诸多企业及学者认为,物流具有战略性,决定着企业的生存和发展[26]。

(1) 物流管理是供应链管理发挥作用的前提和基础

过去,制造业的物流活动分散在各个传统职能部门中,通过预测下游企业的需求进行各项作业的安排,目的是保证生产过程的连续性。 然而,在供应链管理模式下,顾客关系的维护与管理变得日益重要,集中表现为由物流的理性满足向增值性顾客服务的转变。 此外,在追求更大的市场机会和持续竞争力的驱动下,要求企业的物流系统具有和制造系统协调运作的能力,以保证供应链上下游企业之间的同步化、并行化运作,实现快速反应市场的能力。 所以,基于供应链一体化的物流管理是企业赢得整体竞争力的有效手段。

(2)现代物流管理可优化供应链的价值创造

在供应链中,物料从采购开始逐渐向市场移动的过程中,因加工、包装、运输、销售等作业增加价值,产品的价值将持续转移到能在特定时间地点、具有特定价格以及可满足特定需求产品或服务的最终客户。 因此,为消除一切不增值的活动,供应链管理客观上要求物流、信息流、资金流有效集成并保持高效运作,其中有效地管理好物流过程,对于提高供应链的价值增值起到关键的作用。

案例 4-1——西班牙时尚品牌 ZARA 与美国 GAP 物流及供应链 模式的对比

ZARA 与 GAP 品牌产品定位类似,但却拥有不同的供应链模式。至 2008 年,GAP 还是世界上最大的服装连锁品牌,而 GAP 的经营模式——"重品牌、设计、零售网点控制的业务形态"代表着目前服装品牌经营的典范。ZARA 的理念与之不同,关注完整的产业链,真正实现供应链管理的最高目标——"系统成本最低化"。2009 年,ZARA 母公司 Inditex 公布首季业绩,营业额比 2008 年同期增长 9%,达到 22 亿欧元,首次超过对手 GAP 公司的 21.7 亿欧元,成为全球营业额最高的时装品牌[27]。

(1) GAP 的供应链模式

GAP 采用典型的品牌经营业务流程。图 4-4 中,虚线框中的部分表示 GAP 总部业务流程,其余大部分业务须同企业外部的组织协同完成。根据 GAP 公司物流高级主管若·利普哈特的介绍:"GAP 和它的分店在全球拥有 50 多个商品供应源,亚洲是最大的供应地区,仅香港地区就占到整个公司供应业务的 25%"。

GAP 每季的设计周期通常为 2~3 个月,主要由设计师根据自己的设计理念独立完成每个产品系列的开发(约 10 款)。GAP 多数的加工厂在中国,样板及色彩的确认一般需要来回两次,版样及色卡的确认、样品的来回耗费较多的物流费用及时间。

(2) ZARA 的供应链模式

图 4-5 是 ZARA 产品的业务流程图,前端企划的特征之一是在公司业务流程外不间断地"搜寻时尚资讯"和"搜寻流行物料"。

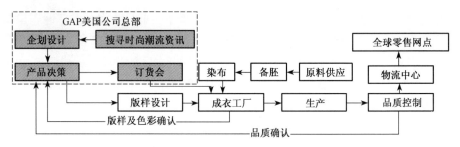

图 4-4　GAP 的业务流程

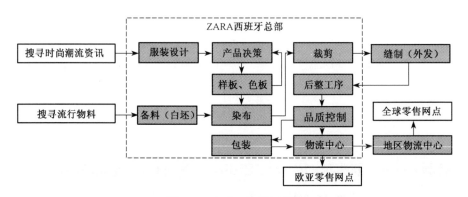

图 4-5　ZARA 的业务流程

　　公司有专门的时尚买手将世界各地的时尚信息不断反馈到公司总部供设计师参考,以加快设计环节的速度。同时,公司又设有专门人员关注物料的发布与供应信息,经过分析后采购一定数量的坯布备用。

　　ZARA 的业务流程的显著特点:只有"缝制"环节在公司周边外协工厂完成。其他生产环节及物流配送都在总部完成。通过一体化运作计划,资源的同步整合和充分利用,确保整个集成供应链透明可见。西班牙的加工成本约为中国的 5 倍,显然在中国加工生产会大大减少产品的加工费用,但产品的加工成本只是商品零售总成本的一部分。假设 ZARA 采用外包的形式在中国生产,然后直接由中国配送到世界各地的零售网点。直观对比,后者的总成本并不是前者的 1/5。除人工成本外,其他物料成本基本相同,西班牙的物流成本较中国低。同时,在总部生产的重点是能够加快流程运作,比竞争对手更快地推出应季服装,保证产品的畅销,减少滞销品所带来的潜在损失。总体上,将主要生产基地设置在总部周围,加工成本虽高,但物流和快速反应的时间便利性带来的利润反而更多。

　　GAP 的物流配送通常由服装原产地(如香港)通过船运到美国,然后再分送至不同的零售配送中心。而 ZARA 则尽可能利用自己的配送系统:欧洲零售网点由西班牙总部直接配送,亚洲网点则由总部物流中心直接空运配送,美洲则通过总部物流配送到地区物流配送中心再进行店铺货品的分配。

　　总体来说,ZARA 经营管理以完全掌控供应链为目标,实现了供应链管理的核心"系统成本最低化"。ZARA 以潮流的快速跟进、极速的生产配送、高度标准化的 IT 数据管理系统成为快时尚品牌界的标杆。

摘自:林翔.基于 ZARA 极速供应链模式对比 GAP 模式的深度分析[J].物流技术,2011 (3):90-92.

4.2 物流系统化的目标与评价

4.2.1 物流系统概念与特征

物流系统是为实现物资的空间效用、时间效用和形质效用而设计,由运输、储存、包装、装卸、搬运、配送、流通加工、信息处理等基本功能要素(子系统)相结合形成有机整体[28]。

与其他管理系统相同,物流系统也由输入、输出、处理(转化)、限制(制约)、反馈等功能构成(图 4-6)。 由外部环境向物流系统输入原材料、劳动力、能源、信息、资金等要素,通过设施设备加工、业务活动、信息处理、物流管理等活动,最终转化为物资位置转移、各种劳务、能源、信息、服务等结果并输送至系统外的环境中,以实现系统的整体效益。 相应地,从物流系统中衍生出与各项活动相对应的子系统。

物流系统的子系统间有着广泛的横向和纵向的联系,因此具有整体性、相关性、目的性、环境适应性以及规模大、结构复杂、目标众多等一般系统的特征,同时物流系统也有自己的个性特征。

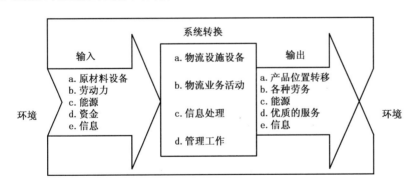

图 4-6 物流系统模式

来源:王国华.中国现代物流大全 [M].中国铁道出版社,2004.

(1)物流系统属于"人—机系统"

物流系统由人和形成劳动手段的物流设施、设备、工具及信息组成,表现为物流管理者和操作者运用有形的工具和无形的思想作用于商品的一系列活动。 在这一系列的物流活动中,人是系统中的主体,因此在研究物流系统问题时,应把人和物流有机地结合起来,始终把如何发挥人的主观能动作用放在首位。

（2）物流系统具有内在层次结构

物流系统由储存、包装、运输、流通加工等职能子系统和信息子系统构成,每个子系统可按空间或时间特征分成下一级层次的子系统,不同的子系统组合后可形成具有特定功能的物流系统。 子系统间相互协调、联系,有机结合成整体,且系统整体的功能大于各子系统功能之和。

（3）物流系统是一个动态系统

由于衔接的供方和需方数量多且不固定,因此物流系统会随市场、需求、供应、渠道、价格等因素的变化而变化,且系统内的要素也常根据实际需要发生变化,具有不稳定性。 这一特点使得系统的管理和运行难度加大。

（4）物流系统的复杂性

物流系统中,从事不同作业的人员数量多,分工多样,系统传递的"商品"种类多、数量大,供求关系及任务多样且常变动,物流信息贯穿于每个环节,随时间而变化,这些因素导致了物流系统的复杂性。

（5）物流系统的效益悖反性

与4.1.3论述的"效益背反"或"二律背反"相同,"效益悖反"是指物流系统的若干功能要素之间存在着损益的矛盾,即某一功能要素的优化和利益发生的同时,必然会存在另一个或另几个功能要素的利益损失,反之亦然[29]。 例如,在物流实际操作时,减少库存量,能降低库存持有成本,但会增加运输次数,从而增大运输成本(安全库存水平的示例见图4-7)。 掌握

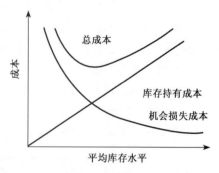

图4-7 安全库存水平的效益悖反示例

效益悖反原理,把握好悖反双方的平衡,能合理处置物流系统各要素之间的关系,有利于物流系统综合目标的实现。

4.2.2 品牌服装企业的物流系统化

所谓物流系统化(物流一体化),是指为了实现既定的物流系统目标,把物流的各个环节或子系统联系起来作为一个系统进行整体设计和管理,以最佳的结构、最好的配合,充分发挥系统功能和效率,实现整体物流活动的合理化[30]。

（1）服装物流系统化思路

① 内部物流系统化

例如品牌服装企业内部总仓与分仓之间,物流部门与其他各部门之间互相协作,实现有机统一的整合。

② 企业和客户之间的物流系统化

与经销商（或加盟商）、批发商、零售商等以物流效率化与合理化为目的共建物流系统。

③ 与其他企业的物流系统化

与同行业或其他行业的企业之间按共同目标联合构建物流系统。

（2）服装物流系统化方法

品牌服装企业在实现物流系统化时，首先应分析企业物流现状，把握存在的问题并提出相应的改善对策。物流系统的改善对策必须合乎企业的战略和理念，并且参考各层面相关人员的意见进行评价，从而保证系统化对策的可行性。信息技术是帮助企业物流实现系统化的重要因素，合理的物流系统应能保证信息在各子系统内快速准确地传递与反馈。

物流系统化过程中，应保证各子系统合理运作。以服装物流的输送为例，要点如下：

① 灵活性

较大批量的运输货物虽能节省物流成本，但由于终端服装消费者的需求多变，为降低因大量铺货给店铺带来的库存剩货风险，服装企业应实行小批量多频次的铺货或补货。先进的物流系统甚至能做到缺一补一，因此需要品牌服装企业的总仓及分仓能形成统一的整体配送体系，灵活地应对小批量、高频次的订单，同时尽可能地降低运输成本。

② 计划性

即便是物流配送，也应当考虑与其他子系统的运作整合，结合物流各环节的完成状况以及分仓、终端的收货和出货状态，提前拟定物流运输计划。

③ 协作性

制造商、供应商、零售商在物流输送时应统一协作，对于畅销款，若物流信息系统发现店铺、分仓及总仓的库存货品不够，则应联系企业相关部门进行订货或追单生产，并促使供应商在规定期限内将货品运送至总仓，而总仓又能及时运输货品至各分仓和店铺，从而保证终端销售。

④ 标准化

物流系统应设定统一的配送标准，如货品包装及装箱规格符合相关标准，同一类产品应统一包装、统一标识。

（3）服装物流系统化意义

物流本身是一个相对独立的系统，不仅具有存储或运输等功能，而且各功能要素间存在相互联系、相互制约、相互矛盾的关系，只有众多的功能要素合理化、机械化、自动化和智能化，才能在降低成本的同时提高服务水平。

服装产品流行性强，消费需求多变。因此，能顺应终端需求进行快速反应的物流系统至关重要。物流系统化后，配送中心能稳定、快速地进行高质量的货品配送，成为服装市场激烈竞争环境中执行差别化营销的手段之一。此外，对于中小规模的服装企业来说,物流部门流通量小,投资不足,自动化或机械化实施困难。 因此,对于这些服装企业的物流系统化是今后需要面对和必须解决的课题。

（4）服装物流系统化目标

物流系统化管理是为了实现企业确定的物流系统目标,提高向消费者和客户供应商品的效率,对物流系统进行计划、组织、指挥、监督和调节的活动。 物流系统化管理的基本目标,可以归纳为以最快的速度和最低的费用安全可靠地为客户提供物流服务。 依据服装业自身特点,可将物流系统的具体目标描述如下:

① 作业效率化

效率是不同产业和企业在不同业务过程中共同追求的目标。 对于时间效应明显的服装业,物流系统内诸如收发货、分拣、包装、配送等一系列作业程序的速度和效率是影响终端销售和物流成本的要素。 提升物流系统内各子系统的作业效率、便捷性与合理性是实现物流系统化,最终改善企业效益的重要目标和途径。

② 反应快速化

按预定的交货期将客户所订货物及时并正确地送交客户,尽可能减少缺货损失是物流系统化的目标之一。 对于服装企业物流系统来说,应根据终端店铺反馈的市场需求,快速拣货、发货、补货。 及时运输需要物流系统各子系统互相配合,如信息系统的数据快速传递与反馈,是系统目标实现的重点和难点。

③ 库存合理化

根据物流系统的效益悖反理论,库存不宜过多或过少。 以生产物流来说,工厂要储存一定数量的原材料,若原料供应不上,生产易中断。 反之,若原料储存过多,易造成积压,占用库房,浪费资金,影响企业的经济效益。 从销售物流来看,物流中心、分销商及终端店铺必须保持一定的合理库存量,商品储存过多,易造成积压,挤占资金;而储存过少,会造成脱销,易失去销售机会,同样影响企业的经济效益。 因此,物流系统必须强化库存管理功能,及时反馈,调整库存,多则停止进货,少则补充库存,充分发挥物流系统的调节功能。

④ 成本最低化

在物流系统中,成本不可能达到绝对最低,而是需要权衡和实现投入产出比最优化,即在一定的效益前提下,使得物流系统成本相对最低。 如企业花费大量财力扩建仓储设施、配备自动化设备会大大加快物流运作效率。 但有时高成本投入,因受其他因素的制约,如设计的产品滞销,隐性、显性缺货过多,往往难以提升系统的整体效益。

物流子系统如运输、储存、包装、流通加工、装卸搬运、物流信息的搜集、传递和反馈等环节之间存在着相互矛盾、相互制约的关系,若正确处理好这些关系,可使成本相对降低。 如进货或送货间隔时间短,运输次数频繁,数量小,则运输费用会增加,但相应的保管费用支出会减少,且店铺因补货及时,库存充足但又不积压而产生更高的销售收入或有效产出,相应的总成本会减少。

⑤ 规模适当化

物流系统的规模不是越大越好,服装企业在对物流系统进行投资建设时,应充分考虑系统规模,对地理位置、周围环境、服务对象、物流量(包括货物品名、数量、流向)等,都要进行详细调查和预测,综合分析研究,以确定物流系统的规模。 若物流系统规模大,而物流量小,必然会使一部分物流设施、技术装备闲置,不仅浪费投资,也影响物流的经济效益;反之,物流系统规模小,物流量大,与物流业务活动不相适应,不能满足客户需求,同样也不可取。

⑥ 信息畅通化

对于服装业来说,物流系统连接着企业与最终消费者,除了扮演物资传递的角色外,也起着信息传输作用。 出色的物流系统应保证订货和配送的信息畅通无阻,信息的高效传递能保证物流及时准确地输送,促成企业对消费者需求的快速反应。

4.2.3 物流系统综合评价

物流系统评价是利用模型和各种数据,从系统的全局观出发,对系统及子系统的评价按设定的量化指标评估分析,衡量物流系统的运行状况和效率。 一般把衡量系统状态的技术经济指标称为特征值,它是系统规划与控制的基础,有助于准确反映物流系统的合理化状况和评价改善的潜力与效果。

(1) 评价原则[31]

① 完整性

物流系统评价时涉及到诸多因素,为保证评价指标体系的全面性、客观性和合理性,需要尽可能地建立完备的评价体系,对于主要因素既不遗漏也不重复,以做出客观准确的评价。

② 可比性和相对稳定性

评价指标应适合服装物流活动评估,涉及的技术经济内容、时空范围、计算口径和方法等应具有可比性,同时指标前后间不宜变化太大,应具有相对的稳定性。

③ 灵活性和可扩展性

评价指标体系应有一定的灵活性和可扩展性,能根据实际情况变化对评价体系进行调整。

④ 定性定量指标的结合

在物流系统合理化的评价当中,对有些指标可进行定量描述,如成本和效益,但有些因素是定性的,不易用直接数值加以表述,如物流合理化、流程安排等,因此需要定性评价与定量评价相结合。

(2) 评价步骤

物流系统评价是根据明确的目标测定对象系统的属性,并将这种属性变为客

087

观定量的计算值或者主观效用行为的过程。 评价步骤如下：

① **确定评价目的**

对物流系统进行综合评价是为了从总体上把握物流系统现状，寻找薄弱环节，明确系统的改进方向。 为此，可将系统各项评价指标的实际值与设定的基准值进行比较，找出现实系统与基准系统的差距。 通常有三种方法可用于基准值的设定：

a. 以物流系统运行的目标值为基准值，评价预期目标的实现程度；

b. 以系统运行的历史值为基准值，评价发展趋势，从中发现薄弱环节；

c. 以同行业的标准值、平均水平或先进水平值为基准值，评价物流系统在同类系统中的地位，从而寻找出改进物流系统的潜力。

② **选择评价方法**

在选择物流系统评价方法时，除了要满足以上所列举的评价原则外，还应重视评价方法是否简明易懂，在服装企业是否具有可操作性。 在对物流系统进行评价时，学术界研究较多的方法有：层次分析法、灰色关联分析法、模糊综合评价法、功效系数法、数据包络分析法等。 此类数学方法虽然具有一定的应用性，但原理较难理解，操作复杂，在应用过程中可结合企业实际情况进行简化处理。

③ **建立评价指标体系**

从系统观点来看，系统的评价指标体系是由若干个单项评价指标所组成的有机整体，它能反映评价目的，并尽量做到全面、合理、科学、实用。 为此，在建立指标体系时，应选择有代表性的物流系统特征值指标。 同时，还应结合服装业的特点拟定指标，如对于快时尚类服装企业，物流的快速反应能力是评价的重点，因此，可采用诸如配送速度、订单反应速度等指标。 通常，指标根据反映内容的不同，可以分为以下几类：

a. 政策性指标。 包括政府有关物流产业和物流系统方面的政策、法规、标准、法律、发展规划等方面的素材，这些内容对物流系统的规划和建设尤为重要。

b. 技术性指标。 包括物流系统的可靠性、安全性、快捷性以及系统建设的仓储、运输、搬运等子系统的设施、设备的技术性能指标等。

c. 经济性指标。 包括物流系统方案成本（有时还应考虑物流系统生命周期的总成本）分析、财务评价、宏观经济评价、区域经济影响分析等。 效益评价有经济和社会两方面，即使是经济效益也有企业内部效益和外部效益之分，而且外部效益有时会超过系统内部效益。

d. 社会性指标。 包括物流系统对国民经济发展的影响，如对地方福利、地方就业、污染、生态环境等方面的影响。

e. 资源性指标。 包括物流系统的建设对人力、物力、能源、水源、土地资源占用等方面的影响。

f. 时间性指标。 包括系统实施的进度、时间约束、物流系统的生命周期等方面的指标。

案例 4-3——物流系统综合评价指标体系设计

在设计物流系统综合评价指标体系时,应结合评价的目标、方法、物流组织的实际情况,搭建合理的指标架构。如国内学者在对品牌服装连锁经营物流配送中心进行绩效评价时(图4-8),参考评价对象,即配送中心的特点,从运作层、支持层、结果层入手构建体系框架以确定各级指标。

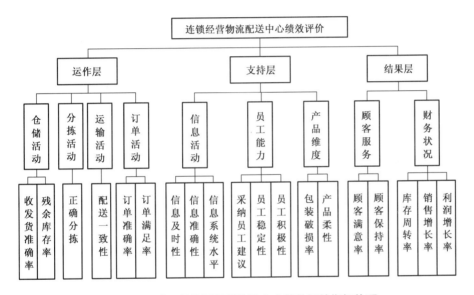

图4-8 品牌服装连锁经营物流中心绩效评价指标体系

来源:杜小雄,孙涛.品牌服装连锁经营物流配送中心绩效评价的研究[J].价值工程,2009(1):87-89.

图4-9为某物流组织实际运用的系统评价框架,分别从客户、库存、供应管理、运输、仓储5个维度的财务、生产能力、质量水平、反应时间入手设置评价指

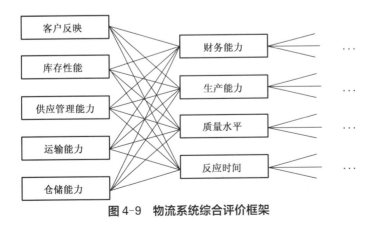

图4-9 物流系统综合评价框架

标。如图4-10为供应管理能力层面的指标,以此方式构建的指标体系能够很好地满足系统评价的完整性要求。

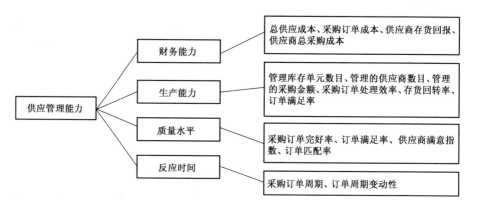

图4-10　将物流系统供应管理能力指标具体化

④ 评价指标权重的确定

为使评价结果更为科学,通常需要对各项指标设置一定的权重。考虑到企业的实际应用性,且指标权重需要根据物流系统运营的状态进行阶段性的调整,因此不宜采用过分复杂的方法。通常可在物流组织内建立一个评价小组,由管理、配送、仓储、财务等各领域的专家组成,同时也可参考企业其他相关部门的意见,对指标进行诸如五段量表的权重打分,这样可以使评价结果更加贴合物流系统的实际状况。

⑤ 评估结果处理

结合设置指标权重值,按照企业实际的打分方法,可以得到最终的系统评价结果。每个时期的评价结果应当进行存档,以进行比对分析,找出物流系统改进点、存在的薄弱环节或不足,以进行管理策略的调整和系统改革。

4.2.4　物流系统方案评估

在建设或扩充物流系统时,通常会布置多种方案供决策者选择,这时,物流规划主管应对各种方案特性进行了解,提供完整客观的方案评估报告,以辅助决策者正确抉择。

通常在评估物流系统方案时,可采纳以下方法[32]:

(1) 优缺点列举法

将每个方案的配置图、物流活动路线、搬运距离、扩充弹性等优缺点进行列举比较。优缺点列举法操作简单,但说服力不强,常用于概略方案初步选择阶段。

(2) 因素分析法

因素分析法是由规划者和决策者共同讨论列举出规划案期望完成的目标因

素,并设定各因素的重要程度,即权重。 再结合权重逐一用每个因素评估相关方案,得出最终评估结果。

（3）权值分析法

权值分析法是针对方案,设定不同的评价层级,并在各个层次内拟定主客观的评价因素。 确定指标的权重,将权值与因素打分的乘积总和作为方案的评价结果。

（4）成本效益比较法

将不同系统方案的成本和效益进行相互比较,如受费用约束,效益大的方案价值高;而受效益约束,成本低的方案价值高;因此可采用效益成本比（E/C）进行评价,数值大者,方案优选。

采用该方法进行分析时,应充分结合物流组织的投资或效益期望,进行合理选择。 如图 4-11 所示,设有 4 个方案,假设公司的投资额（成本）为 C_2,为使收益最大化,则选择方案的优先顺序为 A_3、 A_4、 A_1、 A_2;若公司期望获利（收益）为 E_1,则方案排序为：A_4、 A_3、 A_1、 A_2。

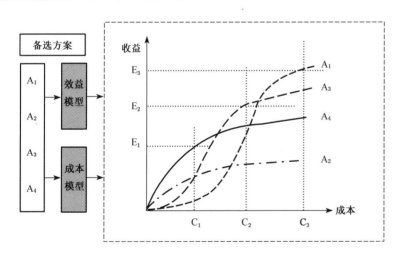

图 4-11 成本效益法选择物流系统方案

案例 4-4——配送中心方案评估

某企业准备投资建设货品配送中心,经过初步调查研究,提出三个建设方案,见表 4-1。需要结合成本效益的比较得出最优方案。

将评价的目标集中在成本和收益层面,由于建成后发挥效益为 10 年,则计算出三个方案 10 年的总利润和全部投资额（表 4-2）。

表 4-1　配送中心建设方案

序列	指标	方案Ⅰ	方案Ⅱ	方案Ⅲ
1	造价(万元)	100	86	75
2	建成年限(年)	5	4	3
3	建成后需流动资金(万元)	45.8	33.3	38.5
4	建成后发挥效益时间(年)	10	10	10
5	年产值(万元)	260	196	220
6	产值利润率(%)	12	15	12.5
7	环境污染程度	稍重	最轻	轻

表 4-2　方案的成本效益分析

指标	方案Ⅰ	方案Ⅱ	方案Ⅲ
总利润额 E(万元)	312.0	294.0	275.0
全部投资额 C(万元)	145.8	119.3	113.5
利润减去投资的余额(E−C)(万元)	166.2	174.7	161.5
效益成本比 E/C(%)	214.0	246.4	242.3

方案Ⅰ的总利润额虽然高于方案Ⅱ和方案Ⅲ,但相应的投资额也较高,因此造成方案Ⅰ的效益成本比低于方案Ⅱ和Ⅲ,另外,该方案的污染较为严重,因此首先排除方案Ⅰ。

方案Ⅱ无论是总利润额还是效益成本比均高于方案Ⅲ,且污染最轻,故可选择方案Ⅱ进行配送中心的建设。

4.3　物流系统的设计和计划

4.3.1　物流系统设计

在进行物流系统规划时,首先要有整体构思,即物流系统化设计,包括物流系统组织设计与技术设计两大部分。 其中组织设计相当于物流系统化中的软件部分设计,是规划物流系统总体目标、组织结构、经营机制等的重要因素。 技术设计相当于物流系统化中的硬件部分设计,如物流基础设施(仓库、货运站、分拣装置等)、车辆设备(运输车辆、配送车辆、装卸设备)、承载器具(托盘系列、集装箱系列)等的设计以及专用工具与设备的设计[33]。

物流系统化因对象、范围、性质、功能不同,对系统化的目标与要求也会有一定的差异,但从物流系统化的本质特征分析,应满足四项要求:a. 服务达到优质水准;b. 战略实现协同效益;c. 外协形成网络体系;d. 物流实现连贯运行。

通常来说,物流系统一般按五个步骤进行设计开发[34]。

(1)分析阶段

建立一个具备先进功能的物流作业系统的基础是大量的数据分析。按照SKU(最小库存单元)研究过去的历史订单、EIQ(客户、品类、数量)及库存/移动配送情况。

另外还要通过对库存/移动敏感度的分析,确定适当的物料搬运和存储的方式。从繁杂的历史报表中进行数据处理和推断,从而导出概要结果,推导和设计出具有高物流效率的项目设计,即有效的运作方案。从方法来看,要适度观察和研究目前的物流运作状况,将每个流程和作业方法文档化,物流和信息流图表化,物流效率、服务水平和成本属性基准化。

小知识——何为 EIQ 分析

EIQ 分析从属于物流中心的 POS 系统,按字面的解释,E 代表订单或客户(Order Entry),I 代表商品的品类(Item),Q 代表客户的出货量或是商品的出货量(Quantity),亦称 EQ 分析或 IQ 分析。EQ 分析是指客户出货量分析,可以按大小数量排列,对客户进行 ABC 分析和重点管理。IQ 分析是商品品类出货量分析,同样也可以按大小数量排列,做出商品畅销排行榜及商品 ABC 分类。掌握 EIQ 分析方法,可以为改善物流作业或规划合适的物流配送中心提供决策参考。

(2)概念设计阶段

概念设计是物料搬运系统和设备型号选型研究的关键阶段。特别是货物移动和储存敏感度模型及组成构件(搁板货架、单元货架、阁楼式货架、选择式货架、双位货架、推式重力货架、旋转式货架、轻型存储系统、传输带、自动小车、全自动立体仓库等),必须以较高的技术水平进行优化组合,并按照前阶段总结出来的运作特性和数据特点选择适合的设备。另外,多种可选择的方案将在这一阶段进行对比,各种定性及定量的评价将有助于选择最合适的方案。此外,还必须考虑每种方案条件下的经济评估,分析对客户服务、生产和流通效率、成本等产生影响的因素(物流系统方案评估已在 4.2.4 中论述)。

(3)设计阶段

设计阶段将涉及每一个过程流(物料及信息),并细化空间和平面的布局。这一阶段很重要,环节应反复推敲,注重整个物流系统及构件的协调。设计阶段派生出的诸多可选择方案,需要从生产和流通效率、人员、时间、风险、成本属性等方面进行评估。

(4)确认阶段

任何一项工程,都存在允许误差或风险范围。在物流系统设计阶段的最大

风险是采用不确切的预测数据。因此，所有基于预测信息上的物流系统设计都必须经过敏感度测试和确认程序。系统设计员必须以各种工具按时间节点测试设计的合理性，计算机仿真模型是目前可用的一种确认工具。

（5）实施阶段

物流系统需要经过一段时间的试运期和项目试运行。物流系统每个环节的操作员都需要进行系统化的定期培训，以确保物流系统运作的流畅。

4.3.2 配送中心的设计

（1）配送中心的功能

作为服装物流活动的"枢纽"，物流配送中心是集货中心、分货中心与货品加工中心于一体的多功能组合的物流据点。一般传统的配送只是提供商品的运输，而配送中心重视商品流通的全方位功能，如储存保管、分拣配送、集散、衔接以及加工等功能（图4-12）。

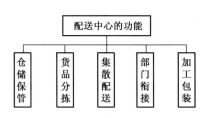

图4-12　物流配送中心的功能

① **仓储保管功能**

仓储保管指通过仓库对商品进行储存和保管，是配送中心的重要功能之一。通常情况下，物流配送中心有库存保管的储放区，以保证商品的安全存放。物流配送中心作为商品暂时的储存仓库，货品入库、清点、分拣等需要合适的储存空间。

② **分拣功能**

根据不同客户的要求以及货物本身的种类、数量、规格等差异，在进货或出货时，配送中心将对货品进行合理的拣选，并按照订单及出货单的要求集中放置。

③ **集散功能**

在商品的流通过程中，配送中心可以将处于不同地区、不同地域的商品集中到一起，然后按照订单的需求经过分拣，配送至多家客户。在流通环节中，依靠合理的管理措施和先进的设施设备，可将多种货物有效组合配送，达到经济、合理的批量配载。图4-13是配送中心货品集散的示意图。

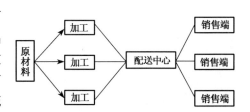

图4-13　配送中心集散功能

④ **衔接功能**

配送中心在运作过程中，能够为配送中心和上游、下游的供应商及采购商或客户等提供各种信息资源，为配送中心管理规章制度和职责的制定、商品配送路

094

线的开发及终端货品销售策划等提供决策参考,协同各部门和单位之间的物流活动,促进物流工作效率的提升。

⑤ 加工功能

在配送中心对商品进行分类后,根据店铺或市场需求,对货品进行适当的加工。如:重新整烫、产品标识或吊牌配套;或将大包改装成小包、产品组合包装等是配送中心商品服务的内容。

(2)配送中心的设施[33]

配送中心的设施分为内部设施和外部设施。配送中心的内部设施一般由信息中心与仓库构成。信息中心起着汇集信息并对配送中心进行管理的作用。仓库根据各部分不同的功能可分为不同的作业区。配送中心外部设施主要由停车场和配送中心内道路辅助设施构成等。

① 信息中心

负责指挥和管理整个配送中心,是配送中心的中枢神经。主要功能是对外负责收集和汇总各种信息,包括门店的销售、订货信息以及供应商联网的信息,并根据这些信息做出相应的物流决策;对内负责协调、组织各种物流活动。

② 收货区

负责完成收货和货物入库之前的准备工作,如卸货、检验等。因货物在收货区停留的时间不长,且处于流动状态,因此收货区的面积相对较小。它的主要设施有验货用的电脑、验货区域和卸货工具及平台等。

③ 储存区

分类储存着验收后的货物,一般分为暂时储存区和常规储存区。由于货物需要在这个区域停留一段时间,因此相对收货区,储存区所占的面积较大。在储存区一般都建有专用的仓库和标准化仓位,并配置各种设备,其中包括各种货架、叉车、起堆机等设备。

④ 理货区

理货区是配送中心人员进行拣货和配货作业的场所。一般来说,拣货和配货工作量大的配送中心,理货区面积也较大。

⑤ 配装区

由于种种原因,一些分拣出来并配备好的货物不能立即发送,而是需要集中在某一场所等待统一发货,这种放置和处理待发货物的场所称为配装区。配装区内货物停留时间不长,所以货物所占的面积不大,比存储区面积小。

(3)配送中心选址的影响因素[33]

① 货物分布和数量

配送中心应尽可能与生产地和配送区域形成短距离运输。货物数量随配送规模的增长而不断增加,因此是影响配送中心选址的重要因素。

② 运输条件

物流配送中心的选址应接近交通运输枢纽,使配送中心的物流过程能够四通八达。 若条件允许,配送中心应尽可能靠近铁路货运站、港口及公路。

③ 用地条件

物流配送中心的土地费用在地价日益昂贵的今天显得越来越重要。 企业需要权衡配送中心是利用现有的土地还是重新征地,同时环境因素以及是否符合政府规划要求等,都需进行综合考虑。

④ 商品流动

服装商品随消费心理和行为而变化,应根据企业品牌服装定位和目标顾客的爱好进行物流配送管理。 同时,生产过程中,不同的原材料和半成品等的流动也会变化,在进行物流配送中心选址时,应考虑有关商品流动的不同构成要素。

⑤ 其他因素

包括劳动力、运输与服务的方便程度、成本和投资额度等。 同时选址时需结合企业战略规划,如配送中心建成后,现在能满足 20 家门店的配送,今后是否能面对 50 家、100 家甚至更多的门店需求。

案例 4-5——配送中心启发式选址方法

设某生产制造型企业现有两个产品生产基地,需求客户分布在 8 个区域。为提高企业物流系统运转的效率以及降低物流配送风险及成本,初步规划筹建三处配送中心,有 5 处配送中心候选地 Q_1、Q_2、Q_3、Q_4、Q_5。已知配送中心的单位可变成本依次为 150、160、150、160、140 元,各生产基地的生产能力和区域用户的需求量、生产基地到配送中心和配送中心到用户的单位运费数据见表 4-3 和表 4-4。

表 4-3 生产基地到配送中心的单位运费及供货能力

生产基地	生产能力（单位:t）	到达配送中心的单位运费(单位:元/t)				
		Q_1	Q_2	Q_3	Q_4	Q_5
P_1	160	7	7	8	12	11
P_2	200	12	14	9	6	8

表 4-4 配送中心到用户的单位运费及用户需求量

配送中心	最大容量（单位:t）	需求区域的单位运费(单位:元/t)							
		R_1	R_2	R_3	R_4	R_5	R_6	R_7	R_8
Q_1	120	5	11	3	5	11	10	11	11
Q_2	80	14	16	8	9	4	7	4	4
Q_3	140	10	11	3	5	1	5	9	5

配送中心	最大容量(单位:t)	需求区域的单位运费(单位:元/t)							
		R_1	R_2	R_3	R_4	R_5	R_6	R_7	R_8
Q_4	140	15	13	9	6	7	2	10	2
Q_5	100	9	7	3	2	6	5	12	8
需求量(单位:t)		40	40	40	60	20	60	40	60

本案要求从 5 处备选配送中心选出三处。根据约束条件,所选方案中配送中心的总容量应大于等于需求区域的最大需求量。

① 调运方案费用计算

a. 符合条件的配送中心组合共有 5 种,方案分别是 $T_1 = (Q_1, Q_4, Q_5)$、$T_2 = (Q_1, Q_3, Q_4)$、$T_3 = (Q_1, Q_3, Q_5)$、$T_4 = (Q_2, Q_3, Q_4)$ 和 $T_5 = (Q_3, Q_4, Q_5)$。

b. 若选择 T_1,核算运输系统总成本。先计算由生产基地到配送中心的运输成本,供需平衡的运输调运方案见表 4-5。

表 4-5　由生产基地到配送中心的调运方案

生产基地	生产能力(单位:t)	到达配送中心调运方案(单位:元/t)		
		Q_1	Q_4	Q_5
P1	160	120	—	40
P2	200	—	140	60
最大容量(单位:t)		120	140	100

由生产基地到配送中心的运输成本为:$120 \times 7 + 40 \times 11 + 140 \times 6 + 60 \times 8 = 2\,600$(元)。用同样的方法,再计算从配送中心到需求区域调运方案的运输成本(表 4-6)。

表 4-6　由配送中心到需求用户的配送方案

配送中心	最大容量(单位:t)	到需求用户的方案(单位:元/t)							
		R_1	R_2	R_3	R_4	R_5	R_6	R_7	R_8
Q_1	120	40		40				40	
Q_4	140					20	60		60
Q_5	100		40		60				
需求量(单位:t)		40	40	40	60	20	60	40	60

由配送中心到需求城市的运输成本为:

$40 \times 5 + 40 \times 3 + 40 \times 11 + 20 \times 7 + 60 \times 2 + 60 \times 2 + 40 \times 7 + 60 \times 2 = 1\,540$ 元。

② 最优方案的选择

配送中心的可变成本和固定成本与单位品种吞吐量有关。若规模扩大,相应的边际成本会逐渐降低。

可变成本：$\sum_{i=1}^{n} Z_i V_i (W_i)^r$,

固定成本：$\sum_{i=1}^{n} Z_i F_i$,

式中：Z_i 表示备选配送中心 i 是否选中的决策变量（0-1 变量，$Z_i = 0$ 表示不在此建立配送中心，$Z_i = 1$ 表示在此建立配送中心）；

V_i 表示配送中心每单位货物通过的变动成本（如仓库管理或分拣费等，与吞吐量相关）；

W_i 表示配送中心 Q_i 的吞吐量；

F_i 表示配送中心选中后的基建投资（与吞吐量无关的固定成本）。

将 r 取为 1/2，得出可变成本为：

$150 \times (120)^{1/2} + 160 \times (140)^{1/2} + 140 \times (100)^{1/2} = 1\,643 + 1\,893 + 1\,400 = 4\,936$ 元。

所以方案 T_1 的总成本为（不含固定成本）：$f(T_1) = 1\,540 + 2\,600 + 4\,936 = 9\,076$（元），同理计算出方案 $f(T_2) = 9\,296$（元）、$f(T_3) = 10\,017$（元）、$f(T_4) = 9\,519$（元）、$f(T_5) = 9\,347$（元）。由此可见，方案 T_1 是可变成本最低的最优方案。

摘自：原思海.物流配送中心的选址研究[J].郑州铁路职业技术学院院报，2011(1)：31-31.

（4）配送中心建设规划的原则

① 配送中心与当地的物流基础设施

配送中心作为整个物流活动的枢纽，需要建立在具有一定物流基础的区域，依托当地物流能力，发展相适应的物流运作活动。

② 配送中心的货物信息处理能力

配送中心要有具体的计划性，如 5 个供应商 30 个品种同时入库，会产生入库流程拥堵，影响货物及时入库和配送。因此，为减少各种瓶颈约束，应加强货物信息处理和协调功能。

③ 减少不必要的作业流程

只有在时间上缩短作业周期，空间上少占用面积，物料上减少停留、搬运和库存，才能保证以较少的资金投入量和成本，获得理想的有效产出。

④ 符合配送的渠道

不同的服装企业由于销售范围、目标顾客不同，物流渠道也不尽相同。只有事先了解物流配送渠道的种类及结构才能进行科学的配送中心规划。

⑤ 商品的配送数量和库存量

服装产品越来越朝着多品种小批量的方向发展，因此快速入库、分拣、拣选、配送是物流配送中心需要面对的新课题。同时，在多品种小批量的库存管理过程中，重视前端少放货、货品集中于配送中心以及采用店铺货品"缺一补一"的方式，因此库存量的预测和调度十分重要。

4.3.3 仓储管理

仓储是对货物的储存,是仓库储藏和保管的简称,包括一系列提供储存货物服务的设施、场地和一些专门的储存设施[16]。通过合理安排、有效地运作物流活动的仓储,可以达到一定的时间和空间效用。同时,仓储分为静态与动态两种,当产品不能及时被消耗掉,需要专门场所存放时,将产生静态仓储。而将物品存入仓库以及对于存放在仓库中的物品进行保管、控制、提供使用等的管理,则形成动态仓储。

小知识——库存、储备、储存的区别

物流学中,库存、储备、储存这几个概念经常容易混淆,虽然这三个概念有共同之处,但仍有区别。

① 库存

狭义的库存是指物品在仓库中的暂时停滞状态。广义的库存是指用于将来目的地物品的暂时停滞状态。其中,物品停滞的位置可以在仓库、店铺陈列、流水线、车间、运输车辆等。

② 储备

物资储备是一种有目的的储存物资的行为,目的是为了保障生产和流通的连续性。储备与库存主要区别在于储备所停滞的位置更为宽泛,而且是具有目的性的、主动的、能动的库存,而库存则有可能是被动的、客观的、盲目的。

③ 储存

储存是包含库存和储备在内的一种广泛的经济现象,是一切社会形态均有存在的经济表现。在任何社会形态中,不论什么原因、什么种类的物品,总需要一定的空间进行存放。这种储存不一定在仓库中,也不一定具备储存因素,而且有可能不再进入再生产和消费领域。

摘自:贾平.现代物流管理[M].北京:清华大学出版社,2011.

仓储的现代化管理是仓储有效计划的利器,通过合理进行计划、组织、控制和协调仓储资源,为物流活动提供高效的仓储服务。

(1) 仓储管理的必要性

① 有效的仓储管理能调节供应和需求

仓储管理有效地保障仓储的时间和空间效用。

② 确保储存物资的质量

由于仓储并不是单纯的堆放,为了维持物资的质量,需要采用各种保管方法。通过对仓储的有效管理,才能确保物资的合理存放、使商品价值得到有效保障。

③ 确保连接各个物流环节的正常运转

各个物流环节在连续不断的运转中,经常需要一定时间的缓冲。仓储作为物流活动的节点,能够将整个物流活动串联起来。 有效的仓储管理可以起到连接各个物流环节活动的纽带作用。 同时,物流量的多少也可通过仓储进行调节。 因此仓储管理可以科学、有效地进行物流量的合理控制。

④ 降低运输成本,提高运输效率的协调功能

由于大规模的整车运输成本低于零担运输,而不能及时进行整车运输的物品需要进行分类保管,为下一次整车运输提供合理的规划。 因此有效的仓储管理可以降低运输成本,提高运输效率。

(2) 仓储管理的思路[33]

① 将静态储存变为动态储存

a. 加快储存的周转速度

周转速度快与资金周转快、资本效益高、货损降低、仓库吞吐能力增加、成本下降等密切相关。 若采用单元集装存储、建立快速分拣系统将有利于实现货品的快进快出。

b. 基于物流系统大环境的仓储

在整个物流系统的运行中,许多物资动态地储存于运输车辆、搬运装卸的过程中,这是一种动态的储存。 通过有效地利用信息管理技术,这些动态储存可以起到取代静态库存的作用。

c. 对静态的仓库实行动态的技术管理

② 进行储存物的 ABC 分类

ABC 分类管理法是实施储存合理化的基础。 在此基础上可以进一步解决各类结构关系、储存量、重点管理和技术措施等合理化问题。 而且,通过在 ABC 分析的基础上实施重点管理,可以确定各种物品的合理库存储备数量及经济地保有合理储备的办法,乃至实施零库存。

③ 自建仓库和租用公共仓库

自建仓库对于企业来说,可有效地控制库存,拥有灵活性。 企业可以根据自己的需要对仓储做出合理的调整。 租用公共仓库可使企业减轻建造仓库初期投入的大量资金,减少企业的经营资金风险。 从短期看来,公共仓库因为规模性租金比较低廉,而且企业在租用公共仓库时可以根据待储存商品的数量决定储存的规模。 因此,企业应根据自身的特点,在自建仓库和租用公共仓库之间做出合理的选择。 一般来说,当企业的库存量较大、对商品的需求比较稳定且市场密度比较大时,可以考虑自建仓库。 反之,则应选择租用公共仓库。

④ 采用有效的先进先出方式

先进先出是一种有效的方式,也是储存管理的准则之一。 有效的先进先出方式主要有以下几个方面:

a. 贯通式货架系统

利用货架形成贯通的通道,从一端存入物品,从另一端取出物品,物品在通道中自行按先后顺序排队,不会出现越位等现象。 贯通式货架系统能非常有效地保证先进先出。

b. "双仓法"储存

给每种被储物品准备两个仓位或货位,轮换进行存取,再配以必须在一个货位中取尽才可补充的规定,则可保证实现先进先出。

c. 计算机存取系统

采用计算机管理,在存货时向计算机输入时间记录,编入按时间顺序输出的程序,取货时计算机能按时间给予指示,以保证先进先出。 这种计算机存取系统还能将先进先出(保证不做超长时间的储存)和快进快出结合起来,即在保证一定先进先出的前提下,将周转快的物资存放在便于存取之处,以加快周转,减少劳动消耗。

⑤ **提高储存密度和仓储利用率**

主要目的是减少存储设施的投资,提高单位存储面积的利用率,以降低成本、减少土地占用。 主要有以下三种方法:

a. 堆高垛码,增加储存空间的有效利用度

如采用高层货架仓库、集装箱、矩形格货架等,与一般堆存方法相比,可以大幅度增加储存高度。

b. 缩小库内通道宽度以增加储存的有效面积

采用窄巷道式货架,配以轨道装卸机械,以减少机械运行宽度要求,采用侧叉车、推拉式叉车,以减少叉车转弯所需的宽度。

c. 减少库内通道数量以增加有效面积

采用密集型货架、可进车的可卸式货架、各种贯通式货架以及不依靠通道的桥式吊车装卸技术等。

⑥ **采用有效的储存定位系统**

储存定位指被储物位置的确定。 如果定位系统有效,不仅能大大节约寻找、存放、取出的时间,减少一定物化劳动及活劳动,而且能防止差错,减少空位的准备量,提高储存系统的利用率。

采用计算机储存定位系统,尤其对于存储品种多、数量大的大型仓库而言,已成必不可少的手段。

⑦ **有效的检测盘点方式**

对储存物资数量和质量的检测是掌握基本信息、科学库存控制的重要工作。 实际操作稍有差错就会使账务不符。 所以,无论是人工盘点或计算机盘点管理,必须经常进行盘点检测与账册核对,及时且准确地掌握实际储存信息。

案例 4-6——E 品牌服装面料仓储计划的改进

对于快时尚服装品牌,面料的设计与备料是产品开发周期的关键因素。为缩

短品牌服装单品、追单、快速反应单的开发生产周期,可对常用面辅料提前1~2个月,按纱线、坯布或面料品类的不同,同时根据纤维成分、组织、色彩等以波段为单位进行预测,合理备料。面辅料合理预测和适当的提前备料,不仅可以加快服装品牌上货速度,同时合理备料也是服装企业库存管理的重要内容之一,对提升企业货品周转速度、降低库存、保证现金流至关重要。

对面料历史数据的分析是面料前置备料的基础,是面料信息支撑体系的重要部分。以E品牌2011冬季面料数据为例进行剖析。

① 面料汇总及用途统计(表4-7)

表4-7　面料采购信息汇总表

面料大类	总金额(元)	总耗量(m)	均价(元/m)	面料分类	金额(元)	耗量(m)	均价(元/m)
毛呢	13 931 593	289 104	48.19	毛呢格料	6 950 040	142 081	48.92
				素色毛呢	6 513 811	136 393	47.76
				提花毛呢	467 658	10 631	43.99
棉	1 769 385	100 546	17.60	棉混纺	379 114	21 178	17.90
				全棉素色	965 040	49 769	19.39
				全棉格条	425 231	29 599	14.37
涤纶	4 826 785	372 379	12.96	素色涤纶	3 985 127	284 743	14.00
				涤纶印花	385 000	44 865	8.58
				涤纶格料	456 657	42 771	10.68
双层织物	3 751 667	64 679	58.00	—	—	—	—
腈纶	362 112	7 705	47.00	—	—	—	—
总计	24 641 542	834 413	29.53	—	—	—	—

② 面料大类金额和数量

a. 根据采购面料金额分析可知,毛呢格子、素色毛呢及素色涤纶三类面料占总采购金额前三位,分别为28.20%、26.43%、16.17%,占总采购金额70.80%(图4-14)。

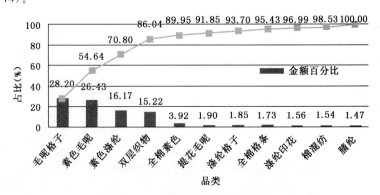

图4-14　面料采购金额分析图

　　b. 依据采购面料数量分析可知,素色涤纶、毛呢格子及素色毛呢三类面料占总采购量前三位,分别为34.12%、17.03%、16.35%,占总采购数量67.50%(图4-15)。

　　启示:根据历史采购数据,结合面料前置周期计划,按照帕累托法则,可考虑选择毛呢格子、素色毛呢和素色涤纶为重点备料对象,并与相关供应商接洽安排生产交期和供应量。

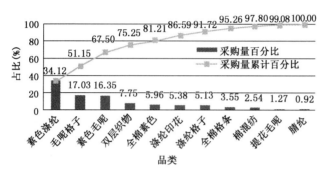

图4-15　面料采购量分析图

　　③ 面料种类细分

　　以毛呢格料为例,经过统计得到毛呢格料在这一波段中的采购量,如图4-16所示。

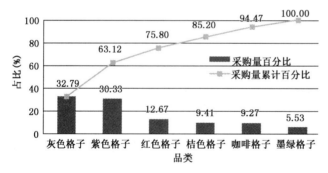

图4-16　毛呢格料采购量分析

　　表4-8进一步分析了毛呢格料采购情况,灰色、紫色、红色格子为前三位,由于彩色格料受流行影响较大,建议备灰色格子毛呢料。

　　2011年灰色格子采购量为46 590 m,2012年计划销售额增长33%(根据企业销售增长趋势设定),假设正价销售率与2011年持平,相应面料采购量增长33%,则灰色格子需求量为61 965 m。按备料为季节总量的70%来计算,2012年同期灰色格子备料约43 400 m。

　　由此可知,通过面料历史数据分析,精确的销售数据、准确的面料信息是进行面料备料计划的基础,也是服装企业合理仓储的关键环节。

表 4-8　毛呢格子面料采购量

颜色	2011 年采购量(m)	2012 年计划采购量(m)	2012 年备料量(m)
灰色格子	46 590	61 964	18 589
紫色格子	43 099	57 321	17 196
红色格子	18 008	23 950	7 185
桔色格子	13 363	17 772	5 331
咖啡格子	13 166	17 510	5 253
墨绿格子	7 856	10 448	3 134
合计	142 082	188 965	56 688

摘自：东华大学服装学院"E 品牌快速反应推广"项目。

（3）仓储管理的方法[19]

① 定量库存法

定量库存管理是对库存水平进行连续监控，当库存量降至某一水平 R 时即进行订购。 定量库存控制模型的理论研究基于以下假设：产品需求固定，且在整个时期内保持一致；提前期（从订购到收货时间）固定；单位产品的价格固定；存储成本以平均库存为计算依据；订购或生产准备成本固定。 图 4-17 是定量库存模型示意图。

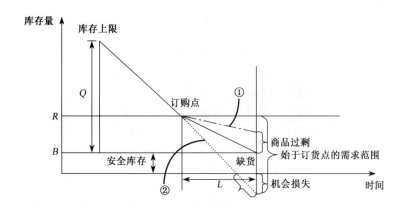

图 4-17　定量库存控制模型

注：① a. 服装滞销造成的过剩；b. 生产计划实施不当造成的面辅料库存过剩等。 ② a. 因季节、气候、促销等原因，服装比预期销售量大，店铺缺货造成的机会损失；b. 生产消耗过大，造成面辅料告罄，有停工待料之虞。

但该模型实际运用时，在订购提前期 L（订购点与收到货物时点之间）可能发生缺货或剩货风险。 在订购提前期 L 内，需求可能在一定范围内变化，订购点订货量应包括订购提前期中的期望需求量 Q 和期望服务水平下的安全库存量。 因此对于定量库存控制模型，需求量确定与需求量不确定的主要区别在于 R 的计算。

② **定期库存法**

定期订货系统是按固定的订货周期和订货水平,再根据当时的实际库存量确定每次具体订货数量的一种库存控制方法。因此不同时期的订货量不尽相同,订货量的大小主要取决于各个时期的使用率。实行定期库存控制法,需要确定三个库存控制参数:订货周期、预定订货水平、每次订货数量(图4-18)。

a. 订货周期(T)——是指相邻两次订货之间的间隔时间,是定期库存控制法最主要的控制参数。订货周期的长短,主要由以下因素决定:订货提前期,即提出订货到收进所购货品,能投入使用所需的时间;公司用料规模、用料特点、发料制度和储存条件;供货单位生产批量,订货、发货限额和供货特点等。由于订货周期是影响库存水平的主要因素,企业在确定订货周期时既要考虑供货单位的供货条件,又要考虑库存成本和经济效益。因此,应以最低综合库存总成本进行 T 的管控。

b. 预定订货水准——货物订货后达到的数量应保证预定的服务水准,即满足从订货之时起(订货提前期或供应间隔期)企业生产经营活动对货物的需求。

c. 每次订货数量——根据每次实际盘存量与预定订货水准之差确定。

由于定期订货系统仅在盘点期进行库存盘点,有可能在刚定完货时由于大批量的需求(如团购、企业批量购买等)而使库存降至零,这种情况只有在下一个盘点期才被发现,而新订单货品需要一段时间才能到达(图4-18)。因此,有可能在整个盘点期 T 和提前期 L 会发生缺货。所以往往以更高的安全库存来保证盘点期和提前期内不发生缺货。

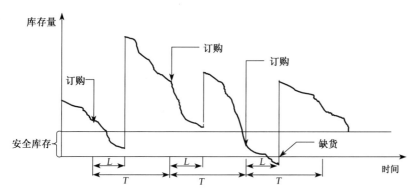

图4-18 定期库存控制模型

③ **两种方法的比较**

两种库存模型的共同点在于完成两项任务:一是对所有库存物资进行适当的控制;二是确保库存记录准确可靠。

两种模型的基本区别:定量订货模型是"事件驱动",而定期订货模型是"时间驱动"。定量订货模型中,当到达规定的再订货水平的事件发生后,就进行订货,这种事件随时可能发生,主要取决于对货品的需求情况。相比而言,定期订货模型只限于在预定时期期末进行订货,是由时间来驱动的。 两种模型的区别见表4-9。

表4-9 定量订货模型与定期订货模型的比较

特征	定量库存管理法	定期库存管理法
订购量	每次订货量相同	每次订货量不同
何时订购	在库存降低到订购点时	在盘点期到来时
库存分析	每次出库均做分析	只在盘点时分析
库存大小	比定期订货模型小	比定量订货模型大

4.3.4 配送计划

我国物流学者王之泰从两个方面对配送进行了定义:

a. 从经济学资源配置的角度,对配送在社会再生产或流通过程中的位置和配送的本质行为进行描述:"配送是以现代送货形式实现资源最终配置的经济活动";

b. 从配送的实施形态角度可表述为:"按用户订货要求,在配送中心或其他物流节点进行货物配备,并以最合理的方式送交用户"。

(1)配送类别

根据不同的分类,配送有不同的分类方法(表4-10)。

表4-10 配送类别

划分依据	配送种类	划分依据	配送种类
按配送节点分类	配送中心配送	按商品种类及数量分类	单品种、大批量配送
	仓库配送		多品种、少批量配送
	商店配送		
	生产企业配送		配套或成套配送
按经营形式分类	销售配送	按配送时间与数量	定时配送
	供应配送		定量配送
	销售供应一体化配送		定时定量配送
			定时定路线配送
	代存代供配送		即时配送

(2)配送计划

配送计划对于整个配送活动的实施具有重要的前瞻作用。 作为全局性的事前方案,配送计划对整个配送活动指导性、规范性不言而喻,是有效开展配送的第一步。

配送计划的拟定内容如下:

① 配送对象

由于配送中心的种类很多,因此配送的对象即客户不同,出货形态也不尽相同。 这些客户可能是经销商、大型超市、百货公司、直营店、折扣店、员工店中的一种或几种。 其中经销商、百货公司、直营店及大型超市等客户的订货量较大,出货形态可能是整个托盘出货,小部分为整箱出货。 而目前由于多品种小批量的生产供货形式在服装企业中十分普遍,因此整箱及拆箱拣货的情形经常出现。

② 配送货物种类

在配送中心处理的货品数差异大,少则数 10 种,多则上万种。 由于服装规格、品类繁多,SKU 的复杂程度也有所不同。 例如高档西装立体包装配送与普通衬衫的折叠装箱配送以及仓储安排都不一样。

③ 货品的配送数量或库存量

包含三个内容:配送中心出货数量、库存量和库存周期。

服装的出货量多少和库存积压之间的变化将直接影响配送中心的作业能力和设备配置。 如服装销售的季节性波动、货品的短生命周期等都会引起出货量的波动。

④ 物流渠道

常见的服装物流渠道主要有如下几种方式:

工厂—配送中心—经销商(或加盟商)—零售商—消费者;

工厂—经销商(或加盟商)—配送中心—零售商—消费者;

工厂—配送中心(品牌直营)—零售店—消费者;

工厂—配送中心(网购、目录销售)—消费者。

因此在制定物流配送计划时,必须了解物流渠道的类型,然后根据配送中心在物流渠道中的位置和上下游客户的特点进行规划。

⑤ 物流服务水平

建设企业配送中心的一个重要目的是提高物流服务水平。 物流服务水平的高低与物流成本成正比,也即物流服务品质越高则成本也相应提高;但是对客户而言,希望得到最佳的物流服务而不是提高物流价格。 所以原则上,物流的服务水平应该是合理的物流成本下的服务品质。

(3) 拟定配送计划的依据

① 客户订单

一般客户订单(或合同订单)对配送的商品、规格、数量、送货时间、送达地点、收获方式等都有要求。 因此客户订单是拟定运送计划的基本依据。

② 客户分布、运输路线、距离

客户分布是指客户的地理位置分布。 客户位置离配送中心的距离长短、配送中心到达客户收货地点的路径选择,将直接影响运输成本。

③ 配送货物的体积、形状、重量、性能、运输要求

配送货物的体积、形状、重量、性能及运输要求是决定运输方式、车辆种

类、载重容积和装卸设备的制约因素。

④ 运输、装卸条件

运输道路交通状况、运达地点及作业地理环境、装卸时间、天气、气候等对输送作业的效率也是制约因素。

（4）配送计划的工作内容

a. 基本配送区域划分；

b. 配送批次决定；

c. 暂定配送先后次序；

d. 安排车辆；

e. 决定每辆货车负责的客户；

f. 路径选择；

g. 确定最终送货顺序；

h. 车辆装载方式。

4.4 物流管理组织

物流管理组织是指从事物流管理的机构设置、管理权限及范围划分的组织形式。物流管理组织的主体是物流管理人员，行为准则是健全的规章制度，媒介是企业物流信息。物流管理组织的建立遵循精简、统一、自主、高效的原则。

4.4.1 物流管理组织思路

近年来，服装企业的迅猛发展导致企业对物流的旺盛需求，促使传统的物流组织逐渐向现代物流组织演变。物流管理实施力度的大小与物流管理的组织等级密切相关，即物流组织机构的层次地位对物流目标的实现会产生巨大的影响。企业内部物流组织的演变一般遵循从功能分散到功能整合，最终实现过程一体化的过程。

（1）物流组织的变迁

① 物流功能分散阶段

20 世纪 50 年代前，物流的职能仅限于对企业日常工作提供便利和支持，因而企业各个部门都存在物流功能的形式。这种部门分割（图 4-19）表明当时的企业未能实现专业化物流，销售、财务、生产等部门都有相关的物流工作人员，这些人员既要兼顾部门职责，同时也要兼顾物流业务，业务水平参差不齐。同时由于物流业务流程中的各个环节没有专门的组织统一指挥，很难实现各职能的统一协调，导致大量资源重复和浪费，信息通常被延迟或失真，经常导致模糊不清的权限，这一阶段的物流组织效率较低[35]。

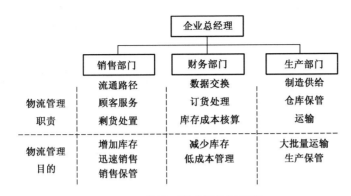

图 4-19　传统型的分散物流组织

② 物流功能整合阶段

自 20 世纪 50 年代初期开始,物流组织向集成物流职能方向发展。 由公司的高层领导引领,产生集成化管理的新理念,将所有物流活动及产生的功能归并到一个具体的组织中,为物流活动统一提供组织保障。 在企业内部,将功能相似的物流工作岗位合并,既可以使工作协调,也可提高物流工作绩效。 但是,实现物流功能组织整合是一项复杂的工程,需要长时间的磨合期才能实现。 对于生产部门而言,实体配送在很大程度上将直接影响客户服务的水平,因此,实体配送最早从职能部门中独立出来,并上升到更高的组织层次。 此时,在企业总体组织架构中增加了实体配送职能部门。 这种组织结构最早出现在 20 世纪 60 年代、70 年代初的欧美企业。

20 世纪 80 年代初期,物流业迅速发展,逐渐形成了综合物流,现代物流组织结构也随之形成。这时的物流组织结构在公司高层领导带领下,协调全部物流功能活动(图 4-20)。

图 4-20　功能整合的物流组织

③ 物流过程的一体化阶段

自 20 世纪 80 年代以来,物流业界通过不断实践与研究,得出结论:将物流活动归并于一体化组织结构还不是物流组织方式的最优选择。 现代物流需要一个特殊的组织结构才能实现交叉职能的统筹兼顾[36]。 此时,业界开始研究和评价物流在服务客户并为客户实现其价值过程中所处的地位,从而激发了业界继续探究提升物流一体化绩效的可持续发展模式。

a. 基于过程控制的策略是将一组连贯的物流活动看作增值链的管理;

b. 过程控制策略的出发点是将产、供、销实施一体化管理而获得较高的效益与效率;

c. 与传统模式相比,基于过程控制策略的物流组织结构的管理模式发生了重大改变,由垂直方向的管理向水平方向的管理转变,与企业纵向组织结构向扁平矩阵型组织结构转变的趋势保持一致[37];

d. 把物流工作焦点聚集于一体化过程,减少各项功能集中于各单元组织中的压力;

e. 企业最需关注的不是如何对个别功能进行安排,而是怎样对物流一体化过程进行全面控制和管理(图4-21)。

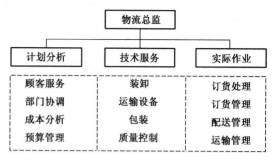

图4-21 物流一体化

物流组织管理必须广泛应用信息技术,必须具备强大的整合能力,这是过程控制策略的基本要求(物流信息化的具体内容将在第六章阐述)。

案例4-7——乐购(TESCO)一体化物流组织

(1) TESCO 背景及可持续发展理念

TESCO是英国领先的零售商,是全球三大零售企业之一,年总销售额达到518亿英镑。截止2010年10月,TESCO在中国拥有85家门店,12家试验阶段便捷店和3家LifeSpace乐都汇购物广场,零售面积达494 148 m²,每周为400多万名顾客提供服务。

在可持续发展方面,2010年9月,TESCO在上海举办了首届"气候变化暨零售业可持续发展论坛",宣布本财年在中国的业务将减少10%碳排放量,包括在中国的所有门店及配送中心。基于上述理念,TESCO在浙江嘉善开发区自购土地,建设了一个现代化的绿色物流中心。

(2) TESCO 嘉善绿色配送中心

TESCO嘉善绿色配送中心于2011年7月11日正式开业,之前已经试运行了半年。据配送中心负责人介绍,一期工程总投资9亿元人民币,占地面积355亩(图4-22)。

① 基本情况

库区主体建筑宽120 m,长459 m,净高14 m;整体区域土地面积236 696 m²;配送中心面积55 000 m²;共有63扇收货门,57扇出货门,150个拖车停车位,200 m²的展示中心;未来将增加12 000 m²配送区域、2间6 000 m²

图4-22 TESCO配送中心俯视图

封仓及 32 扇门、车辆保养处、拖车清洗、燃料岛、199 个拖车停车位(图 4-23)。

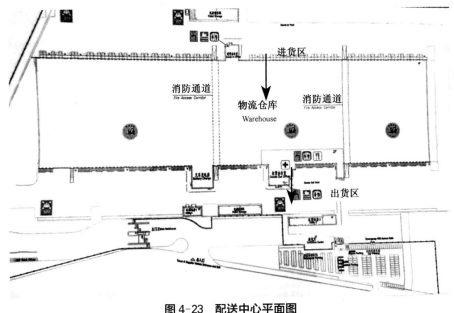

图 4-23　配送中心平面图

② 库区设施配置

a. 拥有 8 间 6 000 m² 的库房,2 个转运区;

b. 拥有 3 间 2 000 m² 的特殊库房:1 间用以储存易燃品,2 间用以储存高单价商品;

c. 主体货架——1 层拣货位加 8 层储货位,可容纳 6 650 个整板拣货位,41 382 个整板储货位(货架提供商:上海精星货架)。1 层拣货位又分零拣位 A 层 0.6 m,零拣位 B 层 0.7 m 及零拣位 C 层 0.7 m,8 层储货位每层 1.2 m 共 11.6 m;

d. 开业初期配置 13 364 个拣货位:4 908 整板、120 块半板、508 个流动货架、5 828 个排架;

e. 托盘尺寸:1.2 m×1.0 m,载货限高 1.6 m,限重 1 250 kg;

f. 配送中心条码和产品应用方案由 SCG 上海先达提供;

g. 叉车由永恒力公司提供,同时永恒力在库区设置了一个维护区,派专人负责。

③ 服务范围

嘉善配送中心一期设施将为华东地区各大型超市和便利店配送杂货及百货商品,同时兼顾为其他地区门店配送 TESCO 自有品牌产品。大型超市占比 95%,便利店占比 5%。项目完全建成后,将完全覆盖中国沿海江浙沪地区、广州、福建、山东、京津塘地区、辽东半岛等。

④ 可持续发展特色

该配送中心强调低能耗,采用了地热泵、太阳能电池板、改良的屋顶保温层、PIR(Polyisocyanurate Foam,中文名"聚异三聚氰酸脂",亦称"聚异氰脲酸脂"或称为"聚异三聚氰酸酯泡沫"或者"三聚酯 PIR",是一种新型的深冷绝热材料,可用于从－196℃～＋120℃范围内的各种管道和设备以及建筑物的绝热需求)墙体保温层、T5照明(管径16 mm的节能灯)、被动式红外传感器、高能效热交换器、节水系统、空气动力学装置(节能运输)等。

⑤ 运营模式

运营特点：整合运送而不是分小批多次运送、快速车辆周转提高车辆利用率、回程带货、库存最小化、托盘共享、配送频率最优化。

运营数据：周峰值处理能力达50万箱。例如，营业后的某天需要入库，建库存(PBS)的货品，计划处理34 000箱；不建库存，由供应商送到配送中心，直接分配到相应门店配送区域(隔天发货)，计划处理22 000箱。

运营要求：彻底的规范化——严格的安保(机场式安检措施)、严格的着装要求(亮色安全衣、铁头安全鞋)、严格的库区交通法规(人行道、叉车道、各个通道都为单行道)。图4-24是仓库管理人员正在执行任务，图4-25是库区交通法规，保证库区的安全运作。

图4-24　安保和安全衣图

图4-25　库区交通法规

(3) 组织架构

TESCO公司设有一体化的物流部门，其中，物流总监向公司总部负责，并通过物流总经理管理物流系统的人力资源、培训、客户服务、健康安全、防损、系统和行政、计划与财务等各部门日常事务(组织架构见图4-26)。

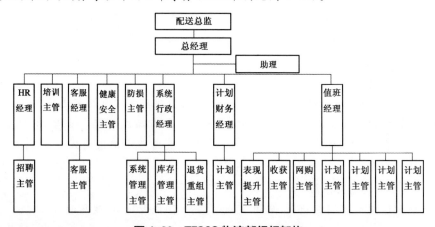

图4-26　TESCO物流部组织架构

来源：本案例根据采访资料整理。

（2）企业物流组织的构成

企业的物流组织一般由下列人员构成：

① 高级物流经理或总监。

② 直接从事物流作业的操作人员。 直接从事物流作业的操作人员包括负责采购、生产计划、提供顾客服务以及配送中心、运输、自有车队中的人员。

③ 公司及部门物流管理人员。 这些管理人员可能作为物流组织中独立的人员组成，也可能由不断变化的人员组成。 后者只投入一部分时间从事某项工作，例如设计一个新的配送中心，或设计一个新的信息系统。

为使物流组织有效地发挥作用，企业必须保证对每个物流层次进行有效的责任管理，而企业为物流职能配备人员时必须满足以下两个要求：

a. 必须将每项工作的定位精准化与规范化，包括工作名称、隶属关系、职责范围以及执行方式；

b. 应将物流领域所需的技能编成目录，并对各个不同工作岗位人员的技能要求及满足程度进行评价。 员工在物流领域的经验是很有用的，但企业对高层物流管理人员应考虑多项物流职能领域的背景和经验，因为当这些管理者试图成功地协调各种物流活动和跨职能的信息流处理时，往往需要思维开阔且具有远见[17]。

（3）物流管理的组织思路

企业物流管理组织设计的有关因素：

① **企业类型因素**

不同类型的企业，物流管理的侧重点不同。 如对于服装企业，面辅料生产型企业是服装生产企业的供应者，产品种类一般较少，通常采用大批量装卸和运输。 因此，一般要成立正式的物流管理部门与之适应；销售型的品牌服装企业，一般不进行生产活动，它们向分布广泛的面辅料、成衣供应商采购商品，主要物流活动有采购运输、库存控制、仓储、订货处理及流通运输等。 这类品牌公司，物流组织十分重要，而且组织结构通常以流通运输为重点。

② **企业战略因素**

企业组织是帮助管理者实现经营目标的手段，而经营目标源自组织的总战略。 因此组织的设计应与企业战略紧密结合。 如果一个企业的战略发生了重大调整，则组织机构需要作相应的变动以适应和支持新的战略。

③ **企业规模因素**

企业规模对组织机构有明显的影响。 例如，大型企业的组织一般比小型企业的组织具有更高程度的专业化，规章条例也更趋完善。 小型企业的组织机构相对简单，员工管理比较灵活，通常只需两三个纵向层次，容易形成"扁平"的模式。

④ **企业环境因素**

企业环境也是组织机构设计的主要影响因素。 从本质上说，较稳定的企业环境，采用机械式组织更为有效；而动态、不确定的环境，则采用有机式组织更加合理。 由于现今企业面临的竞争压力增大，企业经营环境不稳定，故企业物流组织应

113

该能够对环境的变化做出有益于企业运行的反应,设计要充分体现"柔性"。

案例4-8——亚马逊的物流管理

"基于长远,创造更好的客户体验"是亚马逊创始人杰夫·贝索斯的理念。自1994年创立起,亚马逊就将电子商务当作一场马拉松长跑,在长达8年的亏损运营中打造了独创全球的三驾马车,除了名声显赫的网络服务(AWS)和Kindle出版业务(KDP),另一个更为隐秘的便是亚马逊的物流(FBA)。当我国电子商务企业笃信"以快制慢"法则、以"烧钱"做广告换取竞争优势时,亚马逊早已看到电子商务的本质是零售企业,精细化运营是核心竞争力。

亚马逊在我国的营运中心位于天津,是亚马逊中国的后台。对于电子商务来说,用简洁、清新的网页吸引用户是重要内容(图4-27),而仓储与配送则是企业的核心竞争力。

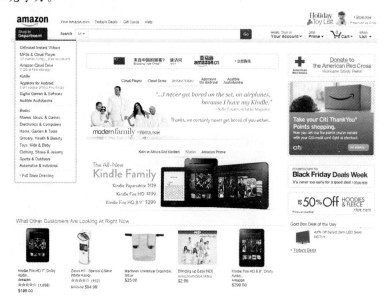

图4-27　亚马逊官网页面

(1)出入库动态平衡

亚马逊运营中心每天的工作包括入库和出库两个环节。就像过关一样,每件商品来到天津运营中心时都需要进行一系列的"体检"——测"身高"、量"腰围"、称"体重"。只要入库,这些数据将一直伴随着货品,直到出货。

在入库环节,亚马逊采用一货一位、一货多位、多货多位的存储方式。表面上看,同一种货物会散落在不同地方,但却"形散而神不散",凭借功能强大的IT系统以及规范化的产品管理与流程,拣货员基本不会发生找不到货的现象。货物进入仓库后,只有用户下单,货品才有出库的机会。但如果不幸成为滞销品,那也会"被迫"出库,退回厂家。

亚马逊运营中心出库流程很细致,一共包括 15 步骤:打印订单、拣货、合并货框、配货、扫描检验、扫描包裹、分拣、移动包裹、订单发货以及调拨分拣、调拨包裹、移动调拨箱、调拨发货、返厂包装、返厂发货等流程。

亚马逊中国网站上有 28 大类近 600 万件商品。动态平衡是亚马逊仓储管理的原则,运营中心就像一个蓄水池,管理人员要保证订单量的变化与出库以及发货的变动协调,让流入的水与流出的水一致,以保证高效率的仓储管理。

(2)租赁仓储

亚马逊在全球租赁仓储,这样做的好处是前期固定资本投入较少,对当期的现金流产生的影响小,保证了企业有足够的资金投入到诸如 IT 系统、"云"服务等基础设施的建设中。

每日傍晚,亚马逊天津运营中心都会给全国其他 10 个运营中心发出调拨单。每天调拨的货物清单由 IT 系统计算。这种专用的进销存系统可以预测产品在某个地区一天能产生多少订单量,根据预测结果提前完成备货或调货。

亚马逊系统中存有大量销售数据,货品调拨可以据此及时调整不同区域、季节引起的货物销售差异。如北京的冬季较长,诸如羽绒服、棉服等南方需求结束较早的商品可提前运往北方。2011 年冬季较长,意味着冬季服装需求量会比往年更多,且持续时间更长,这就需要准备更多的冬季服装库存。

区域货品调拨费时又耗费人力,但亚马逊可以将货品及时售出,对零售企业而言这是最重要的竞争力。只有将货品售出才会有源源不断的现金流进入企业。在企业经营过程中,现金流是一个与销售额、利润同样重要的经营指标。根据亚马逊财报,2011 年亚马逊的净销售额为 480.8 亿美元,同比增长 41.0%。净利润为 6.31 亿美元,同比降低了 45.0%。而运营现金流却表现良好,同比增长 12.0% 至 39 亿美元。从 1997 年至 2005 年,亚马逊曾连续 8 年亏损,缘何还能持续运营,关键是得益于亚马逊对现金流的控制。

(3)中国式创新

在中国的一线城市,无论何种商品,亚马逊的速度都是当日或次日到达,这是一种创新,提升了客户体验和服务水平,但自然也提升了运营成本。亚马逊的解决方案主要是通过内部流程优化将这些成本消化掉,而不是增加额外的运营成本。

驱动这一流程优化的是以仓储管理系统为代表的 IT 系统。这套系统被评为亚马逊在全球进行业务扩张的"杀手锏"。当亚马逊各个分公司的市场特征发生变化时,在全球 IT 系统架构指令的基础上,各个分公司的 IT 架构也会做出相应的变化。

快速的配货与发货要求 IT 系统做出快速反应。以仓储为例,当日送达的订单要求两小时出库,次日送达的订单要求三小时出库,这需要系统据此需求做出改变。亚马逊中国运营中心内部会搜集系统需要改动的事项,并提出可行性方案,然后提交到美国或印度的 IT 研发团队,逐步优化系统。

亚马逊的运营宗旨是"能用机器做的事,绝不用人工做"。2012 年 3 月,亚马逊用 7.75 亿美元收购了一家机器人制造公司。亚马逊在美国已经逐步使用机器人进行全自动化的仓储拣货。

摘自:汤浔芳. 亚马逊怎么做物流[N]. 21 世纪经济报道,2012-06-04.

4.4.2　物流组织的对策

物流组织是执行物流管理功能的企业组织结构,通过对自身任务、职权进行分解、组合形成一定的结构体系。 由于受环境背景、行业特征、信息化水平、企业规模等各种因素的影响,企业物流组织形式多样,不尽一致,实际物流活动的规模和水平也有很大差异。

随着企业管理层对物流职能重要性认识的提高,经营者开始重视物流管理组织在企业经营管理中的地位和作用,物流部门地位的提高,表现为企业赋予物流经理与生产和销售部门经理同等地位。 当物流经理地位提高时,物流组织的作用将得到充分的发挥。

（1）建立物流组织的注意事项

有效的物流组织基本原则:

① 分工明晰。 分工是指将组织的整体功能划分为若干类别的功能单位,分别由相应的员工从事一项或若干项功能作业,这样,每一员工的专业技能得到强化,组织整体效益也将相应提高。

② 统一指挥。 统一指挥是组织管理的一项重要原则,即每个下属只能向上级主管直接负责,一个下属只能接受一个上级的指挥,而且只能向一个上级汇报工作。

③ 职责与职权对等。 权责是管理者的权限和职责范围,企业物流组织中每个部门和成员都有责任按照工作目标的要求保质保量地完成工作任务。 同时,企业组织也必须赋予员工自主完成物流任务所必须的权利。

④ 柔性化。 组织的柔性是指组织的各个部门、成员都可以根据内外物流环境的变化而进行灵活调整与变动,从而减少组织系统因客观外界环境变化而造成的冲击和震荡。

（2）物流管理组织的构建方法

① 顾问式

顾问式结构是一种过渡型、物流整体功能最弱的组织结构。 在顾问式结构下,物流部门在企业中仅仅承担顾问的角色,主要负责整体物流的规划、分析、协调和物流工程,并形成对策的建议,对各部门的物流活动起指导和协调作用。但物流活动的具体运作管理仍由各自所属的原部门负责,物流部门无权直接管理(图 4-28)。

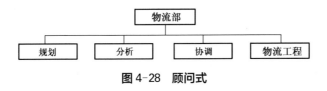

图 4-28 顾问式

其中,规划包括场所、仓库、预算、产品开发等规划;分析包括运作成本、客户服务和需求、存货控制、运输效率和服务等分析;协调包括销售、生产、财务以及与其他部门或事项的协调;物流工程包括物料搬运、运输设备、包装材料、物流业务流程等活动。

② **直线式**

直线式结构是指物流部门对所有物流活动具有管理权和指挥权的物流组织结构,是一种简洁的组织结构形式。直线式物流组织结构见图 4-29。

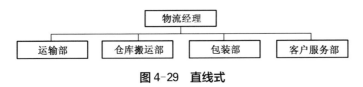

图 4-29 直线式

如图所示,物流经理一方面管理下属各部门的日常物流业务运作,同时又需兼顾物流系统的分析、设计与规划,对物流部门人员的业务水平有较高的要求。

③ **直线顾问式**

单纯的直线式或顾问式物流组织结构都存在着一定的缺陷,解决的方法是将这两种组织结构形式合二为一,变成直线顾问式的组织结构。在直线顾问式结构中,物流部经理对业务部门和顾问部门均实行垂直领导,具有指挥权(图 4-30)。

图 4-30 直线顾问式

④ **矩阵式**

矩阵式物流组织结构:履行物流业务所需的各种物流活动仍由原部门(垂直方向)管理,但水平方向上又加入类似于项目管理的部门(一般也称物流部门),负责管理一个完整的物流业务(作为一个物流项目),从而形成了纵横交错的矩阵式物流结构(图 4-31)。

⑤ **第三方物流组织结构**

第三方物流是资本密集型和技术密集型兼顾的企业,一般规模较大,资金雄

117

厚,并且有着良好的物流服务信誉。
这一组织结构的宗旨是利用自身专
业、高效的物流信息平台和先进的物
流设备,为客户提供各种个性化的物流
服务。

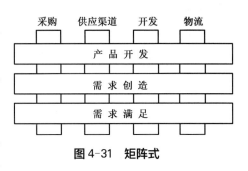

图4-31　矩阵式

第三方物流的业务实质属于"物
流代理"、"物流承运商"。企业与配
送机构的活动分离,作为不同主体承担
商流、物流的职责。由于第三方物流
配送机构多数是从传统储运企业基础上发展起来的物流企业,在传统仓储与运输
业务基础上增强了信息化和配送服务功能,以更快的速度、更高效的服务水平为
企业提供全面的物流服务。在整个业务过程中,物流配送机构不直接经销商品,
也不具有商品的所有权。第三方物流组织结构如图4-32所示。

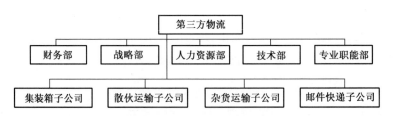

图4-32　第三方物流组织结构

第三方物流提供了一种新型的物流协作模式,使供应链的小批量库存变得更
加经济,第三方物流与第一、二方物流的合作关系如图4-33所示。对于一般生
产零售企业而言,在第三方物流服务有效发挥作用时,通过信息系统的信息流快
速传递与信息共享,通过物流作业现代化使物流配送实现 JIT(Just In Time,及时
生产供货管理)。例如,为了使生产企业实现按订单组织生产或按大规模定制组
织生产,大幅降低生产企业仓库储存量。生产企业仓库中一方面要拥有满足生
产、销售连续性而保留的最小库存量,另一方面第三方物流将按生产企业订单的
原材料采购需求协助物流活动,使企业不出现非订单采购的库存量,实现理论上
的零库存,进而使库存处理费用与保持费用达到理论的最低值[33]。

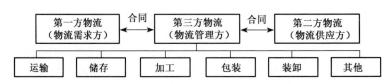

图4-33　第三方物流与第一、二方物流的合作关系

⑥ 第四方物流的形成及组织结构

按照埃森哲咨询公司的定义,第四方物流(4PL)指"一个通过调配和管理合作

组织内各互补性服务提供商的资源、能力与技术，以此提供全面供应链解决方案的供应链集成商"。第四方物流是建立在电子信息技术和第三方物流基础上的新型物流服务，理论上可以由独立于现有物流系统各个环节之外的、与原物流系统无直接利益关系的"第四方"提供，一般不参与物流的直接运行，而是通过提供信息技术、管理人员，并提供关键的运作管理和流程再造的先进经验，将一个或数个物流供应商组织起来，形成可以为一个甚至几个供应链高效服务的物流系统。

4PL 的形成方式及功能组织如图 4-34 所示。

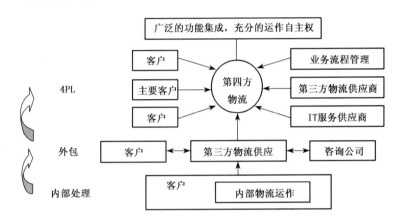

图 4-34 4PL 的形成方式及功能组织

来源：张明刚. Y 公司第四方物流运作分析与研究[D]. 天津：天津大学，2006：28.

第四方物流的主要目标是整合供应链，向供应链内企业提供完整的物流解决方案。与第三方物流提供的低成本专业服务相比，第四方物流可能在物流成本上高于第三方物流，但能控制和管理整个物流过程，并渗透于采购、生产的具体环节，对整个供应链流程提出优化方案，以实现整个供应链的快速、高效、低成本的物流服务。第四方物流的出现是为了弥补第三方物流在整合供应链物流方面的不足而出现的，但并不是对第三方物流的取代。第四方物流服务的运作离不开第三方物流的支持。第四方物流正是通过对各种第三方物流服务商服务能力的最佳配置来为企业服务的。第三方物流是第四方物流发展的基础，而第四方物流是对第三方物流的优化，两者之间没有明显界限，实际运营中也不必对两者进行严格区分。

4.4.3 物流子公司

物流子公司是为执行母公司的全部物流活动或部分物流活动而设立的组织，特点如下：

a. 物流费用中除运费、保管费以及包装材料外，其他生产、流通费用和一般经营费用若作为物流费支出的，可单列计算，明确费用属性；

b. 由于物流费是母公司与子公司共同协商设定的，可逐渐趋于合理化；

119

c. 因子公司系专业公司,可致力于提高物流技术和服务水平;

d. 子公司不仅受理母公司的物流货物,也可受理其他客户的货物,故可满负荷进行物流活动;

e. 因经济相对独立(自负盈亏),为了在物流业务活动中提高效益,必须致力于物流管理的合理化;

f. 可以分别采用适宜于母公司或物流子公司的不同管理体制。

物流子公司产生于 20 世纪 60 年代后半期,最初物流子公司具有独立的管理、财务功能,同时为母公司进行物流服务,也可为其他企业进行物流服务。 从这两个特点来看,传统的物流子公司更像是一个由母公司投资组建的第三方物流公司。 而在第三方物流快速发展的情况下,子公司可利用对母公司生产、流通的熟悉,在供应链上与母公司配合,逐步将具体的物流业务外包给第三方物流服务商,自身进行第四方物流管理,形成具有供应链物流管理特色的核心业务与竞争力。

案例 4-9——凡客诚品(VANCL)的物流

凡客诚品成立于 2007 年,适逢同类公司 PPG 陨落之际。 在创始人、董事长陈年的带领下,凡客诚品已经在"消费市场"和"资本市场"创造了双重奇迹。 过去 4 年中,依托我国内地强大的制造能力和消费市场,这个拥有自主品牌的电子商务企业,已经卖出包括 T 恤、衬衫、帆布鞋、箱包甚至化妆品在内的约 7 000 万件打着"VANCL"标签的商品,成为互联网上最具号召力的"快时尚服饰品牌"。

(1)自建物流子公司

对于电子商务公司来说,物流是除了资金之外的另一个难题。 生意越做越好,但是物流跟不上,将会浪费许多潜在的销售契机。 2010 年初,凡客自建了一家名为"如风达"的物流子公司。 这是继京东商城投资 2 000 万元成立"上海圆迈快递公司"之后又一家 B2C 公司自建的物流渠道。 2011 年底,凡客诚品已在全国范围内建立 30 个库房,总面积达到 50 万 m²。 已实现对 28 个重要城市的全境覆盖,开通 400 多个站点,自建物流的员工人数达到 5 000 人。 凡客诚品的物流采取固定配送模式,同一个顾客,快递人员基本上是同一个人。 这样做的目的是为了让顾客觉得舒服,同时快递人员也是推销员,熟悉顾客后,用户再次购买的几率就会提高。

凡客诚品的自建物流公司采取自营模式,专为本企业服务,提供的配送业务量约占总订单量的 25%(其余的通过第三方物流配送),主要承担北京、上海、广州、苏州及杭州这 5 个城市的物流配送。 自营的优势是所有环节自己控制,便于管理,同时还可加速资金的流动。 但自营模式也有不足之处,比如成本高、自营专业性不足、人力成本高等。

（2）凡客诚品的第三方物流

在建立物流子公司的同时，在全国范围内，凡客和第三方物流公司开展合作。到 2011 年底为止，凡客诚品已与 30 多家第三方物流公司开展合作，未来这个数字将增长到 50 余家。

为了规范第三方物流公司，凡客诚品近期加强了对第三方物流公司 KPI（Key Performance Indication，关键业务指标）考核制度，设"妥投率、投诉率、态度投诉、信息反馈及时准确、丢失率、未达成承诺"6 大指标。凡客在加大自建物流的同时，针对第三方物流实施的 KPI 措施，不只是给第三方物流企业带上了"紧箍咒"，更主要的目的是与第三方物流企业一同加强管理，更好地为消费者服务，从长远来看，有利于电子商务和第三方物流企业的共同进步和繁荣。

（3）凡客诚品的邮政物流

到 2011 年底，凡客诚品支持 COD（Cash on Delivery，货到付款）的区域在行业内处于领先地位，已经覆盖全国 862 个城市。其中，全境覆盖的省（含直辖市）包括北京、上海、天津、山东、江苏、浙江等。COD 覆盖不到的区域由邮政 EMS 负责投递。由此可见，凡客诚品三位一体的"大物流路线图"已逐步明晰：自建物流配送一线城市、第三方物流配送二三线城市、其他地区由邮政网络覆盖。

案例 4-10——迪卡侬的物流仓储模式

法国 OXYLAN 集团（前身为迪卡侬集团——Decathlon Group）是全球知名的体育用品设计、生产、零售和网上销售一体化企业，业务遍及全球 60 多个国家。

（1）迪卡侬的物流营运模式

分布在全球 17 个国家的生产商以及其他国际品牌，如 Nike、Adidas 将装满货品的集装箱送到 OXYLAN 的物流配送中心，由物流配送中心把供应商发运的完整货箱送到区域仓库，再由区域仓库按照订单拣选货品并配送到大型综合店或其他连锁店，或直接发货配送（物流运作流程示意图见图 4-35）。OXYLAN 集团在欧洲及中国、巴西等国家共设有 12 个物流配送中心，在 13 个国家设有 40 个区域仓库。集团每年出口 3.8 万个集装箱，发运 4.2 亿件货品，从事物流活动的员工约有 2 500 名。

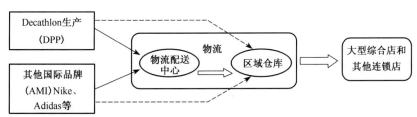

图 4-35　迪卡侬物流运作

物流部门是迪卡侬重要的后台,他们每天需要保证在正确的时间、地点将正确的商品送到正确的门店,使顾客买到满意的商品。速度对于这样的零售企业来说至关重要,供货中心尽力缩短配送时间,每天要对所有商店进行送货,在早上开门营业前完成供货上架。如果货物暂时短缺,则进行二次供货,但须制定详细路线,以便途经更多商店的同时减少运输成本。

(2)迪卡侬昆山仓储中心

2003年,OXYLAN在上海莘庄开设了中国第一家迪卡侬体育休闲用品大型综合自助式零售店,2008年4月在上海设立了物流配送中心;2011年年末,集团又在北京设立了中国地区第一个区域仓库。截止2011年12月31日,企业在中国地区共有40家店铺:北部地区13家,东部19家,西南部8家,并根据地域分布由上海物流配送中心、北京区域仓库两处仓库分别为指定店铺运送货品。

迪卡侬昆山仓储中心位于昆山花桥镇经济开发区,毗邻上海、苏州、无锡,辐射长三角地区,交通便利。仓储中心面积约42 000 m²,库区分6个模块,每个模块6 000 m²。在整个库区,针对货车、普通车辆和行人以及进出仓库流程都有清晰的标注与指示牌,对仓库核心区域(内区)和其他区域(外区)有明确的划分。在库房内,地面有各种标识,特别是安全标识明亮显眼,各项设施配备齐全。除基本库区外,还拥有办公室13个、会议室8个以及电脑房、泵房、配电房、叉车充电房、餐厅、门卫室各一个。

整个物流活动链运行的动力来自于消费者需求的拉动效应,即消费者掌握着启动销售物流活动的钥匙。迪卡侬物流部门不遗余力地加强人员培训,员工每天都能学到新的知识和理念,并在操作中付诸实现。由于新的物流观念、新的信息技术与设备大量涌现,为此,公司规定:无论是管理人员还是普通员工都必须经过培训,接受新观念、使用新技术和新设备。

4.4.4　物流人才的培养

随着信息技术的不断发展,电子商务的不断扩张,消费市场要求服装产业链必须快速迎合消费者需求,服装物流的快速反应是全球服装业的总趋势之一。如何培养我国服装市场需求的合适专业物流人才是当前我国产学研合作、培养复合型人才的重要课题之一。

我国服装业需要复合型物流专业人才,他们应熟悉品牌开发和生产流通运作流程,了解国际市场规则,掌握物流管理的专门知识和基本技能。因此,在熟悉服装面辅料检验、服装生产管理、服装外贸、服装销售渠道的基础上,培养掌握物流管理的专业知识,并能够实际操作的复合型人才是提高我国服装物流活动水平的重要途径。

(1)我国物流人才培养现状

加快物流人才培养,消除物流发展瓶颈,是我国物流人才培养的重要战略举措。物流从业人员在职教育,特别是大专以上人员的继续教育,目前已经全面铺开。然而,物流人才在数量增加的同时,却因为不能满足物流企业生产和流通管理的需要,难以成为适应物流市场需要的人才,存在人才紧缺而物流新人无所适从的矛盾现象。

究其原因,物流人才培养存在以下问题:

① 物流人才培养目标不清晰

由于受我国经济管理体制的条块分割、分业管理等问题的影响,我国物流管理的教育培养较为分散,课程设置与实践脱节,物流人才培养存在一定的局限性。

② 未转变思想观念

相关专业未及时转变观念,体现在:重教学、轻研究;重理论、轻实践;重知识掌握、轻能力培养,使得学校出来的物流新人难以适应企业物流管理的实际运营与操作。

③ 教学内容与物流发展差距大

改革开放以来,一些高等院校结合我国的实际情况设置了一些新的课程,或对原有课程的教学内容进行了修订。在这一方面比较典型的有电子商务、现代物流学、供应链管理、仓储学等方面的课程。这些课程的设置使我国物流教育的内容及课程体系逐渐完善,物流教育有了长足发展,但与国内外物流业的发展特别是发达国家物流业的发展状况相比,还有不少差距。

（2）"四位一体"培养物流人才的思路

针对我国物流人才培养中的制约瓶颈,有学者提出建立政府、教育基地、认证机构和企业"四位一体"的物流人才培养模式(图4-36)。

"四位一体"物流人才培养模式的特点[38]:

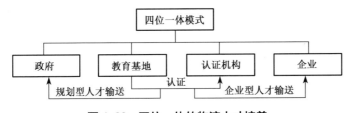

图4-36 四位一体的物流人才培养

来源:张金英,石美遐."四位一体"的低碳物流人才培养模式分析[J].物流技术,2010,8(8):154-156.

① 互动性。体现在政府、教育基地、认证机构和企业之间相互扶持的关系。政府通过理念引导为物流人才培养营造良好的政策环境;教育基地为政府输送物流规划型人才,为企业输送管理型、技能型及复合型物流人才,为各种类型的教育机构输送研究型人才;企业为物流人才的教育和培训提供实践基地和市场需求;认证机构对培养效果进行鉴定并提供证明。

② 可持续性。体现在"四位一体"物流人才培养模式的长效性。企业不断将市场需求反馈给教育机构,形成校企合作的联合培养机制,从而提高培养的针对性和实用性,在政府的协调下形成良性互动、有机循环的系统。

在网络经济和知识经济时代,合格的物流人才应该具备国际贸易、通关、仓

123

储运输、财务成本管理、安全管理、法律等基础知识，并在实践中不断学习，完善知识结构。

在具备基础知识后，还需要具备以下能力：

a. 严谨周密的思维方式

物流服务是一个动态、连续的服务，服务质量的持续提高是企业生存和发展的基础。 要保证货品在规定的时间内以约定的方式送到指定地点，过程的设计必须严谨、科学且合规合法。 企业物流人才应具备严谨周密的思维方式，以保证企业物流的运营顺畅。

b. 团队合作和奉献精神

物流从业人员必须具备良好的团队合作和奉献精神。 在作业过程中，不仅能做好自己的本职工作，同时能够从供应链理念出发，协同周边相关岗位工作，使企业上下游的运作畅通无阻、无缝连接。

c. 信息技术的学习与应用能力

目前，信息技术是物流管理活动中的重要条件，运用于订单处理、仓库管理、货物跟踪等各个环节。 作为一名合格的物流从业人员，必须熟悉和掌握现代信息技术在物流活动中的应用和操作技能，能够综合使用信息技术提高物流劳动效率。

d. 组织管理和协调能力

物流的灵魂在于系统化方案设计、系统化资源整合和系统化组织管理，包括库存资源、信息资源和能力资源的整合与管理。 物流从业人员需要培养组织管理能力，在整合内外资源的前提下，有效地贯彻企业的经营理念，充分利用设备、技术和人力等相关物流管理资源，提高服务水平，满足物流客户的需求。

e. 异常事故的处理能力

企业物流人才必须具有随时准备处理应急作业或事件的意识，培养对资源、时间合理分配和充分使用的能力。

4.5　物流成本管理

4.5.1　物流成本管理概述

（1）物流成本及管理的定义

物流成本是指在企业物流活动中，物品在空间位移过程和时间上所消耗的各种资源的活化劳动和物化劳动的货币表现总和。 企业物流成本是企业在生产经营过程中，商品从原材料供应开始，经过生产加工到产成品和销售以及伴随着生产和消费过程所产生的废物回收利用等过程所发生的全部费用。

物流成本管理是指为了降低物流总成本，实现企业的既定目标与责任，对企业物流过程中所发生的各项费用进行计划、核算、分析及控制的动态管理活动[39]。在这种活动中，作为管理对象的是物流本身而不是物流成本本身，即通过成本控制管理物流，是以成本为手段的一种物流管理方法。物流成本管理将物流成本作为一项战略资源进行管理，以实现企业有限资源的优化配置和有效整合。

（2）物流成本管理的内容和目的

如表 4-11 所示，物流成本按成本项目划分，由物流功能成本和存货相关成本构成。

表 4-11　物流成本项目构成

成本项目			内 容 说 明
物流功能成本	物流动作成本	运输成本	货物运输业务发生的全部费用，包括从事货运输业务人员费用，车辆（含其他运输工具）的燃料费、折旧费、维修保养费、租赁费、养路费、过路费、年检费、事故损失费、相关税金等
		仓储成本	因货物储存业务而发生的全部费用，包括仓储业务人员费用，仓储设施的折旧费、维修保养费、水电费、燃料与动力消耗等
		包装成本	货物包装业务发生的全部费用，包括包装业务人员费用，包装材料消耗，包装设施折旧费、维修保养费、包装技术设计、实施费用以及包装标记的设计、印刷等辅助费用
		装卸搬运成本	装卸搬运业务发生的全部费用，包括装卸搬运业务人员费用，装卸搬运设备折旧费、维修保养费、燃料与动力消耗等
		流通加工成本	货物流通加工业务发生的全部费用，包括流通加工业务人员费用，流通加工材料消耗、加工设施折旧费、维修保养费、燃料与动力消耗费等
	物流信息成本		采集、传输、处理物流信息发生的全部费用，指与订货处理、储存管理、客户服务有关的费用，具体包括物流信息人员费用、软硬件折旧费、维护保养费、通讯费等
	物流管理成本		物流管理部门及物流作业现场所发生的管理费用，具体包括管理人员费用、差旅费、办公费、会议费等
存货成本	资金占用成本		在物流活动过程中负债融资所发生的利息支出（显性成本）和占用内部资金所发生的机会成本（隐性成本）
	物品损耗成本		在物流活动过程中所发生的物品跌价、损耗、毁损、盘亏等损失
	保险和税收成本		企业支付与存货相关的财产保险费以及因购进和销售物品应交纳的税金支出

来源：鲍新中，崔巍.物流成本管理与控制[M].电子工业出版社，2009.整理.

服装物流配送和物流成本管理已成为企业应对市场竞争和维护客户关系的重要战略和决策资源。在进行物流成本管理和控制时，服装企业须明确自身的物流成本高低，从而促进企业加强物流管理功能，提升管理水平，创新物流技术，提高物流效益。

物流成本核算的目的如下：

a. 通过对企业物流成本的全面审核，掌握物流成本的明细，提高企业内部对物流成本管理重要性的认识；

b. 依据对某一货品具体物流活动的成本计算，明晰物流活动中存在的问题，为物流运营改进和决策提供依据；

c. 计算物流活动各部门的责任成本，并进行考评；

d. 通过对某一物流设备或机械（如单台运输卡车）的成本计算，明确消耗和折旧情况，探寻提高设备利用率、降低物流成本的途径；

e. 根据对每个客户物流成本的分解核算，为物流服务收费水平的制定以及有效的客户服务和管理提供决策依据；

f. 通过对物流成本项目的核算，明晰本期物流成本与上年同期成本的差异原因；

g. 按照物流成本计算的口径计算本期物流实际成本，评价物流成本预算的执行情况。

案例 4-11——D 品牌的物流成本管理

D 集团是法国大型连锁运动用品量贩店，号称欧洲最大、全球第二大的运动用品连锁集团。2000 年至 2010 年，集团全球营业额从 25 亿欧元增长到 59.8 亿欧元（图 4-37）。

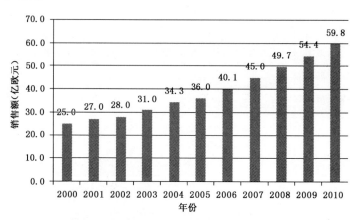

图 4-37　D 集团 2000—2010 年全球销售额

截止 2010 年底，D 集团已在全世界 15 个国家拥有超过 500 家零售商场，并在 16 个国家拥有自己的产品制造商。

物流部门是 D 集团维持货品流通的关键环节，图 4-38 所示为中国地区总仓物流管理的流程，仓库人员在收货、质量检验、货品运输与配送等阶段，严格执行着集团快速物流的目标。同时物流部门在 D 集团相对独立、自负盈亏，集团要求物流部门在管理时,必须制定合理的物流成本方案和控制方法。

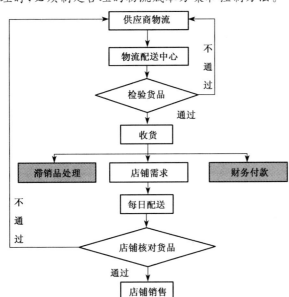

图 4-38　D 集团中国地区总仓货品管理流程

　　D 集团物流部门采用自负盈亏的管理方式,物流成本管理既要考虑物流人员的薪资支付、设备维护、日常营运费用等,同时由于品牌部门按规定需要支付产品部分物流费用,在计算物流成本时需要统筹兼顾。表 4-12 以服装产品为例,说明了物流部门在管理过程中收取的费用,主要分为三个部分——仓库费用、货品损坏费用以及其他费用。根据部门营运目标及货品的特点与性质,对每一部分的费用如人员工时费、货品储存费及收货费用进行预算制定。

表 4-12　D 品牌服装的物流费用计算

仓库费用			
人员费用	耗时(h)	费用(元/h)	总费用(元)
大仓管理人员	30.00	22.00	660.00
收货费用	件数	单件费用(元)	总费用
产品收货	135.00	0.80	108.00
储存费用	使用面积(m²)	天数	储存费用(元/年·m²)	总费用
面积	0.96	20.00	780.00	41.03
总费用			809.03
其他费用			
包装材料			105.00
电话费			20.00
工具租用费			75.00
运输费用			50.00
其他(车费、出口、进口费用等)			00.00

其他费用	
总费用	250.00
货品损坏费用	

产品编号	损坏数量(件)	每件损耗(元/件)	总费用(元)
—	—	—	—
—	—	—	—

总费用计算	
本批货品总费用	1 059.03

仓库费用包括大仓管理人员、每件产品的收货费用以及储存费用。大仓管理人员的费用除基本工资外还包括加班计时工资;收货费用指每件产品需要支付给物流部门的费用,一般根据产品不同而有所差异;储存费用以储存面积及时间为标准计算。其他费用中,包括在货品收货、包装时产生的包装材料费用,在收货、保存、出货时产生的工具租赁费以及在物流过程中仓储人员产生的通讯费、车费等。货品损坏费用是仓库人员在操作过程中由于操作失误产生的损失,这一费用由物流部门承担。

4.5.2　物流成本的核算与控制方法

（1）美国社会物流成本的核算方法[40]

美国物流成本构成框架包括存货持有成本、运输成本和物流管理成本三部分。

① 存货持有成本是指花费在保存货物上的费用,除了仓储、残损、人力及保险税收费用外,还包括库存占用资金的利息,将降低物流成本和加速资金周转综合起来绩效管控;

② 运输成本包括水陆空及油汽管道运输等费用与货代费用;

③ 物流管理成本,按照美国物流成本的历史数据,由专家团队确定一个固定比例,与存货费用和运输费用的总和相乘得出,约占物流总成本的 4%。

美国物流成本计算较粗略,宜于进行社会宏观物流的统计。 但物流成本总体的构成思路可供服装企业借鉴。

（2）日本企业物流成本的核算方法

按照 1997 年日本运输省制定的《物流成本计算统一标准》,日本物流成本计算方法可分为按物流范围、支付形态和物流功能等成本类型。

① 按物流范围计算成本,是以物流特性划分范围进行分类,可分为供应、生产、销售、回收和废弃等物流费;

② 按支付形态计算成本,是按照财务会计费用分类计算,可划分为运费、仓库保管费等向企业外部支付的费用和人工费、材料费等企业内部物流活动的费用;

③ 按物流功能计算成本,可分为物资流通费、信息咨询费、物流管理费三类。 而物资流通费可进一步细分为包装费、输送费、保管费、装卸费、流通加工费。

与美国社会物流成本的核算方法相比,日本物流的核算方法从微观着手,且对核算内容规定详尽,其中涉及的成本分类和成本因子较适用于服装企业的物流成本核算。

(3) 全面成本法[41]

全面成本管理(Total Cost Management,TCM)是一种策略优先,强调以人为本的现代成本管理方法。 依据综合利用系统论观点、目标管理策略、经营策略等方法,在管理中将企业作为一个系统来考虑,对企业整体活动进行管理和协调。 实质上是对企业所有资源以及耗用这些资源的全部物化活动进行综合管理。 因此,运用全面成本法进行物流成本管理是一项降低企业运作成本,提高企业效益,并最终增强供应链竞争优势的有效途径。

基于全面成本法的物流成本控制步骤:

① 拟定控制企业全面物流成本的计划

拟定计划时,必须明确全面物流成本的定义,系统地归纳物流成本的构成因素。 目的是促进企业各部门之间的合作以及成本信息的充分共享,这种合作应该是全方位的,涉及到物流的各个环节。

② 实施全面物流成本控制

在这一步骤中,重要的是给予管理责任人以充分的理解和支持,制定相关的支撑体系和激励机制。 在实施过程中,必须重视部门之间的协调和信息共享。

③ 正确评价并完善全面物流成本控制的效果

首先要在企业中制定正确的评价标准,根据实际与标准的对比,对计划完成情况进行考评。 与此同时,通过检测和评价过程,可以吸取宝贵经验和教训,为下一轮全面物流成本计划提供参考和指导。

(4) 作业成本法[41]

作业成本法是发达国家 20 世纪 80 年代末开始全面兴起并首先在先进制造企业应用的一种新颖的成本计算方法。 这种方法以作业为核心,确认和计量消耗企业资源的所有作业,将耗用的资源成本进行分析,然后选择成本动因,将所有作业成本分配给成本计算所针对的产品或者服务。 在成本核算上,作业成本突破产品界限,深入到作业层次,以作业为单位收集成本,并把"作业"或"作业成本库"的成本按作业动因分配到产品。

基于作业成本法的物流成本核算阶段如下:

第一阶段:分析和确定资源

明确企业各环节中物流作业所消耗的资源,有时需要把账目和预算科目结合起来组成一个资源库,有时又需要把一些被不同作业消耗的账目或预算科目拆解分析。

第二阶段：分析和确定作业

分清企业物流作业的各个环节，并把各物流环节分解为基本的单元作业，以此作为计算物流作业成本和评价作业效果的基础。这一阶段所进行的物流作业分析描述了企业所包含的一切物流活动，即时间、资源等的消耗以及物流作业的投入产出。

第三阶段：确定资源动因并建立作业成本库

资源动因把资源耗费（在第一阶段中确定）分配给不同作业（在第二阶段中确定），从而形成作业成本库。

第四阶段：确定作业动因并分配成本

作业动因是各项作业被最终产品消耗的方式和原因，经历第三阶段将资源耗费分配给作业成本库后，可以开始分析、确定作业动因。

第五阶段：计算物流成本

所有作业成本库的作业动因确定后，便可计算各作业成本对象的物流成本。

案例 4-12——X 品牌服装的成本计算与控制

企业规模属于中小型，年销售额 1 500 万元，拥有员工 54 人。主要从事服饰品生产和销售，采用直营方式经营旗下品牌服装，包括男装、女装和家饰产品，以多品种小批量为特色，主力产品价格带约 6 000 元。随着近年来企业规模的扩大和市场销售额的提高，物流配送对企业的盈利能力有着越来越重要的影响。在拉动式和推动式配送模式相结合应用的情况下，X 品牌的物流配送流程相应分为两种：a. 在新品上市时企业集中配送；b. 各店铺根据实际销售情况进行订货配送。由于品牌采用直营方式，企业自己承担物流配送费用（采用加盟经营的品牌企业往往由加盟商承担运输费用）。由于经营规模比较小，X 品牌的物流配送体系相对简洁，主要由总部（上海）的自营配送中心负责国内分店的日常配送工作，配送中心面积约 150 m²。

由于 X 品牌经营规模较小（国内仅有 4 家门店），因此仓库和店铺尚未应用终端 POS 系统，店铺也不能在终端直接查货，需要通过配送中心查询。在企业内部，配送中心使用仓库管理系统进行实时货品信息登录和管理。由于 X 品牌每月销售数约 400 件（套），公司未配备专门的配送车辆，一般小件货品采用快递方式，当货品数量较大时，如新品集中上市，则采用第三方物流协助配送。

（1）配送作业

X 品牌的货品分为春夏和秋冬两季，春夏季服装主要集中在二、三月份上市，秋冬季服装主要集中在八、九月份上市。每年这两个时间段是配送中心集中配送新品的时期,而其他月份主要按各店铺订单实施配货。

新品集中配送以 X 品牌营业部的配送指令单为依据,配送中心根据指令单中不同店铺的货品配送要求进行分拣配货;仓储管理人员将不同店铺的货品进行包装、装箱并将货品信息登记在册,制作配送单;然后安排第三方物流公司进行运输。

由此,X 品牌内部配送环节可以归结为:订单处理、仓库管理、运输、存货持有、物流管理。其中仓库管理包括对货品的流通加工、检验、包装和搬运装卸等作业。由于 X 品牌企业规模较小,所有物流作业由两位仓管人员完成。为此,可将上述作业统一归结为仓库管理,便于成本核算。财务部门需要为每项作业分别设立作业成本库,用于归集各项作业实际消耗的资源成本。

(2)分析和确定成本资源

通过确认和计量企业的各项物流活动耗用成本,建立成本资源库。表4-13所示为 X 企业按月提供的分类物流成本资源报表示例。

表 4-13 X 服装企业按月提供的物流成本资源报表示例

成本项目	资源价值(元)	内　　容
折旧费	2 968	信息系统、信息设备、仓储设施等固定资产
仓库费	4 500	仓库租金
公用费	657	电费、消防费等
办公费	988	办公用品、电话费、网络费、杂费
工资福利费	4 400	一名仓管人员,一名调货员
包装费	760	包装箱、包装纸、包装袋、胶带等
运输费	1 140	两家快递公司
存货资产费	18 668	存货占用资金利息
小计	**34 081**	

(3)作业成本分析

在成本资源分配之前,首先要确定各项成本资源的动因,并根据资源动因将成本分配到各项作业中。

① 折旧费/办公费/包装费/运输费/存货资产费的分配

折旧费可根据各项作业固定资产运用的情况进行分配,通常固定资产具有"专属性",即特定固定资产由特定作业所运用。各项办公费也具有"专属性",分配方法与折旧费基本相同。示例见表4-14。

② 仓库费/公用费的分配

仓库费和公用费的资源动因在于仓库的使用面积,X 品牌建有 150 m² 的配送中心,其中,30 m² 的办公区域作为物流管理之用,因此将仓库费用分成两部分(表4-15)。

表4-14　折旧费/办公费/包装费/运输/存货资产费分配表　　（单位:元）

资源/作业	订单处理	仓库管理	运输	存货持有	物流管理	小计
折旧费	2 261	707	0	0	0	2 968
办公费	440	323	0	0	225	988
包装费	0	760	0	0	0	760
运输费	0	0	1 140	0	0	1 140
存货资产费	0	0	0	18 668	0	18 668

表4-15　仓库费分配表　　（单位:元）

资源/作业	订单处理	仓库管理	运输	存货持有	物流管理	小计
仓库费	0	3 600	0	0	900	4 500
公用费	0	526	0	0	131	657

③ 工资福利费的分配

工资福利费的资源动因在于各作业的"职工人数"，因此根据各作业的实际工作人数和工资标准进行分配（表4-16）。

根据以上资源分配，可以统计各作业使用的物流成本资源总额（表4-17）。

表4-16　工资费的分配表　　（单位:元）

资源/作业	订单处理	仓库管理	运输	存货持有	物流管理	合计
工资费	1 000	2 400	0	0	1 000	4 400

表4-17　资源向各作业分配汇总表　　（单位:元）

资源/作业	订单处理	仓库管理	运输	存货持有	物流管理	小计
折旧费	2 261	707	0	0	0	2 968
办公费	440	323	0	0	225	988
包装费	0	760	0	0	0	760
运输费	0	0	1 140	0	0	1 140
工资福利费	1 000	24 00	0	0	1 000	4 400
仓库费	0	3 600	0	0	900	4 500
公用费	0	526	0	0	131	657
存货资产费	0	0	0	18 668	0	18 668
合计	**3 701**	**8 316**	**1 140**	**18 668**	**2 256**	**34 081**

（4）确定各项作业的成本动因

成本动因处理的方法有多种，如将本月各店铺的销售业绩作为作业成本动因，将订单处理数量作为作业成本动因，将配送产品数量作为作业成本动因等。

表 4-18 是 X 品牌的各项配送作业的成本动因。

表 4-18　各项配送作业的成本动因

作业	作业成本动因
订单处理	订单数量
仓库管理	配送货品数量
运输	订单数量
存货持有(配送中心)	特殊处理
存货持有(店铺)	店铺存货数量
物流管理	订单数量

　　配送中心的"存货持有"作业成本动因比较复杂,在本案分析中,采用各店铺其他配送作业成本之和作为其作业成本动因,具体计算见后文。

　　(5) 作业成本动因分配率

　　作业成本动因分配率是作业成本与作业成本动因数量(作业量)的比率,根据作业成本和作业成本动因数量可计算作业成本动因分配率。X 品牌配送作业成本动因分配率见表 4-19。

　　作业量解释:

　　① 订单处理:本月 X 企业配送中心共处理订单 76 份,其中 B_1 店 15 份、B_2 店 23 份、B_3 店 27 份、B_4 店 11 份。

表 4-19　X 品牌的配送作业成本动因分配率计算示例

作业	订单处理	仓库管理	运输		存货持有(店铺)	物流管理
			区域内	区域外		
作业成本(单位:元)	3 701	8 316	380	760	9 380	2 256
作业量(单位参照表 4-18)	76	406	38	38	3 678	76
分配率(%)	48.7	20.5	10.0	20.0	2.6	29.7

注:作业成本为表 4-17 中计算所得。

　　② 仓库管理:本月 X 企业配送中心可提供 480 h 的仓库管理能力,其中用于各店铺配送的检验、包装、搬运和加工的时间分别与它们本月的配送数量成正比,已知各店铺本月配送数量分别为 B_1 店 120 件、B_2 店 67 件、B_3 店 140 件、B_4 店 79件,共 406 件。

　　③ 运输:因为 X 公司的运输均采取外包,因此,可以直接从运输单据上获得各家店铺本月的运输成本,而运输的次数与订单数量一致。

　　④ 存货持有:本月 X 公司配送中心存货 3 643 件;各店铺库存分别为 B_1 店1 550 件、B_2 店 765 件、B_3 店 647 件、B_4 店 716 件,共计 3 678 件。

　　⑤ 物流管理:即订单数量。

（6）店铺物流配送成本合计

根据上述方法可以求得 X 品牌四家店铺按月计算的物流配送成本,结果见表 4-20。

配送中心"存货持有"作业按各店铺其它各项作业所消耗的资源成本之和比例进行分配,具体计算如下:

B_1 店的其他各项作业成本之和为:944 + 2 460 + 150 + 0 + 3 953 + 446 = 7 953(元)

B_2 店的其他各项作业成本之和为:1 447 + 1 374 + 230 + 0 + 1 951 + 683 = 5 685(元)

B_3 店的其他各项作业成本之和为:1 698 + 2 870 + 0 + 540 + 1 650 + 802 = 7 560(元)

B_4 店的其他各项作业成本之和为:692 + 1 620 + 0 + 220 + 1 826 + 327 = 4 685(元)

则"存货持有"作业成本分配率:$\frac{2\,855 + 2\,041 + 2\,714 + 1\,682}{7\,953 + 5\,685 + 7\,560 + 4\,685} = 0.359$

表 4-20　各店铺物流配送成本统计

作业	分配率（%）	耗用资源（作业量）				各店铺消耗作业成本（单位:元）			
		B_1	B_2	B_3	B_4	B_1	B_2	B_3	B_4
订单处理	62.9	15	23	27	11	944	1 447	1 698	692
仓库管理	20.5	120	67	140	79	2 460	1 374	2 870	1 620
运输（区域内）	10.0	15	23	0	0	150	230	0	0
运输（区域间）	20.0	0	0	27	11	0	0	540	220
存货持有（店铺）	2.6	1 550	765	647	716	3 953	1 951	1 650	1 826
物流管理	29.7	15	23	27	11	446	683	802	327
存货持有（配送中心）	35.9	7 953	5 685	7 560	4 685	2 855	2 041	2 714	1 682
					小计	10 808	7 726	10 274	6 367
					合计	35 175			

根据本文 X 公司四家店铺的物流成本计算,X 公司本月物流成本具体为:10 808 + 7 726 + 10 274 + 6 367 = 35 175 元。

根据表 4-13,X 公司的物流成本为 34 081 元。由于 X 公司经营规模较小,可以通过核算每家店铺的物流成本来计算公司的宏观物流配送成本。因此,物流成本计算方法中的作业成本法较适用于规模较小的企业。

摘自:陈胜.国内中小服装企业物流配送成本核算方法研究[D].上海:东华大学,2006.

第 5 章 | 服装物流操作实务

知识要点:

服装产品具有流行性强、流行周期短、品类繁多的特点,企业在实际物流操作中应重视库存管理、退货处理等内容,以实现货品在供应链层面的快速、准确流通,同时要加强企业内各部门、供应商、零售商之间的统筹协调。 本章主要论述物流的收发货、流通加工、包装、退货、库存差异管理、安全保障及部门业务的协调等实务操作与方法。

5.1 收货、产品检验、配送

135

5.1.1 收货

供应商在合同签订的日期将商品送至采购商的仓库,随货品寄送相应的商品订货单,订货单包括:供应商信息(供应商名称、电话、地址、联系人、传真号码等)、送货地信息(送货地地址、电话、联系人等)及采购单商品信息(商品在系统中的编号、商品的条形码、商品名称、订货数量、颜色等)。 采购商收到货品后根据采购单对货品进行验收。

验收的主要内容:

① 品名:商品的品名是否准确,核对商品品名和采购单中的描述是否一致;

② 条形码:随机抽取一件商品,核对系统界面描述的明细与商品品名是否一致;

③ 数量:清点商品数量,核对是否与采购单中的数量一致。

5.1.2 产品检验

供应商到货后,品牌采购商的质检部门应对产品进行检验,质检数量根据到货商品的数量以及供应商的信誉确定。 质检内容一般包括:服装标识(吊牌、使用标识、成分标等)以及服装尺寸、色差、外观、做工等。

实施质检遵循的基本原则[42]为:

① 从上到下:目测视线从领部到肩部、胸部、腰部、袋位、底边;

② 从左到右:在服装左右平行的两个部位,应从左边往右边看,依次检查;

③ 从前到后：先检查服装的前部，再检查服装的背部；

④ 从表到里：先检查服装的外观表面部位，然后翻过来检查衣里部位；

⑤ 从整体到局部：先检查成衣整体，再检查备用和装饰件等局部细节，着重检查整体质量水平。

案例 5-1——COCODEAL 品牌质检流程

COCODEAL 是日本 AIIA 公司旗下的少女装品牌。自 2008 年进入中国以来，由中方人员以本土化的方式进行品牌市场拓展，目前在全国已有 82 家店铺，2011 年全国销售额达 1.4 亿元人民币。

由于服装款式多、批量小，供应商货品进仓后，质检部门首先按照服装的数量和供应商的信誉程度做全数检验或抽样检验的准备，除全检服装外，抽检服装根据批量大小随机进行抽检，表 5-1 为抽样检验的基准。

表 5-1　C 品牌抽样检验的基准

产品类型	件数	抽验基准（%）	实际抽样（%）
进口服装抽样 以每色为单位	100 件以内	20	25
	101～300 件	15	20
	301 件以上	10	15
国产服装抽样 以每单为单位	300 件以下	20	25
	301～800 件	15	20
	801～1 200 件	12	15
	1 201 件以上	10	12
判别条件	不良率 6% 以上报备		

质检流程见图 5-1，内容如下：

a. 服装标识：服装使用标识和商标等与实际货物内容是否一致，位置是否准确；

b. 服装尺寸：测量服装尺寸，尺寸误差大小要求在允许的误差范围内；

c. 外观质量：整烫是否良好，条格面料对条对格是否正确，辅件是否完整；

d. 做工：缝合是否正确，缝制是否规整、平服，线头是否已修净。

5.1.3　验针

服装作为消费品，安全性不容忽视。缝制是服装加工的中心工序，缝制中使用的针一般分为手缝针和缝纫机针，其他还有假缝或作记号用的大头针。针小

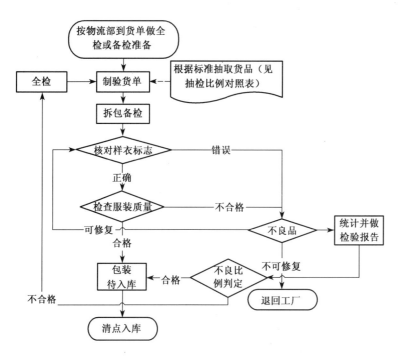

图 5-1　C 品牌质检流程图

事大,属致命疵点。 若消费者发现购买的服装中有断针,可向有关部门投诉,这不仅使得服装公司丢失了客户,失去了市场和信誉,须支付高额赔偿金,还将面临退货等一系列的经济损失。 因此,为严格控制产品质量,避免断针漏检事故的发生,必须建立检针管理制度[43]。

对品牌服装采购商而言,服装常规质检完毕、包装完好后,必须逐件进行针检,以防止断针漏检事故的发生。 检针器和技术指标的示例见图 5-2 和表 5-2。

图 5-2　TU-600BC 型全自动双保险检针器

表 5-2　TU-600BC 型全自动双保险检针器技术指标

电　源	功耗	检查灵敏度	检测高度	体积
AC220V ± 10％50Hz	90 W	φ0.8 mm	100～120 mm	2 300 mm × 1 000 mm × 900 mm
		φ1.0 mm	120～150 mm	
		φ1.2 mm	180～240 mm	

来源:上海顺涛仪器设备有限公司网站

5.1.4 配送

配送包含了诸多物流功能要素,是物流的一个缩影或在某小范围中物流全部活动的体现。 一般的配送集装卸、包装、保管、运输于一身,通过这一系列活动将货物送达目的地[44]。 以送货为目的的运输则是配送的主要途径,将货品在适当的时刻送到正确的地点则是配送环节的主要绩效目标。

就供应商而言,进行具有针对性的配货十分重要,这关系到货品能否及时销售,减少库存,实现现金流的及时周转。

案例 5-2——C 品牌的配货流程解析

C 品牌擅长混搭各种时尚元素来营造年轻女性甜美个性的气质,从多样化角度诠释款式风格和流行元素,深受年轻消费者的喜爱。

C 品牌的货品调拨流程分为两种:a. 由企业总部仓库牵头,按照订配货流程的发货计划,参与统一配货,以铺货的形式把新款商品配送到营销管道上的各个店铺,即配货(作业流程见图 5-3);b. 由直营店或督导通过在线 POS 管理平台,提出补货请求,进入订配货业务流程,即补货(作业流程见图 5-4)。

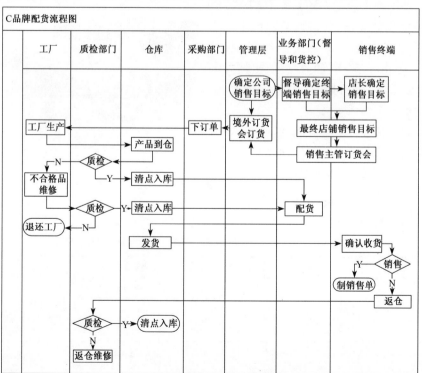

图 5-3 C 品牌的配货流程图

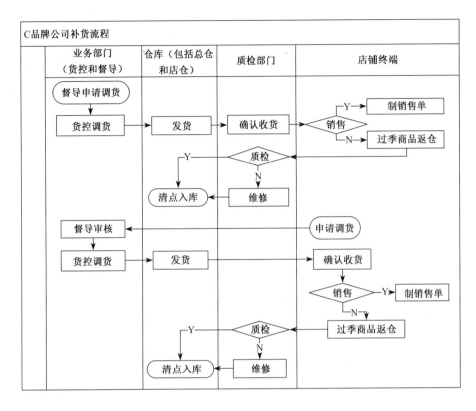

图 5-4　C 品牌的补货流程图

　　配货时,货控主管在 ERP 系统中制作调拨单至直营总仓,此时调拨单为审核状态;仓库人员收到调拨单后,根据调拨单内容打包,在 ERP 系统中按调拨单输入发货的货品款号和数量,同时,发货至终端店铺,仓库主管将之前的调拨单状态设置为记账;店铺人员收到货品后在 ERP 系统中对该调拨单进行验收确认,若验收的数量和品类与调拨单记账有出入,则说明在运输途中有货品损失。

　　由此可见,配货的过程中,ERP 系统的调拨单自生成后,经货控主管、仓库主管、终端店铺三个不同的部门,状态分为审核、记账和验收,使得每件货品的流通均有迹可循。

　　首轮配货后,采取缺一补一的补货流程,公司要求终端每天上传销售数据至 ERP 系统。督导根据店铺每日的销售数据对店铺进行补货,店长可根据店铺的需要在 ERP 系统中提出调货(补货)申请,经督导审核后从公司总仓或其他店铺调货。

　　如今,ERP 系统、POS 系统、条形码技术等信息化工具在服装企业中的应用能够降低物流成本、提高快速反应速度,从而提升企业物流和货品管理的水平。

　　送货是指按照顾客提供的地址,将商品或货物安全、准时地送到目的地。就供应方而言,是将相应的货品安全、准时地送达零售店铺;就零售商而言,则是将货品及时完好地销售给消费者。

目前,第三方物流快速发展,许多品牌服装企业采用第三方物流进行送货配送。其中,送货上门的客户服务在服装电子商务第三方物流活动中的应用最为显著。

案例 5-3——LOGWIN 的奥地利服装配送中心

LOGWIN 公司是全球著名的专业第三方物流企业。目前有员工 5 900 名,250 多个分支机构遍布 40 个国家。业务分为三个部分:综合性物流服务(为客户提供定制服务)、空运+海运(全球范围内的空运和海运服务)和公路+铁路(欧洲大陆和特殊运输服务)。

LOGWIN 拥有多年的专业物流服务经验,是奥地利与德国悬挂服装物流领域的市场领导者。仅奥地利的客户就囊括了该领域的所有代表性企业,如 Adler、C&A、Esprit、Huber Holding(Huber and Skiny)、Hugo Boss、New Yorker、Peek & Cloppenburg、Woolworth 及 Zara 等著名品牌。除悬挂服装之外,LOGWIN 的核心竞争力还包括时尚用品物流管理,处于领导地位的 Douglas 香水公司是其客户之一。

在奥地利境内,商家无论是在闹市中心的步行街,还是购物中心,或者是位于郊区的购物网点,LOGWIN 都可以在 24～48 h 内将商品送达指定地点,除了采购和配送物流服务外,LOGWIN 还为客户提供了不同种类的增值服务,从仓储管理到包装、更换标签以及纺织服装后整理,直到为销售网点提供物流支持。物流配送中心的场景见图 5-5。

图 5-5　LOGWIN 的奥地利服装配送中心

摘自:陈震天.LOGWIN 奥地利服装配送中心[J].物流技术与应用,2012(1):44-46.

5.2 流通加工

5.2.1 流通加工与发展对策

中华人民共和国国家标准《物流术语》中对流通加工（Distribution Processing）的定义为：为了提高物流速度和物品的利用率，在物品进入流通领域后，按客户的要求进行的加工活动，即在物品从生产者向消费者流动的过程中，为了促进销售、维护商品质量和提高物流效率，对物品进行一定程度的加工。

《现代物流实用词典》对流通加工的描述更为具象：物品在从生产到使用的过程中，根据需要施加包装、分割、计量、分拣、加标识、贴标准、组装等作业的总称[16]。

流通加工通过改变或完善流通对象的形态来实现"桥梁和纽带"的作用。因此，流通加工是流通中的一种特殊形式。随着社会经济发展，国民收入增多，消费者需求逐渐多样化，促使在流通领域开展多样化的流通加工。在传统的服装产品流通加工中，主要涉及挂吊牌（使用标识）、贴标签、分拣、单件包装、装箱等作业。但随着消费者需求的多样化和市场的扩大化，流通加工的形式有了新的拓展，业务范围也在拓宽，如纺织服装业出现的进口面料染色、刺绣、面料裁剪、回收产品再加工等业务。

对于服装业来说，流通加工虽不如其他类别产品复杂，如食品、金属等，但由于行业本身的一些特点，使得管理较为困难。流通加工存在于服装供应链的众多环节，从最前端的纤维纱线面料供应商，到成衣加工商，直至经销商及终端店铺的各个物流环节，都需要进行一定程度的流通加工。以服装成品配送的物流环节为例，产品包装多样化，标签信息量大，要求较快的反应速度等特点对流通加工及管理水平提出更高的要求。

另一方面，国内服装业的流通加工存在潜在的发展空间，发展对策如下[45]：

（1）合理布局流通加工地点

服装业的流通加工多发生在总仓、分仓或配送中心内。在选择流通加工的地点时，应结合加工的内容、成本、便捷等因素综合考虑。如挂标签、单件包装等工作适宜在总仓完成，而对退货的重新整理、包装则适宜在分仓进行。

（2）一体化的集成作业

流通加工不应与其他物流作业形式相分离，应重视采用一体化集成作业，而非设置独立的流通加工中间环节，应使流通加工与中转流通合理地结合在一起，以提高作业效率，降低成本。如在服装物流配送中心的作业过程中，可将贴标签、包装等操作置于分货、拣货、配货中，以合理的作业形式提高效率。

（3）流通加工信息化、自动化

采用先进的信息管理系统、信息设备、自动化仓储及作业设备，是提高纺织

141

服装物流效率的有效手段和发展趋势之一。 目前,国外知名的服装企业已经开始使用诸如 RFID 进行物流及货品管理。 立体货架、自动传送装置等技术也在国内企业中逐渐得到推广使用。

（4）发展绿色流通加工

绿色流通加工是绿色物流的范畴之一,合理选择流通加工形式可有效地促进环境保护。 在服装物流的流通加工中,通过采用绿色环保材料、高工作效率的机器设备,废料排放减量、材料的重复多次利用或废弃物的回收利用,将推进流通加工及整个物流环节的绿色进程,这也是服装业物流发展的趋势之一。

5.2.2 流通加工设施与机器配置

由于服装的流通加工工序并不复杂,许多企业往往不予重视。 但是,为了能够使作业合理化,且缩短作业处理时间,需要对流通加工设备以及其他配套设施,如仓储设备、传送装置、分拣装置、包装设备、信息识别工具等进行综合选择判断,以实现流通作业的高效率。

（1）服装流通加工常用设备

① 标签打印或印刷机

在服装产品的吊牌(多数服装企业的吊牌生产由外包供应商完成)、单件包装袋以及包装箱、货架上通常粘贴反映货品信息及条形码的各类标签。 服装物流部门所使用的标签打印设备(图 5-6)通常直接与计算机系统相连,可直接读取信息进行打印,方便快捷。

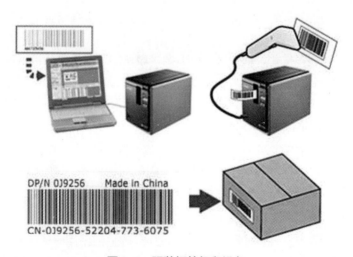

图 5-6 服装标签打印设备

② 信息读取设备

信息读取设备加快了流通加工中拣货、包装等进程,也是现代物流仓储管理操作中(包括入库、出库、盘点等)不可或缺的工具。 图 5-7 所示的无线扫描枪具有双向反馈功能,能简单地判断扫描进入的数据是否准确,如在扫描装箱商标上的条码时,先判断是否跟以往的条码重复,采用灯光和声音警告后,通过人—机处理,如无重复,则自动存入系统数据库,为流通加工的操作提供数据支撑。

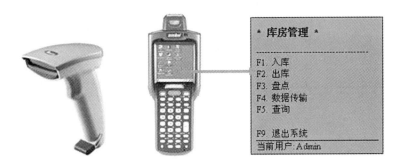

图 5-7　服装信息读取设备

③ 运输及仓储装置

物流系统中的运输及仓储装置虽然不是直接用于流通加工的设备,但作为辅助性设施能提高流通加工中各项操作的工作效率。 现代物流运输装置除了人工操作的各式叉车外,自动化的传送带装置也屡见不鲜。 图 5-8 所示为各种不同类型的叉车,根据货品类型与仓库设备的不同要求,进行合理选择。

图 5-8　物流叉车与传送设备

自动传输带的作用不仅在于能快速进行物品输送,还能保证准确地进行分类传输。 如通过在服装产品、包装、托盘中安装 RFID 芯片,再在传送带上设置信息读取的装置(如图 5-9 左图中的信息读取门),可检查包装箱中的货品型号、数量是否准确,并送到指定仓位。

国内许多服装品牌开始采用自动化立体仓库进行仓储管理,如雅戈尔服装城在 2007 年正式投入运营的自动化立体仓库,能有效地节省存储空间,实现货品的自动分类存储、取货,并减轻分拣作业的工作负荷。 但由于自动化立体仓库投入成本高,更适合大型品牌服装企业自建物流配送中心(设施与配置详见第七章),而对于中小规模的品牌服装企业而言,可借鉴自动立体仓储的思路,对货品进行分门别类的立体存储。

图 5-9　物流传送带

（2）设备的选择与配置

在选择流通加工设施或配置相应设备时,应将流通加工作为物流系统的一个子系统加以重视。 关注设备是否与企业规模及仓库规模相适应,是否能真正带动流通加工各环节效率与物流系统的总效益,是否与系统的其他设备相互配套。当然,设施成本也是需要重点研究的内容。 有的服装企业为了提高物流作业效率而盲目投资各项新型设备,忽略系统的成本控制,将导致物流系统的整体有效产出降低。

案例 5-4——耐克(NIKE)智能物流仓储作业

2011 年 2 月 23 日,NIKE 全球第七个、第二大物流中心(图 5-10)在江苏太仓启用。物流中心建筑面积达 20 万 ㎡,拥有超过 10 万个货品托盘,年吞吐能力超过 2.4 亿件/次,同时可满足 79 辆集装箱货车装卸货。更重要的是,耐克借此可缩短15% 的交货时间,一件货品从门店下单到发货只需要数个小时。

图 5-10　NIKE 物流中心设施

物流中心仓储区高达 10 余米。为了尽可能提高空间使用率,仓储区使用窄巷道系统。考虑到窄巷道系统下,取货小车进出不方便,容易左右碰壁,仓储区引入了磁力导线系统。在磁力线的引导下,取货小车只能沿着磁导线的分布前后直来直往,而不会左右摇摆;待取货小车装运完毕,关掉磁导线开关,货车又可以左右拐弯。

耐克 CLC(China Logistics Center,中国物流中心)有两栋建筑,分别储存鞋类和服装类货品,两者之间通过传送带装置接驳。仓储区被分为整箱区和托盘区两大单元,散装托盘区分布其间。若收到大订单,整箱区即可直接配送,小订单补货等则可以直接从托盘区内散装货品中拣货配送。服装配送楼层分为三层:顶层是拥有 4.5 万个设置独立编码的货架区;第二层是两套自动分拣系统;底层为打包和装车配送区。

CLC 配送货品的一般流程是:接到订单→区分订单大小→仓储区域。仓储区整箱订单货品通过传送带运至二楼分拣区,操作员和传送带会进行两次核对分拣。订单货品的余额件数由三楼操作员人工补货,自动分拣机验货、装箱后,再运至一楼,进行扫描核对、装车及运送。

为了避免操作员因频繁操作会熟记编码,从而产生拣货、发货失误,拥有 4.5 万个独立编码的顶层货架区的编码并无规律可言。操作员可运用机器语音系统与计算机对话,核对存货信息。自动控制系统会告知操作员货品区域,操作员接受信息后,通过麦克风和耳机向电脑系统报告货架区编码以及货品数量进行确认。该语音识别系统由耐克独立研发,它可识别各国语言,甚至包括方言,系统会事先采集记录每一个操作员的音频信息。为以防万一,耐克还配备了一套应急装置,一旦语音识别系统发生故障,操作员可用手持扫描设备应急,这也是货架编码的另一用途。

作业过程中,最关键的要素是精确。以服装分拣为例,当三楼仓储区的整箱货品通过传送装置送到二楼时,操作员会通过手持扫描设备进行标签扫描。所有货品标签的贴放位置和高度都有严格规定,以提高核对效率。核对无误后,在传送带送至一楼的过程中,沿途每隔数米均有扫描设备对包装箱条码进行扫描,记录相应位移信息。这些信息又与分布于物流中心各功能区的自动化分拣设备相连,使产品可以快速被传送至不同的操作区。一旦分拣有误,传动带会自动将错误货品分离,进入特殊通道交由专人处理。

当货品经过层层校验,从分拣来到打包环节时,CLC 的系统会自动打印一张货品标签单,清楚地标明货品编号和件数。电脑还能估算出货物体积,并提示操作员选用何种型号的包装箱最为合适。

装箱操作员除核对货品件数和编码外,需将发货标签贴到箱体规定位置,便于下一环节读取装置或人工再次抽查时核对。在装车发货前,仓储管理系统再次进行信息甄别,根据订单的时间配送要求,采用不同的交通工具和多级物流网络,确保产品准确、及时以及最低成本送达目的地。

CLC 为实现绿色物流,配备了先进的环保系统:智能照明控制系统、太阳能和地热系统、能源监控管理系统、真空污水处理系统等。这些设施在减少水电消耗的同时,最大化利用了可再生能源。譬如,太阳能热力系统、照明控制和其他节能设施将帮助 CLC 每年节省 440 万 kW 用电量;真空污水处理系统和雨水采集、42种耐旱本土植物绿化系统将每年助益 CLC 减少 75% 的用水。

摘自:王永强. Nike 智能物流规划接力[N]. 中国经营报,2011-02-28.

5.2.3　流通加工业务成本分析

（1）流通加工成本构成

流通加工的成本通常由四部分构成,分别为:

① 流通加工设备购置或租赁费用;

② 流通加工材料费用,对于服装成品的流通加工,所用的加工材料主要包括标签、吊牌、各种包装材料以及其他辅助材料等;

③ 劳务费用,即流通加工中从事加工活动的管理人员、工人及有关人员的工资、奖金等费用的总和;

④ 其他费用,流通加工中的电力、燃料、场地等费用。

（2）流通加工成本计算方法

对流通加工成本的核算,可通过编制流通加工成本报表的形式进行。 在研究各项成本指标的数量变动和指标之间的数量关系,测定各种因素变动对成本指标的影响程度时,常用以下几种分析方法[46]:

a. 比较分析法:通过指标对比,从数量上确定差异;

b. 比率分析法:通过计算和对比经济指标的比率进行数量分析;

c. 连环替代法:用来计算几个相互联系的因素对综合经济指标变动影响程度;

d. 差额计算法:是连环替代法的一种简化形式。

在具体计算各项费用的分配时,有如下计算方法:

① **直接材料费用分配**

在分配流通加工的直接材料费用时,有:

a. 重量分配法;

b. 定额耗用量比例分配法;

c. 系数分配法(标准产量分配法)。

动力费用的分配,一般可以选用定额耗用量比例分配法、系数分配法、生产工时分配法和机器工时分配法等。 需要分配计入各加工成本对象的直接材料费用,在选择分配方法时,应遵循合理、简便的原则。

案例 5-5——流通加工直接材料费用分配

某物流加工厂加工甲、乙、丙三种产品,某月三种产品共同耗用 A 材料90 000元,该月三种产品的净重分别为 2 000 kg、2 500 kg、4 500 kg。采用重量分配法编制"A 材料费用分配表",如表5-3 所示。

表 5-3　A 材料费用分配表

产品名称	产品重量(kg)	分配金额(元)
甲产品	2 000	20 000
乙产品	2 500	25 000
丙产品	4 500	45 000
合计	9 000	90 000

其中采用重量分配法计算时有:

费用分配比例 = 各种产品共同消耗的材料费用 / 各种材料重量之和

② 直接人工费用分配

在分配直接人工费用时,通常采用的方法有生产工时分配法和系数分配法。

其中,按生产工时分配时有:

费用分配比例 = 应分配的直接人工费用/各种产品加工工时之和

147

案例 5-6——流通加工直接人工费用分配

对甲、乙、丙三种产品进行流通加工,某月生产工人的工资为 99 000 元,按生产工人工资总额提取的职工福利费用为 13 860 元。该厂采用生产工时分配法分配直接人工费,该月甲、乙、丙三种产品的实际生产加工工时分别为4 000 h、10 000 h和8 000 h。根据资料,编制"直接人工费用分配表"见表5-4。

表 5-4　直接人工费用分配表

产品名称	实际生产工时	工资分配金额(分配比例:4.5)	福利费分配金额(分配比例:0.63)	分配金额合计
甲产品	4 000	18 000	2 520	20 520
乙产品	10 000	45 000	6 300	51 300
丙产品	8 000	36 000	5 040	41 040
合计	22 000	99 000	13 860	112 860

③ 流通加工制造费用分配

在核算流通加工制造费用时,不能忽略占总费用较大比例的折旧费用和固定资产修理费用。 计算方法有:

a. 系数分配法;b. 生产工时计算法;c. 机器工时计算法;d. 计划分配率分配法。

案例 5-7——流通加工制造费用分配

某流通加工车间生产加工甲、乙、丙三种产品,该车间的制造费用明细账所记的分配前费用余额为 50 000 元,三种产品实际生产工时分别为 10 000、6 000 和 4 000 h。

按生产工人工时比例法分配上述制造费用,编制结果见表 5-5。

表 5-5　制造费用分配表

产品名称	加工小时	分配金额(元)
甲产品	10 000	25 000
乙产品	6 000	15 000
丙产品	4 000	10 000
合计	20 000	50 000

④ 流通加工费用在完工产品和期末在制品之间的分配

在制品是指企业已经投入生产但尚未最后完工,不能作为商品销售的产品。分配完工产品与期末在制品间的流通加工费用时,以材料成本计算为例,有:

$$单位材料成本 = \frac{月初在制品材料成本 + 本月投入材料成本}{本月产成品数量 + 月末在制品数量}$$

案例 5-8——流通加工费用在完工产品和期末在制品之间的分配

某物流中心在流通加工开工时一次投入原材料 19 000 元,该月发生的生产工人工资和制造费用分别为 2 800 元和 3 150 元。本期完工产品 320 件,期末在制品 60 件。编制流通加工费用在完工产品和在制品之间分配见表 5-6,其中在制品以折半数量进行计算。

表 5-6　产成品和在成品流通加工费用分配表

成本项目	生产费用合计(元)	在制品成本(60 件)	产成品成本(320 件)
直接材料	19 000	$\dfrac{19\,000}{320+60}\times 60 = 3\,000$	$19\,000 - 3\,000 = 16\,000$
直接工资	2 800	$\dfrac{2800}{320+60\times 50\%}\times 60\times 50\% = 240$	$2\,800 - 240 = 2\,560$
制造费用	3 150	$\dfrac{3\,150}{320+60\times 50\%}\times 60\times 50\% = 270$	$3\,150 - 270 = 2\,880$
合计	24 950	3 510	21 440

（3）成本过高的原因及控制方法

不合理的流通加工方式及管理通常会带来较高的成本,原因如下[47]:

① **流通加工方式的选择**

流通加工应与生产加工进行合理分工,分工不合理,可能将本来应由生产加工的作业错误地交给流通加工来完成,或者将本来应由流通加工完成的作业错误地交给生产过程去完成,从而影响加工的质量及效率,导致成本增加。

② **流通加工地点的选择**

流通加工地点应根据产品类别和加工内容进行合理选择。 对于易腐坏的生鲜食品流通加工地点多设置在需求地区,以衔接单品种大批量生产或多样化需求的流通加工,实现大批量干线运输与多品种末端配送的物流优势;对于服装类产品加标签、单件包装等加工,流通加工地点应设置在配送中心集中完成,若在分仓加工,则增加了中转环节,选择不合理。

③ **流通加工成本**

虽然目前诸如立体仓库、自动传输装置等先进的物流加工设备为流通加工带来高效与快速,但企业应根据自身的规模和经济条件合理地选择相应的作业方式和设备,以确保较高的投入产出比。 若流通加工成本过高,会影响企业的整体效益。

④ **流通加工的作用**

流通加工环节过多,会造成成本过高而影响经济效益,但若环节过于简单,则对生产和消费作用不大,从而失去流通加工的意义。

明确了引起流通加工成本过高的原因,即可采取相应的成本控制方法:

a. 合理布局流通加工地点,一般直接设立在物流仓库内,同时考虑配送便捷;

b. 对加工的内容进行合理分工,并部署好相关的环节与流程,确保加工对货品流通与销售有利;

c. 在熟悉加工内容的基础上,结合企业自身规模和财力,合理选择加工设备和材料;

d. 在加工启动前,对操作人员进行正规培训,确保工序准确高效地完成,杜绝返工；

  e. 注意节约材料和能源，使流通加工成本尽可能降至最低。

5.3　包　装

5.3.1　包装的基础知识

  中国国家标准 GB/T 4122.1—2008 对包装的定义是：为在流通过程中保护产品、方便贮运、促进销售，按一定技术方法而采用的容器、材料及辅助物等的总体名称。　也指为了达到上述目的而采用容器、材料和辅助物的过程中施加一定技术方法等的操作活动。

  现代包装要素有包装对象、材料、形状、结构、防护技术、视觉传达等。对于以服装产品为最终对象的包装，根据包装的目的不同，可分为物流包装及针对产品本身的销售包装。　物流包装主要是为了使产品储存、运输、筛选方便，而对服装产品的销售包装，涉及吊牌、商标、购物袋等，起着向消费者传递产品信息、塑造产品或品牌形象等作用。

  （1）包装的作用

  ① 保护被包装的商品，防止破损等风险。　对于服装产品，主要是防止偷盗、破损、散落、潮湿、收缩和变色。　物流阶段的包装，需保证服装产品从生产出来到使用之前的安全性和完整性。

  ② 提供运输方便。　服装产品经过制造者、配送者、营销者到达最终顾客，涉及多种地点变换，包装应提供人工、半机械化或机械化搬运及交通工具运输的方便，减轻劳动强度及难度，并且通过缩小定量产品的存放空间，节省仓储运输成本。

  ③ 便于商品的辨别、保管。　产品包装上必须注明有关产品的各种信息。面辅料及服装类产品的包装上应注明产品型号、数量、成分、品牌、产地以及制造厂家或零售商的名称等信息。　适当包装后的商品应方便管理人员计数，提高验收和发货速度，便于商品的堆码叠放，节省仓库空间。

  ④ 促进产品销售。　在销售过程中，良好的包装是有效的广告牌，能够吸引顾客的注意力，有助于将注意力转化为兴趣，最终引起购买动机。　包装也是增加产品附加值的重要手段，新颖独特、精美合理的产品包装可以确保商品的增值。

  （2）包装选择要求

  ① 流通要求

  涵盖包装的三个功能，即防护功能、操作功能和配置功能。　其中，配置功能是指由外包装所指示的各项信息所能达到正确的移动位置及方向,如在日常纸箱上看到的朝上放置、易碎轻放等标志。

② 环境要求

现代物流重视包装与环境的协调,要求包装具有资源材料的优化利用功能。

具体表现为:a. 改善资源利用率,包装件在生产加工及流通过程中,能有效利用材料和能源,尽可能减少消耗;b. 尽量不用或少用对环境及人体有害的材料;c. 减少废料排放,尽可能实现资源的回收及循环使用。

案例 5-9——优衣库(Uniqlo)的环保袋

优衣库在推出夏季 T 恤(UT 系列)时,会根据产品特点,设计与之相应的系列环保纸袋,印有别致图案的纸袋被陈列在该系列服装及收银台处,作为吸引顾客的广告,由于购买指定款服装才能免费获得纸袋,有些顾客会因为纸袋本身而购买一件价格实惠的基本款 T 恤。图 5-11 为优衣库的 UT 系列和限量纸袋。

图 5-11　优衣库系列及限量版的购物包装袋

案例 5-10——杜绝过度包装

国内部分服装产品也存在过度包装现象,特别是领带、丝巾、钱包、皮带等常用作馈赠礼品的产品。因此,规范服装产品的包装标准也亟待建立。

2012 年 2 月 27 日,全国人大常委会会议第二次审议了清洁生产促进法修正案草案,草案对治理产品过度包装问题的规定进一步细化,规定企业应当对产品进行合理包装,包装的材质、结构和成本应当与内装产品的质量、规格和价格相适应,减少包装材料的过度使用。

对于商品的过度包装,目前我国主要针对食品和化妆品制定了国标。其中由质检总局和国家标准委在 2012 年 4 月 1 日正式实施的国家标准《限制商品过度包装要求——食品和化妆品》中,对食品和化妆品销售包装的空隙率、包装层数和包装成本三个指标作出强制性规定,如包装层数不得超过 3 层,饮料酒的包装空隙率不得超过 55%,保健食品包装空隙率不得大于 50%、初始包装之外的所有包装成本总和不得超过商品销售价格的 20% 等[48]。

③ 标准化要求

货品的包装要符合国家、行业的相关标准,同时对企业内部也应设立相关的包装内控标准,如在运输箱上应张贴纸箱标识,主标识需标明客户名称或代码、目的地、货号、颜色、规格、箱号、数量、产地、条形码等,侧面标识一般标注颜色、规格或数量等信息(图 5-12)。

④ 市场要求

市场要求与包装的促销功能相一致,

图 5-12　纸箱的主侧标识

在给产品赋予附加值的同时,也需向消费者提供相关的产品信息。如对服装及配饰产品来说,包装应明确指出材质及其特性、洗涤及护理方法、产地、条码等。同时个别产品的包装应有特殊的安全要求,如防伪、防错换等。

物流包装对于每一次物流活动的成本和整个物流系统的产能有着显著的影响,例如:包装体尺寸与重量影响运输与仓储成本;包装单位装载技术与方法影响装卸成本;货物识别技术影响库存控制效能;包装防护功能和包装拆弃的成本影响客户服务质量;包装作业时机选择和物流包装集成化程度影响物流系统的总成本。

5.3.2　包装材料

包装材料是用于制造包装容器,进行包装装潢、印刷、运输的材料以及包装辅助材料的总称。包括由木材、纸、金属、塑料等制成的主要包装材料,也包括缓冲材料、涂料、黏合剂、装潢与印刷材料和其他辅助材料等。

服装产品的包装材料主要有塑料袋、防潮纸、纸箱、木箱、塑料箱等。 对于特殊产品的包装,由于需求与方法不同,材料种类各异,如西服等吊挂包装需衣架、塑料或无纺布套等材料,高档男士正装衬衫由于须保持挺拔的领型,防止面料皱缩,包装所需的材料种类较多,如衬板、胶领、蝴蝶片、尼龙插角片、塑夹、叠放盒等。

根据《出口服装包装检验规程》(SN/T 0554—1996),在此阐述采用不同材质的服装包装及相关包装要求。

（1） 纸板及纸箱

纸板是物流广泛使用的包装材料,具有透气、热隔绝、成分稳定、无毒、质轻、环保等优点,且折叠灵活、价格低廉、可实现自动化大量生产。 但由于纸质本身抗压、防潮、防火性能和耐久性较差,使其循环使用次数受限。

在服装产品包装中,纸板通常被制成纸盒作为衬衫、鞋子等产品的容器,但较多使用于运输及储存用的物流纸箱。

在使用纸箱进行包装时,应注意以下要点:

a. 纸箱应保持内外清洁、牢固、干燥,适应长途运输;

b. 纸箱应衬垫防潮防压材料,起到保护商品的作用;

c. 箱底、箱盖封口严密、牢固,封箱带贴正,两侧下垂 10 cm;

d. 内外包装大小适宜;

e. 加固带端正、松紧适宜,不允许脱落,卡扣牢固。

由于目前国内服装网购的盛行,每天快递需消耗大量纸箱。 因此,具有运输保护商品功能的纸箱,也开始起到面向最终消费者传递品牌信息的宣传功能,并体现品牌的服务理念。 图5-13 为欧时力官方网站与淘宝商城的快递包装材料示例。

（2） 塑料制品

塑料作为包装材料,有优越的抗拉、抗压、抗弯曲等机械性能,良好的电绝缘性能,并具有

衣服包装盒

皮衣皮草防潮袋

图 5-13 欧时力网购的产品包装

可塑性、防潮、密闭和化学稳定性,且加工成本低,因此在服装物流中得到广泛应用。 但塑料废弃物对环境和空气存在污染,是今后需重点解决的课题。

用于包装的常用塑料有聚乙烯、聚丙烯、聚氯乙烯、聚苯乙烯、酚醛塑酯和氨基塑料等。 在服装产品包装中,常被制成塑料包装袋和塑料箱。

① 塑料包装袋

塑料包装袋在使用时,应符合以下要求:

a. 胶袋透明度强，印刷的字迹图案清晰、不易脱落，并与包装服装上下方向一致；

b. 胶袋大小须与实物相适应，实物装入胶袋要平整，封口松紧适宜，不得有开胶、破损现象。

对于品牌服装，产品塑料包装袋上应印刷产品尺寸、品牌 LOGO 等信息，在方便产品筛选管理的同时体现品牌档次。

② 物流专用周转箱（塑料箱）

鉴于服装物流纸箱存在较多的缺陷，如易变形破损、易受潮、封口复杂、反复利用次数低等，部分服装企业开始采用塑料材质的专用物流周转箱（图 5-14）。

物流专用周转箱的优点[49]：

a. 封箱快捷。 箱盖对扣，加封签即完成封箱，防盗性好；

b. 方便核对和分拣货品。 专用箱可侧面打开，方便取货，可直接放上货架进行作业，减少将货品倒入货位流程，提高作业效率；

c. 降低物流包装成本。 专业箱使用寿命可达 3 年以上，回收可折叠、套叠，占用空间小，管理简单，可降低物流成本；

d. 防潮、防虫、不易变形；

e. 设备兼容性好，能与输送线、升降设备、托盘等设备配套使用，有效提高物流中心拣选环节的作业效率。

图 5-14　物流专用周转箱

（3）木材

木材作为包装材料，存在易受温湿度的影响，吸收或蒸发水分后易产生箱体形变或裂缝，且易燃、易被虫蛀的缺点，与同样体积的纸箱相比，木箱更重且成本高，目前较少作为服装产品直接包装的材料。 但较多用作物流中的托盘等工具使用。 在使用时，应注意：木板清洁，禁止使用虫蛀、发霉、潮湿、腐朽的木材，钉尖等不得裸露。

5.3.3　包装与物流作业合理化

物流作业合理化是对物流设备配置和物流活动组织进行调整改进，实现物流系统整体优化的过程，目的是以尽可能低的物流成本，获得尽可能高的服务水平和效率。 表 5-7 列举了从包装入手，5 个促进物流作业合理化的技术手段和效能。

表 5-7　物流包装技术手段和效能

物流包装技术手段	效　能
防护性能优良的包装物	减少外部因素对商品的影响,防止货物在流通中性能价值的损失,保护产品、人与环境
科学合理的包装形式及其组合	形成优化的货物单元,提高货物作业方便性和堆码储存效率
先进的可快速识别的包装信息界面	传递相关的商品物流信息,方便货物的交接检验、流通监控及产品的消费使用
依据绿色包装策略,依据 LCA① 方法选择包装物料及工艺	包装材料与器具的选择、加工、使用以及包装废弃物处理工程有利于环境保护和循环经济
与物流相配套的包装标准和法规	协助与推广先进技术,减少物流包装总体费用,提高运作效率

来源:金国斌.中国物流包装中存在的问题与发展策略探讨[J].包装学报,2011(3):1-6.

　　为解决服装物流包装存在的包装不良、成本高、包装污染、物流与标准化衔接不畅或者由包装引发的贸易纠纷等问题,需要进行物流作业改进,实现包装的标准化、合理化。

（1）包装标准化

　　物流包装标准化是以物流包装为对象,对包装类型、规格、容量、使用材料、包装容器的结构类型、印刷标志、产品的盛放、规格、缓冲措施、封装方法、名词术语、检验要求等给予统一的对策和技术措施[50]。 包装标准化是提高包装质量的技术保证和物质保证,同时也是供应链管理中核心企业与节点企业间无缝连接的基础。

　　目前,国内尚未出台统一的物流包装标准。 而在发达国家已有专门的物流包装标准,如日本物流与包装相关的标准,主要侧重于物流模数体系②、集装的基本尺寸、输送用包装的系列尺寸、包装用语、大型集装箱、塑料通用箱、平托盘、卡车车厢内壁尺寸等规范统一。 我国纺织服装企业也可在供应链的合作伙伴间设定相应的准则,如服装包装大小、每箱件数、包装材料、相关表单等,以提高产品及作业的统一性和标准化程度。

小知识——服装产品的包装设计

　　服装产品的包装设计主要是内盒、外箱、包装袋、衬托材料等。

　　在为品牌服装产品设计包装前,首先要对被包装物品的性质和物流环境进行充分的了解,选择适当的包装材料和方法,设计出可靠、经济实用的包装结构。 在

155

---

① LCA(life cycle assessment):产品的全生命周期评估,即对产品系统全生命周期的输入、输出和潜在环境、能源、经济影响进行评估的过程。
② 物流模数(Logistics modulus):指物流设施与设备的尺寸基准。

确定包装的保护程度时，需要考虑产品的具体包装要求。包装的保护强度往往和包装费用成正比例关系。过高的包装保护强度会增加包装费用；反之，则会使包装物易于损坏，同样会造成经济上的损失。

对于不同产品、根据不同的材料有相应的包装尺寸要求。内盒尺寸是依据内盒所装服装折叠后的高度总和而确定的。以衬衫为例，包装盒高度主要依据后领高的高度确定，通常是后领高加 0.5 cm，盒子的长宽均按成品折叠后的长宽加放 1～1.5 cm。在有内盒的包装形式下，外箱的尺寸按内盒堆积数在长、宽、高三个方向各加放 0.5 cm。在没有内盒的情况下，则根据装袋服装堆放数规格在长宽高三个方向做适当调整，但要注意在高度方向上需轻微用力适当压紧所装入的服装。

服装的折叠不仅是为了运输的方便，还要便于服装在卖场中的陈列，展示产品卖点。服装折叠要考虑长宽比例的协调，一般长宽的比例为 1.3：1 左右。领子和前胸通常是上衣设计的重点部位，折叠后领子和胸部的重要细节应能完整地展示。下装设计点基本在腰部、臀部以及下摆，因此折叠时应尽量做到能展示这些部位的款式特点。

（2）包装合理化

包装是否合理，将影响物流的成本与速度，因此需从物流的整体角度出发，综合考虑包装的各项功能，包括装卸、保管、运输以及半机械化、机械化等多种操作方式，尽可能使包装为物流各项流程活动提供便利。

单元货载系统是把货物规整成一定数量的箱体件进行运输，核心是从发货至到货后卸载自始至终采用托盘运输。该方式更适合外贸批发或销售基本款且出货量大的服装零售商。特别是服装出口贸易，运输包装正在朝与托盘集装化、集装箱化相结合方向发展。托盘集装化包装具有装填量多，管理、使用方便和节省运输费用等特点。因此，在设计出口商品包装时，除采用国际商用集装箱运输外，还应尽量使用集装笼、集装袋、网络、托盘、集装架等工具，或采用合理捆扎的方法将小包装货物、裸货集合成特定的单元载荷（货物）后再运输[51]。

案例 5-11——D 品牌的物流单位

D 品牌采用最小化的标准数量进行包装、运输及订货管理，从而使得整个物流系统操作更加规范高效。

涉及物流数量单位的名词有两个：

① UE：企业内部最小的物流单位，是店铺订货的最小订量，也是配送过程中最小运输量。对于服装来说，一般一个 UE 为 1～2 件，而袜子等小件产品的一个 UE 可能是 4 件。通俗地来说，UE 即是货品的最小包装中所含有的单件产品

数量。

② PCB：通常若干个 UE 的货品包装在一个 PCB 内进行存储及配送管理。PCB 指的是物流箱，即一个 PCB 是由多个 UE 构成。根据每个货品类型及尺寸大小的不同，企业会规定标准的装箱数量，对于大件外套，一般一个 PCB 含 12 个 UE，小件的则可多达 60 个，但会根据品类设定标准值，以便于订货和运输管理。

此外，在选择材料时，应考虑包装是否绿色环保，如在充分保护商品的前提下，尽可能采用简化包装以降低成本，重复使用包装或回收再生，开发使用可分解降解的包装材料。

（3）包装效益化

各种新兴的物流与包装技术的诞生为实现包装的效益化提供了无限可能，从而使得物流作业合理化得以实现。

① 真空包装

真空包装是 20 世纪 70 年代问世的包装新技术。把成品服装放入袋状包装物中，用抽真空机将袋内抽成真空后，再将袋口严密封闭。此时服装袋装体积可减少至抽气前的 1/5 左右。纺织品或服装发生永久变形或半永久性折痕的原因是产品含有一定的湿度，当将湿度降低到一定程度时，这些产品便不会产生折痕。因此，真空包装的前提是降低产品湿度。

采用真空包装的优势在于：

a. 减少成衣的装运体积和重量，从而减低运输成本；b. 在装运前和装运期间，防止服装沾污或产生异味；c. 占用服装工厂和商店的最小储存空间。

② 挂装与立体包装

随着服装制造业的国际化，高档服装客户的比例在不断增加。目前挂装运输已经成为高档服装物流配送方式的一种趋势[52]。立体包装能避免服装经包装与运输后产生的皱褶，保持良好外观。立体包装是将衣服挂在衣架上，外罩塑料袋，再吊挂在包装箱内，外贸标准箱中每箱可挂装西装约 20 件/套。由于在整个运输过程中不会发生折叠和压迫，因而可充分保证商品的外观质量。图 5-15 所示为服装立体包装机。

③ 自动叠衣机

除了进行悬挂包装的服装外，大部分服装类产品都需经过折叠这一程序才能进行下一步的包装，而对于男士正装衬衫类的产品，对折叠的技术要求比较高，每件折叠的尺寸大小和外观

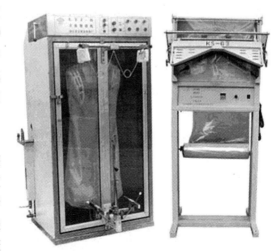

图 5-15　服装立体包装机

应基本相同,这时可使用自动叠衣机等相关设备(图5-16)替代人工作业,能加快包装的前道工序时间和保证质量,提高整个折叠流程的工作效率。

④ 自动打包机

自动打包机是当今使用较多的包装机械。 如图5-17所示的自动打包机具有打包速度快,可瞬间加热粘接、安全可靠、且可任意调节捆扎力大小等优点,使包装效益化得以实现。

 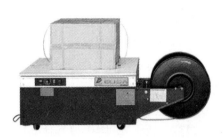

图5-16　自动叠衣机　　　　　　　图5-17　自动打包机

5.4　退货处理

5.4.1　退货的分类及管理

纺织服装产品属于易逝品,具有生产提前期长、销售期短、市场需求不确定性大、期末售出的商品残值低等特征,因此退货容易发生且管理复杂。

造成服装类商品退货的原因有很多,根据原因的不同可分为以下5类[53]:

① **无缺陷产品的退货**

无缺陷退货根据来源不同,可分为来自消费者和零售商或分销商的无缺陷退货两种类型。

在服装市场竞争激烈的今天,部分商家为培植顾客忠诚度,推行不影响二次销售或规定期限内的无条件退货政策。 作为一种营销策略,无条件退货在网络商城中尤为多见,且目前许多品牌实体店铺为了抢占市场也开始接受顾客无缺陷退货。 然而,顾客因为产品外观、型号、功能、材质等稍有不满引起的退货也会给企业的物流管理增加难度。

来自零售商或分销商的退货是纺织服装逆向物流的重要组成部分。 纺织服装品具有销售周期短、时效性强、需求波动大的特点,使得零售商或分销商很难事前做出准确预测。 尽管一些品牌企业已采取延迟订货策略(缩短订货至上货周期),但预测可能存在的偏差仍给零售商或分销商带来无法处理的库存,因此部分剩余产品会根据制造商或品牌企业与分销商、零售商间达成的协议，在销售季节结束后以一定价格返还。 部分较大型的服装企业会设置季节性退货活动，对店铺过季的产品在某个时间点进行集中性的退货处理。

② 缺陷产品的退货

缺陷产品的退货也即质量问题退货。 由于设计开发或生产加工中存在的问题导致服装产品出现各种质量缺陷，如：服装外观形体不整或版型规格不准等；面料强度、色牢度、pH 值、染色安全性、甲醛含量等不符合要求；产品设计（特别是婴幼儿服装）的舒适性指标不符合国家相关标准等。 消费者在购买后若发现质量问题会要求退货，而商家为了维护企业形象和顾客满意度，也会允许退货或主动采取问题产品召回行动。

案例 5-12——H 品牌问题产品的及时处理

2011 年 4 月 30 日国家质检总局公布，检测 105 种儿童及婴幼儿服装产品，发现 14 种不合格，其中包括 H 等国际知名品牌，问题涉及甲醛、pH 值等项目未过关。H 品牌一款婴儿外套被检出不合格。品牌当即对该款童装做下架处理，并声明已购买该款童装的消费者可全额退货。企业对问题商品无条件退货处置有助于维护消费者利益及企业品牌信誉和形象。

摘自：李冉.服装企业退货管理的逆向物流分析[J].物流科技，2011(9)：86-88.

③ 装卸、运输过程中损坏产品的退货

对于装卸、运输过程中因为事故、人为操作不当引起的产品损坏，应退还给相应的发货方，如经销商、制造商、供应商等，并由运输相关部门、企业物流部门或第三方物流等责任方承担损失。

④ 订单处理失误的退货

企业员工在处理订单时，会因操作不慎偶尔发出错误订单信息，如服装型号、尺寸及订单数量等，发错、少发或多发货均会引起下游企业和消费者的退货。

⑤ 交货延迟导致的退货

由于服装产品具有很强的时效性，制造商及配送中心的准时交货极为重要。受各种因素的影响，可能出现因产品生产延迟或产品运送延误而未能准时交货的现象。 若延误严重，下游企业很可能对迟到的产品拒收，引起退货。

5.4.2 退货处理

服装产品的退货发生的时期和退货数量变化无规律可言，退货作业复杂，处

159

理不及时易影响企业的声誉和正常销售。

特别是面向消费者的产品退货,由于退货服务质量的好坏直接影响顾客的再次购买,与品牌忠诚度的形成息息相关。 因此,服装品牌公司在制定实体店和网络店铺的退换货品策略时,应合理制定退货条件和操作准则,并从消费者便捷的角度设置退换货流程。 此外,也应做好导购人员的培训工作,在遇到顾客退换货和投诉时,能以优质的服务态度解决问题。

案例 5-13——服装品牌实体直营店退换货制度的差异

在欧美一些国家及地区,"无理由退货"早已成为约定俗成的商业规则,然而在国内,即便是一些国际奢侈品牌,退换货制度仍然不尽人意,品牌间的退换货规定也存在较大差异。

某白领在 LV 店铺购买 2 万多元的皮包欲退货却遭导购拒绝,只好更换成等价款式。在拨通 LV 中国客服热线后被告知 LV 的包袋一经出售概不退货,只能在 30 天内凭小票更换等值商品。而手表、珠宝等甚至连换货都不允许,如果存在质量问题,则必须与柜台协商解决,至于能否退货则很难保证。

调查发现,包括 Gucci、爱马仕、Burberry 在内的多家奢侈品牌在国内均未推行"无理由退货"服务。Gucci、爱马仕的工作人员表示,商品售出后,14 天内只能凭购物小票换货一次;而 Burberry 品牌无理由换货时间为 30 天,同样不能退货。相比品牌实体店铺的冷漠,国内部分第三方奢侈品购物网站则已推出"7 天无理由退换货"政策。

另一方面,国内包括置地百货、新世界城等在内的本土商场早在十多年前已承诺"无理由退换货"。新世界城服务部经理告诉记者,1996 年底商场就已联合步行街多家商场发起倡议,提出了"七天无理由退换货"服务。至今,商场每年的退货比例为 1%~1.5%。其中,有不少是消费者购买后改变心意所致。

相比百货商场,H&M、优衣库、C&A 等快时尚品牌无理由退换货的时间则更长,这些品牌规定在商品未经穿着、洗涤、损坏并保留吊牌的前提下,购买后 30 天内均可退换,甚至有部分品牌鼓励消费者先将商品买回家,试穿后若不合适再退货。

然而另一些品牌虽然承诺接受退货,但导购人员在处理退货的过程中,态度冷淡。部分品牌则推出打折商品不退不换的霸王条款。而消费者往往因为退换货程序繁琐或店员态度问题选择忍气吞声[54]。

因此,国内品牌实体店铺的退货制度亟待进一步的规范和完善。

摘自:国际奢侈品在中国退货成奢望. 中国服饰新闻网. http: www. cfw. com. cn/html/report/155761-1. htm. 2012-07-03.

案例 5-14——Neiman Marcus 顾客退货处理

Neiman Marcus(内曼·马库斯)是美国以经营奢侈品为主的连锁百货商店,已有 100 多年的发展史。由于销售高档产品,能够提供退货服务对形成顾客忠诚尤为重要。为使得产品在供应链逆向传输更为快捷、安全、方便,Neiman Marcus 采用 Newgistics 公司提供的"敏捷标签(Smart Label)"解决方案,实现了小包装客户退货产品在供应链上的逆向传输。

Neiman Marcus 在运输一件产品的时候,会将运输标签和拣选单据放入包装箱(盒)中,这张标签记录了产品的信息。同时,拣选单据也附有一张便于退货处理的"敏捷标签"。敏捷标签采用的条形码上记录了装运的所有必要信息。如果客户决定退回产品时,可以使用同样的包装材料并再次使用这个敏捷标签。客户可以把包装好的退货产品送到任意一家邮局或者邮筒。然后,Newgistics 公司从邮局取回这些包裹,运送到自己的工厂进行拣选和拼装。Newgistics 公司按照纸板箱的尺寸用托盘装运,因而降低了劳务成本。而且,公司会送出运前通知,这使得 Neiman Marcus 能够及早行动,非常快地处理好退货。平均来讲,Neiman Marcus 处理一件退货产品只需要 3.77 天,由此提高了客户满意度。

摘自:Neiman Marcus 的退货解决方案.圣才学习网:物流类.http://wl.100xuexi.com/view/examdata/20100907/.2010-09-07.

企业相关部门在管理物流退货时,应当有顺序、有组织地对退货商品做正确合适的处理。 退货管理过程中,注意要点如下:

a. 建立管理退货的相关小组,能够准确掌握退货信息,下达合理处置方案;

b. 对于可预测的退货,企业应当做事前预测并制定应对计划;

c. 对日常退货做出迅速准确的处理和操作,避免影响正常销售;

d. 配置必要的退货处理设施。

当物流中心接到顾客、店铺及分销商退货商品时,需要对货品进行分类、检验与处理。 当退货数量大、品种多样、状态杂乱、批号繁多时,首先需要对返品进行分拣,将货物按照品牌、批号、材质、质量状态等进行分类,并统计和核对实际收到的返品与单据或计算机系统中的信息(包括数量、型号、颜色、尺码等)是否有误,然后由专业人员进行质量检验并进行下一步处理计划。

退货商品的处理方法:

① 纳入仓库进行正常配送销售

对于消费者退货、订单处理失误或配送失误引起的退货,应对退货商品进行正确归类、统计后纳入仓库货位,等待出库销售。

② 集中打折销售

对于无质量问题或略有瑕疵但不影响服用性能的退货商品,企业可组织较低折扣的特卖活动,进行库存消化,回收资金。

③ 调货或重新配货

由于服装销售有季节性,企业可将部分季节性退货进行重新配送,如将南方店铺已退货的冬季商品调到北方店铺销售。 同理,将北方过季的夏季产品调到南方店铺销售。 此外,由于不同区域消费者偏好不同,可根据消费者喜好调整货源,进行配货。

④ 退还供应商

对由于生产加工引起的交货延误或质量问题的货品,可直接退还给服装加工、面辅料供应商,或由对方补偿相应的损失。

⑤ 其他

有质量问题的服装,可进行返修,使其达到合格品要求。 但返修工序复杂、成本过高或不适合进行返修的服装成品,可直接进行废弃处理。

案例 5-15——迪卡侬(Decathlon)的退货管理

作为法国大型连锁运动用品量贩店,迪卡侬集团在全世界 18 个地区,包括中国大陆及台湾地区展开销售业务,全球分店数量超过 300 家,在中国目前有 40 余家。迪卡侬全球庞大的销售网络对货品管理十分到位,承诺顾客可享受无条件退换货服务。一旦发现质量问题,及时启动店铺及消费者的退货工作流程。

迪卡侬的退货管理流程涉及法国总部(下达指令)、China DMI(中国品牌中心,主要进行选货、订货、处理店铺订单,制定货品价格与销售策略等工作)的质量部门、全国各店铺(包括网络商城)、CAC(上海总仓)、CAR(北京分仓)以及相关供应商等。对有质量问题的货品,依据质量问题严重程度、是否可修复、成本以及供应商地理位置等因素,由质量部门决定是否在店铺直接销毁、全部或分拣后退给仓库进行集中销毁、退还供应商或由供应商进行修复后重新销售,并制定相应的退货应对决策。图 5-18 为店铺产品退货给供应商的工作流程。

案例 5-16——服装网购退换货流程

网络是一种虚拟销售,为促进贸易的正常进行,买卖双方都应保持诚信、谨慎的态度。如网络卖家对允许退换的商品,基本要求是不影响再次销售,因此在收

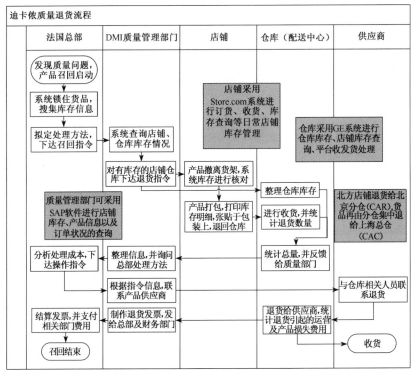

图 5-18　迪卡侬的退货流程

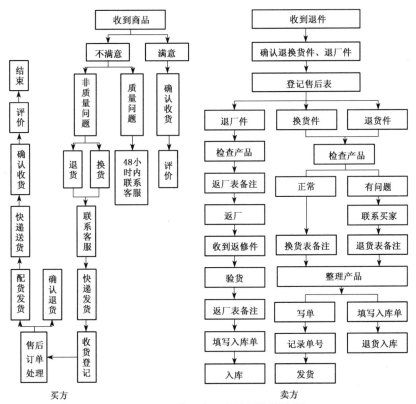

图 5-19　网购买卖双方的退换货流程

到退货后应核对订单信息,检查货品质量,并做好退货记录。图5-19为服装网购买卖双方的退货流程。

目前,服装品牌纷纷开设购物网站或淘宝商城(天猫)品牌购物网站,且形成网购浪潮。由于进行服装网购的消费者不能亲手触摸或试穿服装,往往收到货品后因为服装尺寸、面料、款式、颜色等问题需要进行退换货处理。为保障网络消费者权益,品牌服装网站及部分天猫品牌服装商家推出7天无理由退换货政策。其中,7天是指买家应在签收货品后7天内发出退货商品申请。

5.5 库存差异管理

5.5.1 库存差异

服装物流中的"库存差异"有两种含义:一种为盘点后发现的仓库货品实际库存与账面库存数量上不相符合;另一种指市场潜在需求库存与实际库存存在差异,表现为店铺或仓库的库存积压或缺货。

前者为客观问题,造成实际库存与账面库存不符的原因:收发货、退货时货品型号、数量或包装有误;标签型号等信息错误;销售记录缺失或错误;信息资料建档维护不准确、不完整、不及时;货品储存位置有误;货品遗失或被盗等。发现这类库存差异后,应及时查明原因,找寻缺少的货品或将多出的货品进行账面登记,并做好相应的财务记录与处置。

相比前者,后者库存差异是影响服装企业经营业绩的重要因素,商品企划、设计开发不科学及预测方法不妥是引起终端剩货或缺货库存差异的主要原因。

5.5.2 库存差异的管理对策

(1) 实际库存与账面库存不等的库存差异的处置

对于此类库存差异的处理,由于发生的原因存在于日常作业过程中,且引起这种差异的要素众多,事后查明困难。因此应在操作过程中做好预防教育、严格按规则行事。

① 收货、发货作业

服装产品SKU众多且相似,容易混淆,且有时收货工作会与发货同时或紧接着进行,因此作业过程易出差错。为防止因收发货失误引起的库存差异,物流管理者应制定严格的作业制度,规范操作流程,合理安排收发货流程排期,并做好实时的货品清点工作。

② 入库检验

入库检验时,容易出现漏点或重复计数货品。 因此,管理人员应制定合理的作业顺序,提高检验的准确性。

③ 计算机存档

当店铺出现销售、进货或仓库收发货时,都应及时地进行数据信息的计算机存档。 在日常使用计算机处理库存文件时,应格外谨慎,防止因操作失误引起的库存误差。 根据授权输入数据,杜绝无关人员随意读取或改动数字。

④ 其他

在处理库存相关问题时,应做好日常安保工作,防止失窃,按规定地点存放货品,不随意取放。

（2） 市场需求库存与实际库存差异的处置

如前所述,市场需求的库存与实际库存差异表现为缺货与剩货。 因剩货引起的大量库存会影响服装企业资金流动的周转,而缺货产生的机会损失也会影响企业的经营绩效。

在管理库存差异时,应尽量把存货放在总仓,门店少放库存,通过物流配送中心根据不同店铺的销售情况进行快速补货和调货,可减少销售机会损失和大量剩货,提高库存周转率。

165

案例 5-17——库存管理的点菜模型和自助餐模型

服装的缺货和剩货很大程度上是由销售预测不准引起的。 在管理店铺库存时通常涉及两种模型。

① 点菜模型

在进行店铺铺货时,服装企业的传统模式是销售部门依据往年的销售数据和市场需求预测每个店铺的销售量,指定和实施配货计划。 这种方法类似中餐点菜方式,即根据经验的点菜并不是每样菜都符合消费者的口味,大量剩菜是这种方式的缺陷。 由于服装传统销售预测的方法准确率不高,因此有的款式会脱销而有些会滞销形成剩货。 所以"点菜模型"容易形成剩货(剩菜)积压,形成大量库存浪费,而畅销款则因缺货导致机会损失(好吃的菜不够)。

② 自助餐模型

吃自助餐时,有些菜肴符合客人口味,消耗快,餐厅管理者根据缺货需求会及时通知厨师烹制,因此能源源不断地满足客人的爱好。 对于不受欢迎的菜品,餐馆可选择少做或不做以减少剩菜浪费。 在进行服装销售库存管理时,也可以借鉴自助餐的原理,避免库存的过剩或缺货(表 5-8)。

表5-8　自助餐模型

少量加工试销	高频少量补货
根据经验,开始少量各做一部分(因客人每天都有变化,准确预测难度大)	根据顾客爱好和菜肴消耗量,及时通知厨师烹饪,快速上菜
服装企业可采用"多品种、小批量"生产供货方式,通过试销,以需定产	服装企业与供应商同时备料,依据顾客对产品的款式、功能等需求,快速补货供货

来源:肖利华,佟仁城,韩永生.科学运营:打造以品牌为核心的快速供应链[M].北京:中国经济出版社,2008,11:104-107.

相对点菜模式,自助餐模式的食物浪费少,因为厨师可以根据不同菜品受欢迎的程度调整产量,减少浪费。同理,在服装销售时,店铺通过POS系统将消费者对不同色款的喜好及时反馈给企业相关部门,并及时调整生产与库存数量,对于滞销的停止生产或供货,而畅销的进行快速补货、调货或补单生产。由此可见,减少因库存积压出现的打折现象和机会损失,能够提高正价销售率和销售额。

案例5-18——S品牌的TOC(Theory of Constrains)拉式补货

TOC即约束理论,由以色列物理学家伊利亚湖·M·高德拉特博士(Eliyahu. M. Goldratt)创立。该理论的前身源自20世纪70年代提出的最优化技术(Optimized Production Technology,即OPT)[55]。约束理论认为:任何一个系统都存在着限制或者约束,否则,就能持续提高产出。因此要提高一个系统(企业或组织均可视为一个系统)的产出,必须打破系统的约束[56]。

对于大部分品牌服装企业来说,要提高有效产出(销售额或利润),关键的瓶颈(或约束)在销售环节。而影响销售的重要因素是订货的准确性。通常情况下,订货后的货品将全部发往经销商仓库或终端门店,在这一运作机制下,畅销款式在季中容易出现缺货,而平销款或滞销款则占据着大部分货架,影响了门店销售业绩的提高。同时由于渠道内货品很难自由调拨,有的款式服装在一些门店积压,而其他门店缺货。这样的货品管理方式,称为"推式"货品管理。

在TOC货品管理中,订货会职能逐渐由"订货"转变为"选款",公司通过试销环节发现当季潜在的畅销款,快速组织备料和生产,并调整上货计划,然后根据门店的实际销售情况,系统自动调整门店畅销款的配比数据。同时通过补货和换货机制,保证门店的货品始终畅销。与传统的"推式"订货模式相比,这种方式称为"拉式"货品管理或"拉式"补货。

TOC"拉式"补货有两个要点:一是动态监控供应链上各个缓冲点(关键环节)的库存水平,定时发出"拉式"补货指令,这一指令将会触发供应链上所有环节的协同运作。通过实施"拉式"补货,确保库存水平位于目标库存的合适比例范围之内;二是周期性地调整目标库存的库位水平,这一库位水平的设置应适合于某一周期内的瓶颈需求波动范围、趋势与规律[57]。

在具体实施过程中,将每个销售季节作为一个周期进行货品管理操作,包括:

a. 季初:货品少量铺货,通过试销寻找畅销款,具体流程见图5-20;

b. 季中:增加畅销款在库量,"拉式"换款,滞销货撤回;

c. 季末:畅销款持续供应,丰富门店货品品类结构,加大促销力度;

d. 换季:新品上柜,回到第一步。

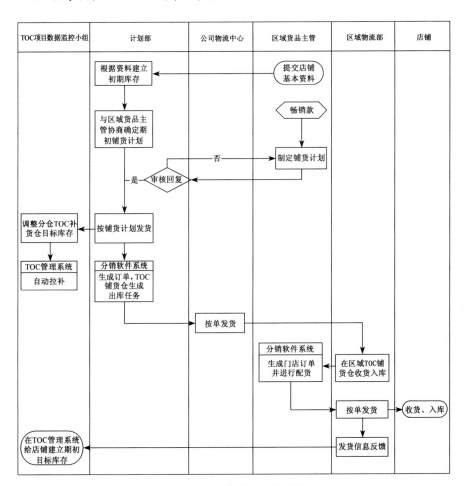

图5-20 S品牌季初的铺货流程

此外,在日常货品管理过程中,每天进行"拉式"补货(图5-21);每周进行换货。对于畅销款货品不足,可进行快速补货生产或进行货品调拨。若有效实施这一系列方法,可降低店铺滞销货比例和断码率,加大店铺畅销款覆盖率,优化店铺货品结构,最终促进店铺销售业绩的提高。

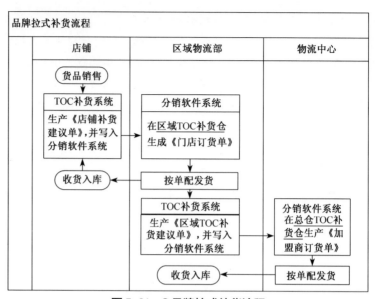

图 5-21　S 品牌拉式补货流程

168

案例 5-19——秋水伊人的 VMI 库存管理

秋水伊人是浙江印象实业股份有限公司旗下的女装品牌,公司经过 10 余年的发展,已成长为一家专业从事女装设计、生产、销售的品牌服装企业。随着 2010 年导入 VMI 全退货模式,经过一年的运行,品牌单店业绩平均递增率在 30% 以上,库存率下降一半,具有强大的品牌竞争力[58]。图 5-22 为 VMI 模式的作业流程。

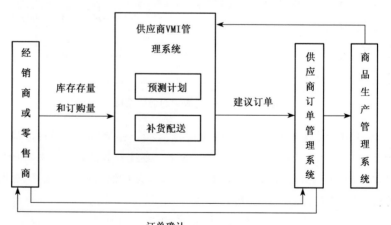

订单确认
图 5-22　VMI 作业流程

来源:王道平,侯美玲.供应链库存管理与控制 [M].北京:北京大学出版社,2010,10:38.

VMI是一种供应链集成化运作的决策管理模式。基本形式为：供应商和用户企业按一定的方式共享企业的库存和数据（对制造企业，一般指生产领域；对商业渠道，一般指销售出货），按照一定的补货策略（如动态或静态的安全库存、订货点、再订货量等控制参数），自主决定供货计划，对用户进行快速有效地补货。

（1）"卖一补一"的配货模式

公司的VMI库存模式主要体现在供应商主导货品的配送和库存管理，加盟商或零售商只负责货品的销售。零售商在货品配送时执行"以销定产"、"卖一补一"的配货模式，即当店铺销售出一件衣服，信息就会通过全国联网销售系统传达到品牌公司总部或总代理商，然后及时地按"卖一补一"的方式进行补款。这种方式有利于公司获得销售的最新信息，明确哪些是畅销款，哪些是滞销款，从而避免滞销款的继续生产，适时地增加畅销款的补货生产，最大限度降低企业的货品库存。这一系统对30天无销售的款式进行退货，或调整到有销售需求的店铺中去，同时换新款进行补充，由此形成物流活动的良性循环。

（2）自动订货系统

秋水伊人采用独创的自动订货软件（已申请知识产权）给下线所有客户进行订货，不需要客户按传统方式向公司订货。根据客户去年同期的销售计划，并结合"自动订货系统"的计算分析确定每位客户（店铺）的订单以及公司总的首批订单需求。当产品按计划订单配送到各客户店铺的同时，总仓进行缓冲备货，实现自动的"卖一补一"配货策略。公司总部的首单订货比例不大，具体的比例视总部的历史订补比数据。例如，总部夏季一般有40%的补货率，则首单订货不宜高于60%，否则无法补充畅销款，因为不适当的补货有可能超出销售计划，但也不宜过小，否则销售计划完成不了。

（3）垂直化管理

商品垂直化管理的目的是弱化品牌总代理对货品的管控调配能力，增强品牌总部物流配送中心的中转功能。所谓总代理对货品的管控能力减弱，主要是指货品调配方面，而对于销售数据的分析和终端业绩的管控能力则在品牌总部得到增强。在进货退货方面，加盟商必须按照公司总部的要求，将滞销款调到专门的折扣店进行销售，实现集中管理。垂直管理打破了先前渠道相对封闭，货品流通单一的局面。通过一体化的销售系统，可以最大限度地让货品流转起来，实现正、反、横向的多维流通，从而降低多余库存的产生。

（4）完整的货品流转体系

公司拥有一套自成一体的货品流转体系，对货品的首单、补单、区域间的调拨以及最后的下单节点都有严格的时间规定，所有参与这套"VMI全退货模式"的总代理和下线客户必须严格按体系流程执行，当接到公司的"卖一补一"指令，必须及时接受货品；当接到公司的退货指令，必须在第一时间进行退货，否则库存优化管理无法实现。因此公司总部对参与实施这套模式的客户有严格的规定，奖罚分明。

5.6 安全保障

5.6.1 物流安全的基本对策

物流活动是一个复杂的过程。正向物流过程包括运输、装卸、搬运、堆码、存储、包装和物流加工等主要环节；逆向物流包括回收、分拣、净化、维修退回、包装再加工、再利用和废弃物处理等环节。任何一个环节出现问题都会带来不同程度的财产损失。

对于物流安全的概念，学者罗铮[59]等认为：物流安全是指物流运作过程中发生的因人为失误或技术缺陷造成的货物损坏或失效、物流设施损害及物流信息失真等安全问题。学者罗一新[60]对物流安全内容进行了划分，主要包括：信息、运输、存储和加工等方面的安全。张诚等[61]认为一般商品的物流安全管理涉及四方面工作：保卫工作、作业安全、物流消防、账物相符。

对于服装企业来说，影响物流安全的两个领域分别为仓储和运输过程，物流安全的内容有商品安全、火灾等灾害对策以及物流作业的安全保障等。

（1）建立健全的安全组织机构

设置物流安全负责人、仓库安全主管、货运安全主管、专职消防、保安、仓储员等安全岗位的组织架构。

（2）提高员工的安全意识

以安全的思维方式进行物流管理。重视安全不仅是表面现象，还要从根本上认识到安全的物流活动才是提高企业经济效益的保证。

（3）采用先进的安全技术和设备

服装企业在管理物流安全时，应依据成本选择安全、高效的技术设备。如：自动化物流技术，包括自动化立体仓储系统、自动输送系统、自动导引车系统AGVS、机器人作业系统和自动控制系统等，能有效地保证货品与人员的安全。

（4）建立相关的规章制度，并严格监管

根据服装类产品的仓储及运输特点，建立作业、运输等相关安保规章制度，并严格执行监管，杜绝安全事故的发生。

（5）加强从业人员专项安全培训，持证上岗

将物流操作过程中可能出现的异常、危险或事故，进行事先宣传、讲解，并按照要求组织消灾演练，预防意外性、突发性事件发生。

（6）做好风险抵御工作

在物流的各个环节都可能存在安全风险，如：采购、运输风险，物流仓储、物流责任、信用风险等。因此物流管理者需要预先识别潜在风险,并通过物流保险的形式将风险发生后的损失降到最低。在投保时,应充分了解并准确选择险种、责任范围和保险期限等。以物流运输为例,海运过程中的险种分为基本险和附加险,基本险又分平安险、水渍险和一切险三种。陆路、航空、邮包险均包含基本险和一切险,此外还可以根据需要而投保特殊附加险[62]。因此,在投保时应结合运输货品、金额、日期和成本谨慎抉择。

5.6.2 商品安全保障

商品安全保护主要涉及服装原料及成品的防护工作是否良好,仓储及运输是否存在损坏或被偷盗的风险,货品信息是否准确等。商品的安全主要通过合理的包装,严格的仓储和运输管理规程以及先进的安全保护设备和措施得以实现。

(1)货品质量安全

供应商的面辅料或成衣大货到达仓库后,应按照公司要求对大货进行质量和数量的检验。如对于面料来说,仓库主管及采购需通知验货员对面料进行检验,并提交验布报告说明是否存在色质不匀、边差、段差、短码、色斑、经纬抽纱、破洞、密度偏差等情况,对大货严重的质量问题应报告公司生产主管、相关经理等,并责成供应商返修或退货,对检验合格的货品及数量,做好相关记录并入库。

(2)货品仓储安全

① 仓库防火防盗,治安保卫

仓库应建立合理的治安保卫制度,做好仓库大门和要害部门的守卫工作,禁止无关人员随意出入仓库,做好入库人员、车辆等的检查和登记。配备使用仓库防盗设施,如防盗门窗、保安警械、视频监控设备和自动报警系统等。

② 防虫、防霉、防漏,确保仓储安全环境

定期检查仓库天花板、墙壁、地面是否存在裂缝或渗水现象,如有发现,应当及时处理。仓管员应定期组织仓库清洁,保持环境卫生,做好"防虫蛀、防鼠、防雨雪、防霉变"工作。

③ 码放

堆码合理,整齐稳定,避免倾斜。对物品要限高堆放,一般情况下按包装箱上的标识进行堆码,保护产品不至压坏变形。

(3)货品配送安全

货品在出入库时,应严格地清点型号、数量,并做好信息登记工作。在货品分拣、包装、装箱时应确保包装完整,数量准确。在运输时,仔细核对发货地点与数量,并注意运输交通安全,避免在运输途中丢失或损坏商品。

5.6.3 灾害对策

人为、自然灾害是威胁物流安全的主要因素。通常,发生频率较高且造成

损失严重的有火灾、水灾等，诸如雷电、暴雪等极端的恶劣天气则会影响物流运输，可能引起运输延误、物品受损、人员伤亡等后果。

（1）火灾

仓库是物资集中的地方，纺织服装企业的仓库存放各种纺织原料及服装成品，大部分的纤维制品均具有可燃、易燃的特性，此类仓库若发生火灾，将毁损仓库建筑和物资，甚至造成人员伤亡，带来重大库存损失。因此火灾的预防与应急是服装类物流仓库的重点管理内容。

仓库的安全管理应执行"预防为主，消防结合"的原则。为做好预防工作，首先应该了解纺织服装类仓库发生火灾的可能成因，主要有以下几种：

① 用火不慎。如在仓库内吸烟、出现明火作业等；

② 物资杂乱堆放，不进行分类储藏。诸如油棉纱、带有粉层的纺织原料极易自燃，甚至爆炸；

③ 操作不当。如在仓库内不按规定安装使用电器设备，对机器操作不当引起火花，在库内焊接修理等违反安全操作规程的举动均易引起火灾事故；

④ 仓库建筑不符合要求，结构差、耐火等级低，防火安全间距不够，通风不良，湿度不合理、阳光直射，有的甚至与工厂、住宅混杂，加大了火灾安全管理的难度；

⑤ 遭受雷击起火；

⑥ 人为纵火。

因此在进行日常仓库管理时，需严格杜绝以上现象的发生。在配送中心等大型仓库设计建设时，应充分考虑火灾报警和灭火装置的合理设置。在设置和管理消防设备时应注意[63]：

a. 依据仓库的拟定用途，选择合乎规范的耐火等级、层数、占地面积以及防火间距，并设置防雷装置，定期检查，防止灾害发生，保证设施的安全有效使用。此外，还应根据仓库大小规模设置相应的防火墙和防火隔离带；

b. 同一库房内应设置统一规格的消防栓、水枪和水带等消防设备，水带长度不应超过 25 m，对于面积超过 1 000 m² 的服装仓库，应设置闭式自动喷水灭火系统。每个仓库附近应配备一定数量的消防桶，保持存水满量，冬季防止结冰；

c. 每个库房配备的灭火器不得少于两个，应悬挂在库外墙上，离地高度不超过 1.5 m，远离取暖设备，防止日光直射。对灭火器每隔 15 天应检查一次，注意药料的完整和出口的畅通。灭火器的部件应每半年检查一次，每年换药一次；

d. 仓库必须备有准确可靠的报警信号和消防通道，其中消防通道宽度不小于 4 m，一旦发生火灾，能够迅速报警，以便及时组织扑救。

对于小型的卖场或店铺仓库，也应根据实际情况，合理配置相关的消防安全设施。

仓库一旦发生火灾，应即刻报警、告知相关人员，要准确告知火灾事发地点、单位、联系方式、起火原因及火势状况等内容，配合消防部门的施救。

发生火灾时，应积极展开自救和救人。并在力所能及的情况下灭火，切断电源、阻隔火势扩大,保护库存及设备。

小知识——灭火器的使用

灭火器是一种轻便的灭火工具,它可用于扑救初起火灾,控制蔓延,不同种类的灭火器适用于由不同物质引发的火灾,使用方法也不尽相同。

① 干粉灭火器

适用范围:扑救石油及其产品、其他可燃性物质和电气设备的初起火灾。

使用方法:使用时先拔掉保险销(有的是拉起拉环),再按下压把,干粉即可喷出。干粉喷射时间短,喷射时应接近目标火焰,由于干粉容易飘散,不宜逆风喷射。

② 二氧化碳灭火器

适用范围:由于灭火后不留痕迹且不导电,二氧化碳灭火器适宜扑救贵重仪器设备、档案资料、带电低压电器设备和油类火灾。

使用方法:鸭嘴式的先拔掉保险销,再按下压把即可使用;手轮式的先取掉铅封,然后逆时针旋转手轮,药剂即可喷出。使用时应防止手部冻伤,接近着火点向上风方向喷射。

③ 121 灭火器

适用范围:由于灭火时不污染物品,不留痕迹,特别适用于扑救精密仪器、电子设备、文物档案资料火灾,也适宜于扑救油类火灾。

使用方法:先拔掉保险销,握紧压把开关,即有药剂喷出。使用时灭火筒身垂直,不可平放和颠倒使用,站在上风位置对准火源根部扫射,向前推进,注意防止回头复燃。

④ 泡沫灭火器

适用范围:适宜扑灭液体火灾,不能扑救水溶性可燃、易燃液体的火灾和电器火灾。

使用方法:使用时先用手指堵住喷嘴将筒体上下颠倒两次,就有泡沫喷出。对于油类火灾,应顺着火源根部的周围,向上侧喷射,逐渐覆盖油面,将火扑灭。

(2) 水灾

虽然水灾的发生有地域性特点,不如火灾那样不可预计。 然而,一旦仓库进水,也会对服装类产品造成极大的损害,特别是纺织原料,泡水后会发生皱缩、霉变等各种现象,所以仓储管理时也应增强对水灾的防范意识。

在仓库选址时,应考虑到区域季节特点及地势特征,避免在低地或洼地上建设仓库,并合理布局好仓库的水管装置和排水设施,进行定期检查,防止水管破裂或排水口堵塞。 在存放货品时,避免直接着地杂乱堆放,尽量存放在货架或防水器皿内。 在出现强暴雨或水灾迹象前,组织仓库相关人员做好货品的转移及排水工作,将损失降到最低。 水势退去后,做好仓库的清洁及消毒工作,并找出仓库蓄水的原因,确保排水畅通。

5.6.4 物流作业安全保障

据国家仓储协会 2004 年公布的《中国物流市场供需状况调查报告》，国内生产企业和商业企业在物流运作过程中的货损率在 2% 左右[64]。 这种损坏一方面是由于物流操作不当，如野蛮装卸等原因引起的产品包装、外表以及其他形式的货物损坏；另一方面是由于运输过程中引发的货物损坏，如由于车辆颠簸或事故引发的产品损坏。

不良的作业方式除了损坏货品外，也会威胁工作人员以及机器设备的安全，从而给企业带来安全隐患。 因此，在作业管理时必须做到：

（1）提高工作人员的安全意识，保证安全操作

限定人工作业的负荷以及安全环境要求。 管理人员应根据物流工作内容及强度合理安排员工的工作量与工作时间。 进行必要的人身防护，如在人员进入有叉车行驶的仓库时，应穿着荧光色的安全背心，在进入高层货架存放重物的仓库中，应穿防护鞋，戴防护帽。

（2）配备合适的机械设备进行物流作业

根据作业的内容和需要，尽可能选用专业设备工具进行操作，并对操作人员做好器械使用的培训工作。

（3）确保使用的设备工作状况良好

定期做好设备的检查和维护工作。 设备在使用前应确保功能正常，不得带"病"作业，且应在设备允许使用的负荷范围内作业，杜绝超负荷运行。

（4）设备作业时应有专人指挥

采用规定的指挥信号，按作业要求与规范进行作业指挥。

（5）注意货车装卸安全

在货车装卸货品时，应保持安全间距。 货车与堆物距离不小于 2 m，与滚动物品间距不得小于 3 m。 当多辆货车同时装卸时，直线停放的前后车距不得小于 2 m，并排停放的两车距离不得小于 1.5 m，且装卸时，应固定妥当，捆扎牢固。

（6）移动设备必须在停放稳定后方可作业

移动设备在载货时应控制行驶速度，不得高速行驶。 叉车不得直接叉运未包装货物，货物不得超出车辆两侧 0.2 m，禁止两车同载一物。 移动设备上不得载人运行，除连续运转的设备，如自动输送线外，其余设备应在停稳后方可进行作业。

（7）道路安全运输

物流配送装车时，应保持车身重点平衡，防止侧翻，且提高驾驶人员的安全驾驶意识，保持合理车速，谨慎驾驶。

5.7 部门协调与业务安排

5.7.1 与相关业务部门的关系

物流环节的各项工作并不是由单个部门独立完成的,必须结合其他相关部门的指令与工作进程进行配合、调整,这也是物流工作的重要特征。因此,为保证更好地运行业务,必须明确认识物流部门与其他相关业务部门的关系。根据不同隶属关系,执行相应的工作,以此保证整个企业绩效的达成。

下面阐述物流部门与企业高层、销售部门、商品企划(设计开发)部门、生产部门、营运部门的关系。

(1)企业高层

服装企业高层管理者为保证企业所有部门的顺利运营,须进行全局的决策、指挥和调控。对于物流部门,受企业高层重视的程度虽有提高,然而,企业一旦发生经营问题,相比直接与销售业绩相关的部门,物流部门问题往往得不到重视,容易造成处理延误、产生经济损失。

为配合高层管理者进行正确决策,物流部门应及时向上级提供各项准确的数据信息及报告,如:物流部门运营情况报告、物流量、作业能力、设备等状态信息;作业成本的数据分析报告、作业能力和设备改善提案;对其他部门的意见及建议等。

当企业高层制定公司层面及物流部门的发展规划时,物流部门的管理者应考虑部门的职责及企业的全局利益,配合执行任务,并提供相关建议。

(2)销售部门

销售部门是与物流部门接触最为频繁、关系最为亲密的部门。以往,销售部门根据市场预测和店铺反馈信息向物流中心或仓库索要货品或实施退货,物流部门则根据对方需求实施相应操作。如今,这种基本关系虽然仍占主体,但随着市场需求变化、物流活动环境的复杂化,这种由销售部门单方决定物流活动的导向正在改变。

物流部门的管理变得更为主动积极。如在组织服装配货时,物流部门除了考虑店铺需求和销售部门策略外,会根据总仓与分仓的库存进行合理的调动,可参与决定配货型号与数量。为达成物流作业效率化,物流部门的管理者需要提高综合决策判断能力,并正确处理与销售部门的以下关系:

a. 建立两个部门层面的及时信息交流体系;

b. 向销售部门提供及时的货品流向信息;

c. 提供合适的业务处理建议,包括配货、调货、库存及退货处理等;

d. 定期交流讨论问题事项、作业及设备改善的提案；

e. 业务员层面的定期双向交流。

货品的物流信息数据是销售部门制定铺货、补货、调货策略及制定下一季销售计划的重要依据。 同样，销售部门的销售数据及店铺信息对于物流部门来说也具有重要的决策参考价值，如：随着新店扩张，是否增设新的物流分仓；物流配送的效率是否影响到店铺的正常销售；是否存在配送失误或延误现象等。 因此，销售部门也应及时地向物流部门通报终端信息，双方协同运作，更好地调整改善物流的各项操作。

（3）商品企划（设计开发）部门

对于品牌服装企业来说，企划部门的工作不仅包含单个服装产品的设计开发，还应统筹各环节，制定每期新款数量、上柜时间，把握品牌定位全局及总体企划方向。

企划部门与物流部门交流的重点内容集中在库存问题上，包括各种面辅料及成品的现有库存及订单情况。 例如，在快时尚服装企业中，提前备料是加快反应速度的重要手段，因此，企划部门应根据物流部门的面辅料仓储信息，合理制定设计及生产计划，对于缺货的原料应及时下达订单并通知物流部门收货进仓。 企划部门款式样确定的延误，将导致面辅料及成衣生产、进仓、配送的延迟，扰乱物流部门的正常工作计划，因此，物流部门有责任对企划部门的正常开发周期进行协调并配合完成企划的相关业务流程。

案例 5-20——E 品牌服装产品开发和生产流程的物流分析

E 公司于 1960 年在法国创建，经历 50 年的发展，先后在英国、比利时、意大利等地开办连锁店。 自 1995 年在上海开设第一家专卖店以来，公司汲取其他服装连锁品牌的成功经验，结合中国市场的特点，特别是将销售网点由专卖店形式改为在知名商场设立直营专柜，使 E 品牌逐渐成为全国知名女装品牌。

E 品牌全年产品按时装季节可分为春夏和秋冬两个大季，根据季节特征和时间进程对全年货品进行整体规划，主要包括产品设计开发、生产和销售。 与传统的服装企业不同，E 品牌产品开发以月为波段上货，每月进行新产品的上货与销售。 图 5-23 是 E 品牌秋冬季各波段的规划示例图。

作为在全国拥有 3 000 余家直营连锁店铺的品牌，物流配送中心在企业每日的运营中承担着重要的作用。 E 品牌物流中心负责汇集连锁店铺订货信息，并从供应商处接受多品种小批量的产品，进行储存保管，按店铺要求配齐商品。 大仓至小仓 5 天之内，小仓至店铺 1 至 3 天，能迅速、及时、准确、安全且低成本地进行店铺服装货品配送。

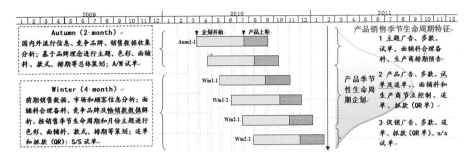

图5-23 E品牌秋冬季产品规划

但在实际操作的过程中,由于一些主客观原因,产品开发会出现延误。以面料开发为例,由于E品牌设计及产品部门对款式及面料的反复调整,会造成面辅料订单经常变动,影响样衣开发进度和大货生产。如图5-24所示,若因面料开发延误 n 天,由于不能及时将面料送至服装加工企业,而现场加工为保证流水线连续生产只能将排期在E品牌该订单之后的生产单提前生产。当E品牌面料齐全需要生产时,因流水线产能被占用,将造成图中阴影部分 m 天的额外等待时间。此时,物流配送部门将产品送至店铺,最终延误的时间将大于 n 天,为 $n+m$ 天(服装订单一旦上线生产,需要两周完成。本案若设计开发的面料延误5天,则下一个订单必须在 $n+m$ 天 $=5+9$ 天后方可上线生产)。因此,服装连锁店铺在重视流通配送的同时,对供应链的面辅料和生产流程管控也是不可或缺的。

177

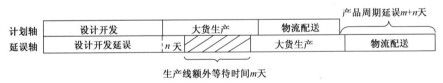

图5-24 品牌原计划与计划延误时间轴

通过对品牌运作实际情况及系统供应链的了解和分析,发现E品牌运营的瓶颈在于前端企划流程中存在较多的缓冲时间,某些环节在运作时因缺乏关键节点的控制造成时间的延误和浪费。因此,基于产品开发的基本规律和方法,在不增加工作量的前提下,改进方案是将原有工作流程中串行的各个工作环节进行调整,使部分工作内容前置,成为并行流程。如此,可缩减不必要的时间损失,同时设立相应的流程控制节点将缓冲时间限定在一定范围内,以提高工作效率和品牌运作的规范性。

E品牌的案例启示——由于服装物流具有依附于服装从设计开发、生产直至零售的各环节运作,物流系统评价体系受到新产品设计能力、服装需求供给、流通配送等众多因素的影响。因此,服装企业需要结合物流过程中不同阶段的不同特点,全面吸收、归纳服装企业物流部门现有的经济评价和组织评价指标,根据影响服装物流的各个因素的内容、表现、特性和分类,重新归纳组合、设定物流系统的评价体系。

总的来说，物流部门应向企划部门及时并准确地提供下列信息：

a. 总的货品流向信息；

b. 诸如包装变化等与作业相关的信息；

c. 改善作业效率的相关提案；

d. 重要货品或重要订单的物流信息。

（4）生产部门

物流部门与生产部门间日常接触频繁。

首先，生产部门在下达服装加工订单时，应与物流部门确认相关面料的库存，如采用库存面料，则向物流部门下达将面辅料配送给相关生产加工商的指令。生产部门应根据物流部门的作业情况合理编排生产订单的交期，并将面辅料及服装成品的入库时间、数量、产品质量等相关要求及时准确地告知物流部门，以便物流部门进行收货清点与检验。

双方部门在进行收货发货等各项操作时，应及时记录每次操作的信息，以便于双方定期的核对分析。双方在共享信息的同时，还应及时沟通意见及建议，以更好地实现系统的一体化运作。

（5）营运部门

营运部门的工作是管辖整个公司的运营状况，确保运作正常。因此，物流部门应及时向营运部门报告经营状态，提交各项管理信息，以便于营运部门妥善制定公司及部门层面的日常运营规划。物流部门应当准确提供给营运部门的信息有：

a. 物流部门工作人员的劳务信息，包括员工待遇、出勤时间、员工招聘等；

b. 设备改善相关信息，如作业能力，设备拓展投资的必要性等；

c. 作业成本的计算和管理信息。

此外，部门双方就物流灾害预防、风险分散、损失补偿等危机管理，产品责任对策等需要经常加强交流和沟通。

5.7.2　部门工作规则

物流活动与企业众多部门有着密切的联系，物流部门的经营业绩直接影响企业效益。为更加高效、持续地进行物流活动，物流部门内部和关联部门之间应制定合理的运营规则。

a. 结合企业经营战略和物流部门的工作目标，包括：保障品牌服装商品的正常流通，做好部门内人员协调管理工作，保障品牌服装营业目标的达成等；

b. 根据目标详细制定部门的工作职责，在此基础上对部门的管理现状实施详细分析，根据不同的组织和岗位制定运营规则。

图 5-25 所示为某服装企业物流管理组织。

结合部门内部的组织架构，依据不同的操作内容分块制定具体的物流作业规则，不仅业务部、仓储部、信息部等每个部门组织应设立不同的规则，还应细化

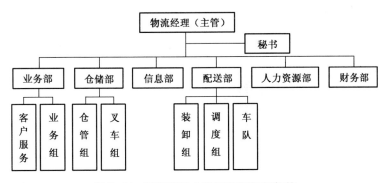

图 5-25 某服装企业物流部门组织架构

到业务组、仓管组、叉车组等具体操作小组。在规则的应用过程中,结合遇到的实际问题不断进行调整和修正,才能使之与物流作业流程相适应。

179

案例 5-21——A 公司物流部门的工作职责

A 公司仓储物流部成立于 2007 年 8 月,拥有部门员工 121 人,物流运输车辆 15 辆和装卸叉车 7 辆。部门坚持以"安全、快捷、准确、创新"的工作原则,为公司及客户提供仓储、物流服务。在实施部门管理时,管理人员首先总结了整个部门的工作职责和基本要求(表 5-9),以此为指导设置物流科(负责收发货和配送)和仓储科相应的职责和工作准则,并对每个岗位的职责和权限进行细化,同时,设置各项作业的基本工作规则。

表 5-9 A 公司物流部门工作职责

编号	工作职责
1	负责公司各分厂区间内部流转物料的物流、产品销售物流以及部分采购物料的物流工作
2	负责公司所有物资的仓储管理,包含:产成品、原辅材料、寄销物资、流动物资(含客户财产)
3	负责部门管理的物流作业过程及仓储物资的安全
4	负责实施对仓储物流作业人员的能力开发与绩效管理
5	负责根据公司发展需要和现有厂房设备条件,统筹规划仓储、物流区域,合理布局
6	负责物流作业、物流成本、物流战略、物流组织与人力资源、物流服务、物流信息等管理
7	负责制定和实施有效的仓储、物流管理制度
8	负责对公司物流车辆及装卸机具的使用、维护、维修管理(不含年检、营运检、保险等车管业务)
9	负责对公司所有物资周转箱、周转架的归口管理
10	负责参与公司所有物资包装的设计,并提出有效实施意见
11	负责对外包物流公司的管理

编号	工作职责
12	负责维护与客户仓储、物流部门的关系,并执行对相关仓储、物流事宜的沟通与解决
13	贯彻实施仓储、物流区域的 6S 管理工作
14	不断优化仓储管理,降低仓储成本,杜绝浪费
15	不断优化物流管理,以最低的物流成本面向生产与市场
16	按时、准确地提交公司要求的各类相关报表、报告
17	负责本部门所掌管公司秘密的安全
18	对部门出现的重大异常情况,及时上报公司高层,并提出可行性解决方案
19	积极参与并配合公司及其他部门工作的开展与实施
20	服从并及时完成公司的工作安排

其中,设置的物料仓储工作原则如下:

a. 不得超过堆放地面的安全负荷量;

b. 不得影响照明;

c. 不得妨碍通道与出入口;

d. 不得妨碍消防器具的紧急使用;

e. 不得堵塞电气开关及急救设备;

f. 保持仓库整洁;

g. 减少不必要的搬动;

h. 标明存放的位置与通道;

i. 物料堆放平稳;

j. 易燃易爆物品隔离存放。

摘自:仓储物流部部门工作介绍. http://wenku. baidu. com/view/a8d2222c
647d27284b735158. html.

有时即便制定了规则,但由于主客观原因,在物流操作过程中仍会出现一些意外情况。 因此,还应当设置应对处理突发事件的相关细则。

规则实施的对象和主体应以人为本。 为保证规则有效遵守和执行,应制定物流员工的激励机制和考核标准。 促使员工按计划要求及标准完成工作,不仅对本部门组织布置的每项任务能保质完成,对于需要和其他部门合作完成或其他部门委托交付的工作也应尽心尽职完成。 同时,合理的激励机制在促进遵守规则的同时,还能调动员工的工作热情,从而提高业务效率与质量。 此外,在部门内部,还可定期展开员工培训或外出参观学习,借此改善部门整体的业务水平。

物流部门管理人员也应按公司目标制定年度工作计划,配合整个部门运营规则的一体化。

5.7.3　物流服务

物流组织营运注重满足客户服务的要求。

服装企业中自有物流部门服务对象为分销商或店铺终端,而第三方物流既服务于服装企业,也服务于分销商、店铺或最终顾客。 物流服务要点如下：

    a. 拥有顾客所期望的商品(备货保证)；

    b. 在顾客所期望的时间内传递商品(输送保证)；

    c. 符合顾客所期望的质量(品质保证)。

物流服务作为非物质形态劳动,是一种伴随销售和消费同时发生的即时服务。 这一特点使物流企业或部门在业务活动中受客户的影响大。 同时,物流服务方式及质量也最终影响着客户的选择与评价。 因此,物流服务正逐渐成为企业差别化经营的重要一环。

案例 5-22——百世第三方物流的服务创新(二)

百世物流科技有限公司是由信息技术领域和物流管理领域专业人士联合组建的创新型物流服务提供商。为服装品牌提供综合物流配送服务,凭借多层次的配送、分销仓储网络和强大的运营管理系统平台,为客户的多品牌、多渠道战略提供物流保障。以李宁为例,百世以省级分销商为单位,提供了供应链优化方案,使该分销商商品周转加快,货品配送周期从原先的 5~8 天减少至 3~4 天,仓储成本降低 1/3,因断货而导致的损失也大幅度降低。

为支持服装业客户"多品种、小批量"的配送需求,第三方物流服务商必须要做到及时、准确,尽量缩短交货周期。

百世面向服装业客户具体的物流服务内容包括:采购物流服务、分销仓储与配送服务、附加值加工服务、信息系统集成服务、电子商务一体化物流服务等。针对服装业销售形式多样的特点,百世尝试使用干线运输、零担运输和快递配送相结合的多种运输方式,并做到多种形式的无缝衔接;针对服装销售过程中的实时调拨需求,百世利用自行开发的仓储、运输、车辆管理系统,实现对运输、仓储、配送等环节的全程透明管理,快速响应客户的要求。

针对服装物流的需求特点,百世自行研发了面向跨组织协同信息平台 GeniMax,集成 WMS、TMS 和 GPS/GIS 多个子系统,将运输、仓储、增值服务、配送统一管理。同时,与服装业管理软件提供商进行战略合作,确保对供应链全过程尤其是末端变化的可视化管理;对服装业物流配送需求进行整合性需求分析,提供综合物流解决方案咨询与服务。在细节管理方面,包括通过信息系统解决订单录入、在途跟踪、调拨的及时响应等,帮助服装企业更加透明地管理品牌服装货物。

摘自:百世物流服装物流第三方服务创新. http://wenku. baidu. com/view/45465e290066f5335a8121a1. html.

　　物流活动由顾客购买产品的行为所驱动。 服装的季节性和流行性特点使顾客的购买活动产生明显的变化趋势,在不同的生命周期阶段,服装物流发货量、频率会发生变化,在产品周期衰退阶段,还会出现因为店铺退货而引起的集中逆向物流。 因此,需要根据产品生命的不同阶段合理地规划物流服务的方式。 如图 5-26 所示,在产品导入期,物流服务需要保证货品的可得性,而在衰退期,因为有库存问题,需要考虑如何服务才能最大限度地降低风险。

　　物流服务影响企业效益的另一大原因是服务质量与成本的关系。 物流服务质量与成本是此消彼长的关系,即物流服务质量提高,物流成本就会上升,因此,应当在成本允许的范围内,合理决定服务水平。

　　对客户的服务质量不仅关系到物流组织当前的业绩,也会影响长期的合作关系。 但若一味地满足客户需求,根据客户要求复杂化地处理问题势必影响物流的效率。 从物流组织自身角度来看,物流的效率化是至关重要的使命,而提供客户优质服务与提高物流作业效率两者间存在矛盾。 在处理这对矛盾时,物流部门应当从企业全局优先判断,再根据客户需求合理决定物流服务水平。

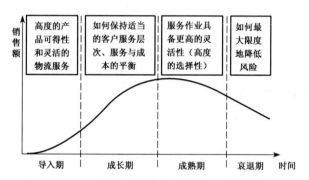

图 5-26　产品生命周期四个阶段的物流服务

来源:张中强,魏本忠.基于产品生命周期的物流需求变化分析 [J] .内蒙古煤炭经济,2004(6):53-54.

第6章 服装物流信息化

知识要点：

> 信息时代的到来为传统物流注入新的活力，而现代物流的发展更离不开信息技术的支持，两者是相辅相成、相伴相生的关系。对于每个服装企业来说，都有针对性的物流解决方案，对物流运作的管理、改善措施也不尽相同，但解决途径始终离不开物流信息化。正因为有了物流信息化，服装现代物流才有了新生命和活力。本章依据物流信息化与服装物流的相互关系，对物流信息的商品化、物流信息收集的数据库化和代码化、物流信息处理的电子化和计算机化以及相关器具等进行阐述。

183

6.1 面向物流的信息化

随着人类社会步入21世纪，全球化、信息化引起市场诸多因素的变化，如新的服装贸易伙伴大量涌现、廉价商品的来源更广泛、服装市场需求频繁更新以及消费导向日趋主流等，促使不同规模的服装企业建立更高效的快速反应物流体系。而高端信息技术带来的物流信息化过程极大地提升了物流效率，使得企业快速市场反应得以实现。

6.1.1 物流信息化的概念

（1）物流信息的含义

狭义的物流信息是指物流活动进行过程中所必需的信息，包括：订货信息、库存信息、生产工序信息、发货信息、物流管理信息等有关物流活动信息[16]。广义的物流信息则是指与整个物流活动有关的信息，可以是直接相关，也可以是间接相关的信息。例如，品牌服装企业在新一季服装上市配货前都会对销量做调研预测，或在小批量试销后，收集反馈信息。虽然这些市场预测信息与物流活动并非直接相关，但也是物流信息的一部分。

（2）物流信息化的界定

现代物流实用词典将物流信息化解释为物流活动中物流信息收集的数据化和代码化、处理的电子化和计算机化、传递的标准化和实时化、存储的数字化、管理的高技术化以及物流信息的商品化等[16]。

据统计[65]，物流活动运用信息技术进行辅助管理后，可为企业带来以下实效：降低运输空载率 15%～20%；提高对在途车辆的监控能力，有效保障货物安全，保证正确按期运输率；网上货运信息发布及网上下单可增加服装商业机会20%～30%；无时空限制的客户查询功能，有效地满足客户对货物在运情况的跟踪监控，可提高业务量 40%；对各种物流资源的合理综合利用，可减少物流成本15%～30%；物流配送中心、仓储配载能力可提高 20%～30%；库存和发货准确率超过 99%；数据输入误差减少，库存和短缺损耗减少；可降低劳动力成本约50%；提高生产力 30%～40%；提高仓储空间利用率 20%。 以上数据显示出物流信息化在现代企业经营战略中占有越来越重要的地位。

案例 6-1——美国企业进入物流信息化时代

2010 年，美国企业的物流信息化程度已经日趋成熟，企业纷纷采用物流信息化作为物流合理化的一个重要途径。美国联邦、州和主要地方政府的机构、所有重要媒体、各个产业部门的主要企业和提供社会服务的主要机构均已联网。在由信息化驱动的活动中，美国的交易额稳居世界第一位。

美国企业物流信息化的路径：

① 条形码技术(Bar-Coding)和射频识别技术(RFID)

美国是最早推行条码技术的国家，其商品销售管理系统与条码技术相结合，在食品、服装、鞋帽、工业生产线、仓储管理、邮电、货运站、码头、海关、医院、出版社等各行各业有着广泛应用，取得了良好的社会效益。其中，华盛顿的超级市场采用条码技术后，工作量较以往骤减 25%～30%。1990 年，美国研制出新的条码技术产品——二维码。相比过去的一维条形码，二维码包含数据量更大的符号标识，其字符集包括所有 128 个字符，最大数据含量是 1 850 个字符。如此数据含量大、应用方便直观的条码技术，在美国广泛存在于医院、物料管理、货物运输及公民证件、日常生活资料的交易中，给美国的物流活动注入新的活力。

RFID 是全球物流领域最新的应用技术，是目前物流和供应链实现"速度"和"价值"的先进手段，具备从生产点到最终消费点的供应链全程跟踪及操作管理能力，且能够实现：物流操作工具的标识和操作(托盘、集装箱)的自动识别；仓库、存货、货位指派监督、供应商存货、贵重商品等管理的自动化；供应链全程的安全监控。同时，企业采用基于互联网的电子数据交换技术(Web EDI)进行企业内外的信息传输，实现订单录入、处理、跟踪、结算等业务处理的无纸化。这些技术同样在服装企业物流配送过程中得以应用，其效果不言而喻，但前期较高的一次性投入使得众多中小企业望而却步。

启示 1：如何采用更为廉价的信息技术，获得实质性成果是我国中小服装企业物流信息化需要突破的瓶颈。

② 仓库管理系统(WMS)和运输管理系统(TMS)提高运输与仓储效率

例如全球知名连锁零售商沃尔玛(Wal-Mart)同休斯公司合作发射了专用卫星用于全球店铺的信息传送与运输车辆的定位及联络,公司 5 500 辆运输卡车,全部装备了卫星定位系统(GPS)。每辆车在什么位置,装载什么货物,目的地是什么地方,总部一目了然,可以更加合理地安排运量和路程,最大限度地发挥运输潜力。

启示 2:专用卫星对服装企业来说或许不现实,但 GPS 技术已经成熟,在服装物流运输和仓储过程中可以采用,能以较低的成本提高物流活动的效率。

③ 供应商与客户信息共享,实现供应链透明化

这一路径主要依靠 JIT(准时生产供货方式)、CPFR(协同预测、规划与生产)、VMI(供应商主导库存管理)等供应链管理技术,实现供应链伙伴之间的协同商务,以便"用信息替代库存",降低需求链的物流总成本,提高需求链的竞争力。例如 Dell 通过网站向供应商提供实时数据,使供应商了解零部件库存、需求预测及其他客户信息,更好地根据 Dell 的需求组织生产并按 JIT 配送,大多数零部件在 Dell 仓库内的存放时间不超过 15 min;同时,Dell 的客户在网上按指令配置 PC,订单下发 5 min 后就可以得到确认,36 h 以内客户订购的 PC 就会下生产线,装上配送车。

启示 3:Dell 这一理念可运用于服装企业管理,在选择面料来源或零售商向服装企业订购新款货品时,可采用因特网商务工具,及时了解供求信息,合理制定采购计划。

④ 电子商务的普及化

通过网上采购原料、网上销售多余库存及电子物流服务商进行仓储与运输交易等手段,借助电子商务降低物流成本。

摘自:牛鱼龙.美国物流经典案例[M].重庆:重庆大学出版社,2006.

6.1.2 物流信息化的作用

(1) 信息化有利于提高物流活动有效性

信息化促进物流信息的充分获取和利用,使物流活动更加有效,有利于物流活动由无序趋向有序。

(2) 物流信息化有利于提高物流效率

服装企业物流包括供应物流、生产物流、销售(流通)物流,是复杂庞大的物流循环系统,各个子系统联系紧密。依据充分的物流信息化技术,能使整个物流活动运作合理且规范有序,使每一个环节都能高效运行。

(3) 物流信息化有利于物流服务能力的提升

因特网的广泛应用,能将整个服装业的供应链有效地整合为一体,避免传统

意义上的时空限制,扩大物流服务范围,提供更优质的服务。

（4）物流信息化有利于提高物流运作的透明度

物流成本经常被称作"黑暗大陆",物流信息化能使整个物流活动中货物的状态和变动透明化,有利于及时掌握整个库存、在制品以及在途运输货物的详细信息,使得物流成本和费用的实际数据更容易被掌握,从而增强信息准确性。针对反馈信息及时做出有效反应,快速应对突发状况,减少偶然性损失。

（5）物流信息化有利于促进和实现现代物流管理

服装企业进行物流活动时,必须将面辅料等原料采购、服装生产制造、仓储、运输、销售等环节全盘统筹考虑,以满足消费者需求为目标,实行一体化现代物流管理。物流信息化能够有效地将整个物流体系紧密地联系在一起,成为一个有机协调的整体。如果没有信息上充分完善的对称性,整个物流环节将无法有效协同,使得各个节点成为"信息孤岛"。信息化技术在物流活动上的实施弱化了各个环节之间固有的物流界限,建立起一座信息化的桥梁,起到合理调配物流资源,提升物流活动效率,有效增加物流管控能力的作用。

186

案例 6-2——美国 UPS（United Parcel Service,联邦包裹快递公司）的现代物流信息技术

闻名全球的财富杂志曾戏称道,"今天的 UPS 已经不再是一个有技术的卡车货运公司(A Trucking Company with Technology),而是一个有卡车的科技公司(A Technology Company with Trucks)"。UPS 公司发生脱胎换骨的变化离不开物流活动信息化的演变。

UPS 2008 年营业收入为 515 亿美元,其中年递送量 39 亿件包裹与文件,平均每天向遍布全球的顾客递送 1 550 万件包裹。面对如此庞大的物流信息,UPS 通过对信息技术的应用和升级有效地提升了物流效率,满足了各种顾客的需求。2012 年 3 月 19 日 UPS 收购欧洲第二大快递服务企业荷兰 TNT 公司后,成为世界上当之无愧的第一大物流公司。

UPS 主要应用的物流信息技术如下:

a. 条形码和扫描仪使联邦快递公司能够每天 24 h 地跟踪和报告装运情况,顾客只需拨打电话或者从网络页面上就能进行包裹货物追踪;

b. 第四代速递资料收集器——Ⅳ型 DIAD(图 6-1)

这是业界先进的手持式电脑,几乎可同时收集和传输实时包裹信息,也可让客户及时了解包裹的传送现状。这台 DIAD 是一个内置无线装置,可在所有查询信息输入后立即向公司总部数据中心发送信息,同时集成了可视化签名、蓝牙、Wi-Fi 和广域无线网络功能(GPRS 或 CDMA)。该电脑还使用了最新的全球卫星

定位技术以进一步提升物流服务质量,并可立即上传客户的签收信息。递送员只需扫描包裹上的条形码,用电子方式采集收件人的签名,输入收件人姓氏,再轻按一键,便可完成交易和数据发送。同时遇到紧急递送需求,UPS 客服中心可凭借Ⅳ型 DIAD 的全球定位系统找到离客户最近的递送员,迅速前去取件。

图 6-1 Ⅳ型 DIAD

c. UPS 的仓库管理技术,包括:自动仓库、指纹扫描、光拣技术、产品跟踪和决策软件工具等。例如 UPS 为美国国家半导体公司位于新加坡仓库设立的物流信息管理系统,使得仓库的管理简单有效。仓库管理员只须像挥动树枝一样将手持扫描仪扫过一箱新制造的电脑芯片,随着这个简单的举动,高效自动化的送货程序瞬时启动。短短的 12 h 内,这些芯片就能送达遍布全球的各个国家半导体客户。

由此可见,物流信息技术通过切入企业的物流业务流程,能实现对企业各生产要素进行合理的组合与高效利用,起到降低经营成本、快速递送以及提高经营效益的成果。

这些信息技术同样可以应用到服装业,不但能大大提高企业的预测与管理能力,通过"点、线、面"的立体式综合管理,实现服装企业内部敏捷生产,外部供应链整合一体化的统一管理,有效地解决服装企业库存及市场需求的快速反应。

摘自:牛鱼龙.美国物流经典案例[M].重庆:重庆大学出版社,2006.

187

6.1.3 物流信息化的发展趋势

随着物流信息化的逐渐普及,服装业物流信息化的发展趋势如下:

(1) 充分利用 ERP(企业资源计划)系统,有效地开发各功能模块

ERP 系统拥有生产计划、产销衔接、财务、仓储等管理功能,服装企业需根据实际情况,在整个供应链的协同下,利用 ERP 的优势提高产业链的生产及流通渠道的速度与质量。

(2) 终端 POS 系统建设

服装企业销售终端 POS 系统建设的核心在于提高终端的精细化管理水平,缩短产品开发周期及满足市场需求的反应时间。

(3) 基于 RFID 的终端货品管理

RFID 与条形码技术相比,能更有效地帮助服装企业掌控终端货品的品类、品项、品牌、条码、色号、型号、计量、规格等货品信息;对货源进行及时、有效的管理;与物流配送中心仓库发货系统进行快速比对,有效提升物流活动效率,避免窜货情况发生。

6.2 物流信息系统概述

6.2.1 物流信息技术应用现状

在物流领域内建立的信息采集、传输、处理、储存与输出工作的系统,称为物流信息系统,它由人员、程序和设备组成,是一种为物流管理制定计划、实施、控制等职能提供信息技术支撑的交互系统。 以时尚为基础的服装企业,物流信息复杂多变,企业只有不断地推陈出新,以较低的成本迅速满足消费者快速变化的消费需求,才能在激烈的市场竞争中胜出。 面对各种复杂的物流信息,企业迫切需要物流信息系统支撑,而核心在于物流信息技术的适时应用。

物流信息技术的应用能实现对物流活动各要素的有效组合和高效利用,提高企业的业务预测和综合管理能力。 现代物流信息技术包括:销售终端 POS 系统、条形码技术、无线射频技术 RFID、电子数据交换 EDI、地理信息系统(Geographic Information System,GIS)和全球定位系统 GPS 等(图 6-2)。

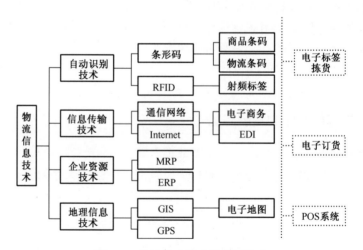

图 6-2 物流信息技术的主要内容

自动识别技术(条码与射频技术)是物流信息技术的集中体现,是以通信技术和计算机技术为基础发展起来的综合性科学技术,是信息数据自动识读、自动输入计算机的重要方法和手段,也是一种高度自动化的信息和数据采集技术。

(1)条形码技术

① 条形码的发展史

条形码技术诞生于 20 世纪 40 年代,但真正得到实际应用和迅速发展还是在

20 世纪 80 年代（表 6-1）。 1972 年,随着交叉 25 码的发明,更多的信息可被容纳在较小的空间内,条形码技术进入了新的发展阶段。 由于该领域的技术发展非常迅速,条形码技术与计算机、通信技术和光电子等的结合,朝着精度更高应用更广的方向发展。 商品条形码技术推动着商业信息化、自动化的发展,实现了全球范围内商品信息的快速交换。

表 6-1　条形码技术的发展史

时间	历史事件
20 世纪 40 年代	条形码技术诞生
20 世纪 40 年代后期	开始研究条形码技术在食品项目中的应用
1949 年	获得美国专利
1970 年	通用商品码——UPC 码
1971 年	条形码技术第一次应用到仓库管理中
1972 年	库德巴码（Code Bar）、交叉 25 码
1981 年	沃尔玛试用商品条形码实现库存自动控制

② 条码的概念、构成及特点

条形码（Barcode）简称条码,由一组宽度不等的条、空及字符组成,用以表示一定信息的图形标识符,并能够用特定的设备识读,转化成与计算机兼容的二进制或十进制数字信息[16]。

一个完整条码的组成次序依次为:静区（左侧空白区）、起始符、数据符、中间分隔符（主要用于 EAN 码）、校检符、终止符、静区（右侧空白区）、供人识读字符（图 6-3）。

图 6-3　条码的结构组成

截至目前,共有 200 多种条码,常用的条码根据码制主要有 UPC 码、EAN 码、交叉 25 码、39 码、库德巴码、128 码、93 码、49 码等;根据条码维数分类有一维条码、二维条码和多维条码（表 6-2）,其中物流条码主要采用 UCC/EAN-128 码制。

189

表 6-2　常见条码分类

条码分类	常见条码	简介
码制分类	UPC 码	由美国统一代码委员会制定的一种长度固定的连续型数字式条码制,可分为 UPC-A、 UPC-E 商品条码两种
	EAN 码	无含义、长度固定、连续型的数字式码制,在 UPC 基础之上发展起来的商品条码,有 EAN-13,EAN-8 两种
	交叉 25 码	长度可变的连续型自校验最简单的数字式码制,主要应用于运输、仓储、工业生产等领域
	39 码	1975 年由美国 Intermec 公司研制的条码,能够对数字、英文字母及其他字符进行编码
	库德巴码	一种长度可变,连续型自校验数字式码制,主要应用于医疗、图书等领域
	128 码	出现于 1981 年,是长度可变,连续型自校验数字式码制
	93 码	长度可变,连续型自校验数字式码制,密度高
	49 码	多行的连续型、长度可变的字母数字式码制
	其他码制	如 25 码,主要应用于电子元数据标签等
维数分类	一维条码	自问世以来得到广泛应用,但信息容量小
	二维条码	容量大,可靠性高,保密防伪性强,制作成本低
	多维条码	20 世纪 80 年代以来,多维条码技术研究及应用非常广泛

条码技术作为一种图形识别技术与其他识别技术相比有如下特点[65]:

a. 简单、易于制作、可印刷

条码符号制作容易,扫描简单易行。 条码标签易于制作,对印刷技术和材料没有特殊要求,被称为"可印刷的计算机语言"。

b. 信息采集速度快

普通计算机键盘录入速度 200 字符/min,而利用条码扫描的信息录入速度是键盘录入的 20 倍。

c. 采集信息量大

利用条码扫描,依次可以采集几十位字符的信息,而且可以通过选择不同码制的条码增加字符长度,使采集的信息量成倍增加。

d. 可靠性高

键盘录入数据,误码率为 1/300,利用光学字符识别技术,误码率约为万分之一。 而采用条码扫描录入方式,误码率仅为百万分之一,首读率①可达 98% 以上。

e. 设备结构简单、成本低

条码符号识别设备结构简单,容易操作,无须专门训练。 与其他自动化技术相比,推广条码技术所需费用较低。

---

① 首读率是指条码在通过识读设备时,能够被一次性读取其中信息的成功率。

f. 灵活实用

条码符号作为一种识别手段可以单独使用,也可以与有关设备组成系统,实现自动化识别,还可以与其他控制设备相结合,实现整个系统的自动化管理。 同时,在没有自动识别设备时,也可以实现手工键盘输入。

g. 自由度大

识别装置与条码标签相对位置的自由度要比光学字符大。 不管是二维码还是一维码,即使标签部分尚有缺欠,仍可以从正常部分得到正确信息。

案例 6-3——条码在服装仓储配送管理中的应用

条码可应用于服装企业整个仓储配送作业流程的所有环节,有利于实现库存管理自动化,合理控制库存量,进行仓库的进货、发货以及运输中的装卸自动化管理。 条码作为数据、信息输入的重要手段,具有输入准确、速度快、信息量大的特点。

A. 订货。 无论是服装企业向面辅料商订货,还是销售商向服装企业订货,都可以根据订货单或货架牌进行订货。 不管采用哪种订货方式,都可以用条码扫描设备输入订货单或货架上的条码。 这种条码包含品名、品牌、产地、规格等信息。然后通过计算机网络通知供货商或配送中心发出订货的品种及数量。 这种订货方式比传统的手工订货效率高出若干倍。

B. 收货。 当配送中心收到从面辅料商发来的商品时,接货员在包装箱上贴一个条码,作为该种商品对应仓库内相应货架的记录。 同时,对商品外包装上的条码进行扫描,将信息传到后台管理系统中,并使包装箱条码与商品条码一一对应。

C. 入库。 应用条码进行入库管理。 商品到货后,通过条码输入设备将商品基本信息输入计算机,由计算机系统统计商品入库的时间和数量;计算机系统根据预先确定的入库原则、商品库存数量,确定该种商品的库位存放位置;根据商品的数量发出条码标签,这种标签包括该种商品的存放位置信息;在货箱上贴上标签,并将其放到输送机上;输送机识别货箱上的条形码后,将货箱放在指定的库位区。

D. 货位存放。 在人工摆货时,搬运工要把收到的货品摆放到仓库的货架上。在搬运商品之前,首先扫描包装箱上的条码;计算机会提示工人将商品放到事先分配好的货位;搬运工将商品运到指定货位后,再扫描货位条码,以确认所找到的货位是否正确。

由此可知,在商品从入库到搬运至货位存放的整个过程中,条码起到了相当重要的作用。

191

商品以托盘为单位入库时,先将到货清单输入计算机,就会得到按照托盘数发出的条码标签;接着,将条码贴于托盘面向叉车的一侧,叉车前面安装有激光扫描器;叉车将托盘提起,并将其放置于计算机所指引的位置上;在各个托盘货位上装有传感器和发射显示装置、红外线发光装置或表明货区的发光图形牌;叉车驾驶员将托盘放置好后,通过叉车上装有的终端装置,将作业完成的信息传送至主计算机;于是,商品的货址被存入计算机。

E. 补货。查找商品的库存,确定是否需要进货或者货品是否占用太多库存等,同样需要利用条码进行管理。另外由于商品条码和货架是一一对应的,也可通过检查货架达到补货的目的。

条码不仅在配送中心处理业务时发挥作用,配送中心的数据采集、经营管理同样离不开条码。通过计算机对条码的管理,对商品运营、库存数据的采集,可及时了解货架上商品的存量,从而进行合理的库存控制,将商品的库存量降到最低点;也可以做到及时补货,减少由于缺货造成的分店补货不及时,避免销售机会损失的发生。

案例6-4——Y品牌服装企业的编码

服装企业常用的编码有物料编码、款式编码、物流码及商品码。

A. 物料编码

物料编码主要针对面辅料种类多的服装企业。此时,面辅料的领发、验收、跟催、盘点、储存等工作十分频繁。物料编码可以使各种面辅料信息的传递、反馈以及沟通容易实现。物料编码示例见图6-4。

示例:A421001

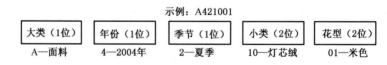

图6-4 物料编码规则

B. 款式编码

款式编码代表服装的款式信息,便于产品流通中信息的识别(见图6-5)。

示例:YF10G-JL

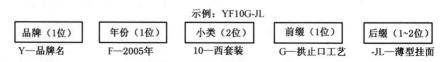

图6-5 款式编码规则

C. 物流码

物流码又称货号,是服装企业内部使用的代表物流信息的条形码,含有大量有价值的信息(图6-6)。一般而言,物流码只在企业内部起作用,服装产品进入商业流通领域后应使用商品码。

示例:YD10DGE47007

700030000374

货号:YD10DGE47007

品牌(1位)	年份(1位)	小类(2位)	款式(3位)	面料(1位)	价位(1位)	流水码(3位)
Y—品牌名	D—2004年	10—西套装	DGE—单排、三粒扣、拱止口	4—全毛	7—600~800元	007—流水码

图6-6 货号编码规则

D. 商品码

企业在中国物品编码中心申请后,经批准的工业产品在商业流通中表达相关商业信息的条码称为商品码。商品码主要由EAN-13码构成(图6-7)。

示例:6920723318876

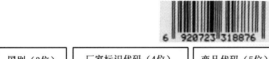

6 920723 318876

国别(3位)	厂家标识代码(4位)	商品代码(5位)	校对码(1位)
692—中国	0723—国家编码机构分配	31887—厂家分配	6—校验代码的正误

图6-7 商品条形码编码规则

以Y品牌服装企业为例,阐述信息编码状况:

a. 以物流码反映产品的款式、面料、价格信息(表6-3);

b. 在服装成衣上有物料信息,但没有独立的面料编码规则;

c. 没有款式编码;

d. 编码不统一,信息不全面,不利于服装产品信息的检索、查询和管理。

同时服装企业对信息编码系统的主要需求为:

a. 信息编码体系在总体结构和规则上统一,制定相应的企业编码标准;

b. 编码中赋予每一位字母或数字特定的含义,如品牌、类别、年份、季节、面料、款式、颜色、尺码等信息,以此对产品的特性进行描述与分析;

c. 根据自动采集的编码数据,可以对企业的销售、库存、订单、回款、缺货、补货以及盘盈、盘亏等进行数据分析和挖掘,从而为企业的经营决策、生产计划制定及货品调配平衡等提供准确的数据支持,是服装企业从粗放型经营上升到依据定量分析的科学决策层面;

d. 物流码与款式码一一对应,从而支持服装的快速变型设计和制造。利用以往的数据库可以缩短设计周期,降低产品成本,满足顾客个性化需求;

e. 支持服装 CAD/PDM/ERP 系统的集成。通过以码代形，在不同的 CAD、PDM、ERP 系统之间用有限码位传递准确的产品信息；

f. 编码信息由数据库支持。如用户订单库、样品库、裁片库、面料库及排料库等，从而实现资源共享，统一管理。

表6-3　现有西服物流码(货号)规则

货号代码	位数	含义	货号代码	位数	含义
YE10	1~4	套装	-BW	10~11	半毛衬
D	5	单排纽扣	G	12	绿色 Y 系列
G	6	缉止口	4	13	全毛
E	7	三粒纽	1	14	1 000~2 000
P	8	手巾袋两贴袋	002	15~17	流水码
B	9	上衣双开衩			

③ **物流条码**

物流条码适用于货运单元(或称为贸易单元)上的条码,它用于商品的外包装(又称大包装或运输包装)上,以供收发货、运输、装卸、仓储、分拣、配送等识别环节[16]。 与日常生活消费所见的普通商品条码相比,物流条码有如下特点:

a. 标识目标不同

商品条码是最终消费品,通常是单个商品的唯一标识,用于零售业的现代化管理;物流条码是储运单元的唯一标识,是收发货、运输、装卸、仓储、分拣、配送等各项物流业务所必需的一种商品包装识别。

b. 应用领域不同

商品条码在零售业的 POS 系统中起到了单个商品的自动识别、自动寻址、自动结账等作用,是零售业现代化、信息化管理的基础;物流条码服务于物流现代化管理的全过程,贯穿于整个物流活动:生产厂家生产出产品,经过包装、运输、仓储、分拣、配送,直到零售商店,中间经过诸多环节,物流条码是这些环节中的唯一标识,因此它涉及更广,是多种行业共享的通用条码。 物流条码的应用示例见图 6-8。

c. 码制、信息不同

通常,商品条码采用 13 位数字的 EAN/UPC 码制;物流条码则是一个可变的,可表示多种含义、多种信息的条码。 UCC/EAN－128 条码(Uniform Code

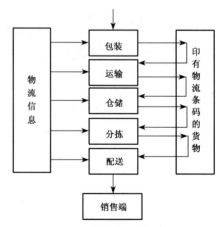

图6-8　物流条码的应用

来源:王晓平.物流信息技术[M].北京:清华大学出版社,2011.

Council Inc，UCC 即美国统一编码委员会的英文缩写），是货运包装的唯一标识，涵盖货物的体积、重量、生产日期、批号等信息，是贸易伙伴根据贸易过程中的共同需求，协商统一后制定的。

d. 标准维护不同

商品条码是一个国际化、通用化、标准化的商品唯一标识，是零售业的国际化语言；物流条码则是随着国际贸易的不断发展，贸易伙伴对各种信息需求的不断增加应运而生，应用层面不断扩大，内容也在不断丰富。 同时，物流条码的相关标准是一个需要经常维护的标准。 及时沟通用户需求，传达标准化机构有关条码应用的变更内容，是确保物流现代化、信息化管理的重要保障之一。

④ 物流条码识别技术

如图 6-9 所示，条码识读系统由扫描系统、信号整形、译码三部分组成。扫描系统由光学系统及探测器（光电转换器）组成；信号整形部分由信号放大、过滤及波形整形组成；译码部分则由译码器及通信部分组成。

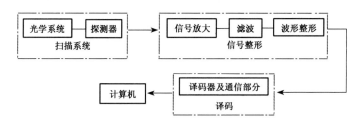

图 6-9　条码识读系统组成

来源：王晓平.物流信息技术[M].北京：清华大学出版社，2011.

以条码技术为主的物流标识具有数据采集快速、准确、成本低廉以及易于实现的特点，并有全球通用的标准，同时标识的信息能够适用于供应链管理。 物流标识技术的应用是物流现代化的重要手段，采用这一技术能对物流活动进行实时控制与管理。

（2）射频识别技术

① 射频识别技术的概念

无线射频技术 RFID，俗称电子标签，是利用无线电波进行数据信息读写的一种非接触式自动识别技术。 20 世纪 40 年代，通过对雷达原理的改进和运用催生了 RFID 技术，美国国防部军需供应局最早将 RFID 技术运用于军需物资的调配。 RFID 技术经历的发展阶段见表 6-4。

表 6-4　RFID 技术的发展历程

时间年份	历史事件
1941—1950	雷达的改进和应用催生了 RFID 技术 1948 年哈里·斯托克曼奠定了 RFID 的理论基础
1951—1960	早期 RFID 技术的探索阶段，主要进行实验室试验研究

续　表

时间年份	历史事件
1961—1970	RFID 技术理论进一步发展，开始尝试应用
1971—1980	RFID 技术与产品研发处于加速发展阶段，各种 RFID 技术的研究和发展加速，并出现了一些最早的 RFID 应用
1981—1990	RFID 技术与产品进入商业应用阶段，各种封闭系统开始出现
1991—2000	射频识别技术标准化问题日趋得到重视，射频识别产品得到广泛采用，射频识别产品逐渐成为人们生活中的一部分
2001—至今	标准化问题受到重视，射频识别产品种类更加丰富，源电子标签、无源电子标签及半无源电子标签均得到发展；电子标签成本不断降低，扩大行业应用规模

来源：肖莹莹. RFID 技术在国内零售业物流管理中的应用研究[D]. 成都：西南交通大学，2008，4：10.

射频识别系统主要由电子标签、读写器和计算机网络系统组成（图6-10）。

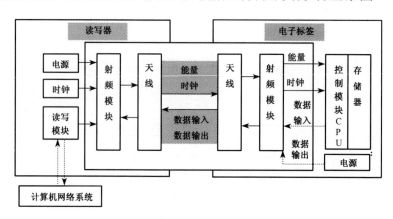

图 6-10　射频识别系统的组成

RFID 标签具有防水、防磁、耐高温等特性，使用寿命长，读取距离宽，可同时读取多个标签，操作简便。 在 21 世纪初，RFID 技术的应用成本较高，近年来随着科学技术的进步和市场化程度的提高以及规模化生产和批量应用，电子标签的应用成本不断降低，行业应用规模逐步扩大。

与其他技术相比，射频识别技术具有可非接触识别（识读距离从 10 厘米到几十米）、可识别较高速运动物体、抗恶劣环境、保密性强、可同时识别多个对象等优点，广泛运用于物料跟踪、车辆识别、生产过程控制等环节。 射频技术之所以受重视，关键在于其可以让物品实现自动化管理，而不再像条码那样需要扫描。 在 RFID 标签中存储着规范且可以互用的信息，通过无线通信网络可以将数据自动采集传送到中央信息系统，RFID 磁条可以以任意形式附带在包装中，不需要像条码那样占用固定空间。 另一方面，RFID 不需要人工去识别标签，读卡器每 250 ms 就可以从射频标签中读出位置和商品相关的数据[65]。

② **基于射频识别技术的物流适用类型**

根据 RFID 系统完成的应用功能和提供的物流信息不同，应用系统可分成以

下三种类型:

a. 便携式数据采集系统

便携式数据采集系统是通过手持式数据采集器采集 RFID 标签上的数据。这种方法具有比较大的灵活性,适用于不易安装固定式 RFID 系统的应用环境,例如递送员、中转仓库等。 手持式阅读器(数据输入终端)可以在读取数据的同时,通过无线电波数据传输方式(RFDC)实时向数据中心传输数据,也可以暂时将数据存储在阅读器中,过后再批量向数据库传输。

b. 物流控制系统

该系统的 RFID 阅读器分布在规定区域,并且阅读器直接与数据管理信息系统相连;而射频识别标签则安置在移动的货品或托盘上;当货品、托盘流经阅读器时,射频识别标签上的信息经由阅读器录入到数据管理信息系统,进行存储、分析、处理等物流管理。

c. 定位系统

定位系统用于企业内部物流及运输配送环节,对运载工具或流水线工序进行定位支持。 阅读装置放在移动的载具,或者自动化流水线中移动的物料、半成品、成品上,射频识别标签嵌入在操作环境的地表下面。 射频识别标签上存储有位置识别信息,读写器一般通过无线或有线的方式连到主信息管理系统。

③ RFID 技术与条码技术的异同(表 6-5)

无线射频技术与条码技术相比,具有以下优势[65]:

a. 快速扫描

与条码每次只能扫描一个标识不同,RFID 阅读器可同时辨识读取复数个 RFID 标签。

b. 体积小型化、形状多样化

RFID 在读取上并不受尺寸大小与形状限制,不需为了读取精确度而配合纸张的固定尺寸和印刷品质。

c. 抗污染能力和耐久性

传统条码载体为纸张,容易受到污染,但 RFID 对水、油和化学药品等物质具有很强的阻抗性。 此外,RFID 标签将数据存在芯片中,因此可以免受污损。

d. 可重复使用

现今的条形码具有一次性使用性质,而 RFID 标签则可重复新增、修改、删除信息,可循环使用。

e. 穿透性和无屏障阅读

在被覆盖的情况下,RFID 能够穿透纸张、木材和塑料等非金属或非透明的材质,并能够进行穿透性信息阅读。

f. 数据记忆容量大

RFID 标签信息容量是一维条形码的 10 万倍,是二维条形码的 5 000 倍。

g. 安全性

由于 RFID 承载的是电子式信息,数据内容可用密码保护,不易被伪造、改造及盗用。

表 6-5　条码技术与 RFID 技术的比较

比较内容	条码技术	RFID 技术
读取速度	快,是键盘录入的 20 倍,每次能读取一个条码	更快,每次能读取多个标签
准确性	较高	很高
抗污染性	弱	强
穿透性	弱	强
容量	相对较小	大
安全性	较低	高,可加密
成本	低	较高

案例 6-5——RFID 技术在服装企业的运用

　　RFID 技术引入服装企业后,可有效地帮助企业实现智能仓库、智能营销以及防窜货等管理。同时,服装管理人员使用 RFID 技术能明确企业当前生产、库存、销售等业务数据,并将工作人员从大部分繁琐、繁重的工作中解放出来,提高现代服装企业的管理水平。图 6-11 所示为 RFID 技术应用带来的功能革新。

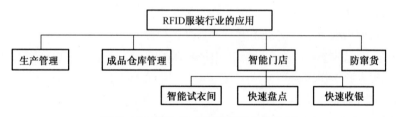

图 6-11　RFID 技术在服装企业的应用

　　A. 生产管理

　　用 RFID 技术的电子工票替代纸质条码工票,实时采集生产数据,获取生产进度、员工表现、每包每道工序时间、品质等信息,帮助管理者及时进行现场调度,针对性地解决瓶颈问题,提高有效产出。

　　a. 裁剪捆扎时,配上 RFID 智能物料卡,代替条码工票或纸质票签,能降低成本且环保。

　　b. 在每台缝纫机或者需要计件的岗位上,安装双头读卡器,防止误报或空报,计件准确、工价制定依据公平合理。

　　c. 员工工作时,刷读卡器显示员工号;每扎完工后刷物料卡,读卡器能显示每扎数量、员工负责的工序以及颜色尺码等信息。

d. 系统在自动统计生产员工实时状态的同时,会自动记录每道工序的时间,利于管理者寻找工作瓶颈;当发现疵品时,也能根据 RFID 标签记录的信息追溯疵品工序源头。

B. 成品仓库管理

a. 收货及入库。当货物抵达仓库时,通过 RFID 快速检验通道可以进行盘点服装的数量、规格等操作,仓库管理系统可以指示员工快速而准确地将货物运送到指定位置。

b. 提货及包装。由于服装整箱包装较多,普通的门型条形码扫描器难以较为准确地完成信息录入流程。RFID 检验通道可以快速完成包装验证,从出库的源头保障包装商品的准确性。

c. 库存管理。RFID 技术可以提供客观性、准确性及可追溯性的库存管理。有了即时的存货信息后,补货及盘点等库存控制工作便能客观地成为可视性的透明库存。

d. 出库。RFID 检验通道可以快速完成出货查验工作,防止商品错发漏发,提升拣货速度及准确度,避免人工偶然性、非系统性失误。

C. 智能门店

a. 智能试衣间。当服装或纺织产品采用 RFID 电子标签时,通过零售店安装的智能系统可以自动识别顾客所选择的商品。并在试衣间显示屏上展示相应的价格、折扣、服饰搭配等信息,丰富的信息让顾客在店铺或试衣间都能享受专业的购物指导。

b. 智能终端查询机。单品查询:在智能查询终端上扫描服装上的 RFID 电子吊牌后,屏幕上会立刻展现商品相关的多媒体信息。

一键式查询:消费者或营业员可以通过按键方式分类查找店中同类商品的多媒体信息。

c. 快速盘点。通过手持式阅读器可以实时对货架陈列商品和门店后台库存商品进行盘点,可分区域按架位生成报表,根据实际要求生成指定格式数据,通过实时或脱机方式上传到门店或品牌公司的管理系统。

d. 快速收银。通过固定式或手持式 RFID 收银设备,系统可以快速采集客户所选商品信息,生成销售清单,结账快速省时,销售人员可以将更多时间专注于客户服务。

D. 防窜货

防窜货是市场销售链管理中的一个重要环节,"窜货"现象长久以来严重干扰企业正常的营销运作和策略制定。窜货是指服装企业的经销商在非自身销售区域进行有意识的销售,假如经销商为了牟取非正常利润,蓄意向非辖区倾销货物,对企业销售影响将非常大。尤其是网络虚拟销售快捷方便,经销商常选择类似淘宝商城(天猫)之类的 B2C 平台进行虚拟跨区域倾销。专卖店成了消费者的试衣间,查看好型号、尺码后,直接在淘宝商城等 B2C 平台上购买,严重影响品牌形象和其他经销商的利益,导致代理商不敢大批量订货,最终影响品牌企业的效益。

通过 RFID 电子标签植入到服装的指定裁片上，在服装生产下线后，每件衣服内部就有了一个全球唯一的 ID 码电子标签。通过在服装装箱发货前将每件服装的唯一 ID 码与用户信息进行绑定，确定产品流向。品牌商通过读取每件衣服上的电子信息标签内容，便可快速确定服装分销地点或服装原产地。

另外，物流环节利用植入的 RFID 芯片也可以明确分辨退换货服装的货品来源，从而保障代理商退换货物流服务的快速和有效执行。

摘自：厦门信达物联科技有限公司. RFID 在服装中的应用方案. RFID 世界网. http://solution.Rfidworld.com.cn. 2011-04-11.

（3）电子数据交换（EDI）技术

① EDI 的概念及发展

电子数据交换是指对原先用传真、邮包及快递方式传送的商业文件，通过电子方式进行交换。这些商业文件包括表格、订单、送货单证、收据、发票、汇款通知、对账单、提单、仓库货单等。EDI 是进行全球性信息交换的基础，是在业务伙伴、中介人及其他人员之间，以一定的商务结构格式，无需人工干预，通过电子技术进行的业务信息交换[16]。

20 世纪 60 年代初，以微电子、通信、计算机技术为核心的高新技术迅速发展，现代计算机的大量普及、应用及功能的不断提高，经济全球化、跨国公司的涌现、国际贸易量大面广，带来了纸面文件的激增，成为阻碍贸易发展的一个较为突出的因素。同时地域限制对文件传递、处理及准确性提出较高要求，正是在此背景下，EDI 技术应运而生。EDI 技术经历的发展阶段见表 6-6。

表 6-6　EDI 的发展历史

时间	历史事件
20 世纪 60 年代	欧洲和美国几乎同时提出了 EDI 的概念。早期的 EDI 只是在两个商业伙伴之间，依靠计算机与计算机直接通信完成
20 世纪 70 年代	数字通信技术的发展加快了 EDI 技术的成熟和应用范围的扩大，也带动了跨行业 EDI 系统的出现
20 世纪 80 年代	EDI 标准的国际化使 EDI 的应用跃入了一个新的历程

② EDI 系统结构及信息处理

EDI 包含三方面内容，即数据标准化、EDI 软硬件和通信网络，三者相互衔接、相互依存、共同构成 EDI 的基础框架。EDI 系统模型见图 6-12。

图 6-12　EDI 系统模型

EDI 用户使用计算机应用软件系统自动处理传递的商务信息,可与其他计算机应用系统(如 MIS 系统)联网。 通用的 EDI 通信网络是建立在 MHS(Message Handling System,信息控制系统)数据平台上的信息系统,通过在数据通信网上加挂大容量计算机信息处理软件,实现 EDI 的文件交换(图 6-13)。

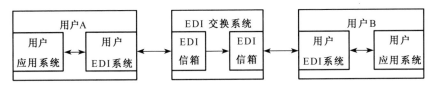

图 6-13　EDI 信箱通信与交换原理

案例 6-6——服装 EDI 的应用分析

国外服装企业早已成功应用 EDI 系统,并且取得良好的经济效益。以日本为例,服装业在引进 QR 系统前,大部分服装商品尚未进行 JAN 条形码的原始登录。商品上的条码源自各大零售企业尤其是百货店独自的条码,这些百货店要求供货方以适合零售商的 EDI 方式与计算机联网进行数据交换。于是,服装生产批发商根据各零售商的要求,不得不对同一商品使用不同的商品条形码,贴上不同的价格标签交货。这不仅是一项繁杂的工作,而且作为一种商品交换工具也是缺乏效率的。同一种商品被贴上了不同条形码的标签后,服装生产批发商就得根据各个交易客户独自规格的 EDI 方式进行有关订货或接受订货的信息交流,因此必须储备与各个交易客户相对应的终端机和软件。若不这样做,虽然可以考虑利用 VAN(Value-added Network,增值网)进行订货或接受订货的信息交流,但会产生初期费用和使用成本,从而使商品成本增大。在认识了问题所在之后,日本纺织产业结构改善事业协会将 EDI 标准化作为工作开展的重要课题。

启示:在 EDI 标准没有建立或行业 EDI 标准还未建立之前,企业在运作时,没有统一标准可以参照执行。即使服装企业决策者尝试 EDI 的理念,也会因为无法与贸易伙伴的 EDI 系统兼容使他们在实施 EDI 时望而却步。这也成了 EDI 推广使用的绊脚石。

我国服装企业也开始尝试应用 EDI,如浙江茉织华集团在日方合作伙伴的配合下实现了 EDI。但国内推行 EDI 的服装企业主要是外向型企业。因此,我国服装业欲推进 EDI 应用,当务之急是建立起一套适应我国国情的服装 EDI 标准。有了行业的 EDI 标准,数据传递的准确性和效率将得到提高,成本也将下降。例如,品牌服装企业通过 EDI 系统向加工企业发出订货单,因为有了相同的 EDI 标准,加工企业能迅速解读收到的信息,并通过企业内部网络将必要的信息分别传递到各生产环节。同时,解读的信息也可用于预测和生产计划的调整。

摘自:陶珂,王志进,杨以雄,等.基于 XML 的服装 EDI 标准化方案研究[J].东华大学学报:自然科学版,2005(2):93-98.

（4）企业资源计划（ERP）

① ERP 的概念与发展

企业资源计划是由美国 Garter Group 咨询公司首先提出的,经由订货点法（Order Point Method）、MRP（Material Requirement Planning,物料需求计划）、MRP Ⅱ（Manufacturing Resource Planning,制造资源计划）发展而来[66]。

ERP 的主要理念:

a. 管理思想

ERP 是一套企业管理系统的体系标准,实质是在 MRP Ⅱ 基础上发展而来的面向供应链的管理思想,吸收了及时生产供货（JIT）、精益生产、全面质量管理（TQC）等先进的管理思想,ERP 从管理范围和深度上为企业提供了更丰富的功能和工具。

b. 软件产品

ERP 软件是综合应用客户机/服务器体系、关系数据库结构、面向对象技术、图形用户界面、第四代语言（4GL）、网络通讯等信息技术,以 ERP 管理思想为灵魂的软件产品。

c. 管理系统

ERP 是整合企业管理理念、业务流程、基础数据、人力资源、计算机硬件和软件于一体的企业资源管理系统。 ERP 系统集信息技术于一身,建立在信息技术的基础上,以系统化的管理思想为企业决策层及员工提供决策运行手段的管理平台。

如图 6-14 所示,从 ERP 概念层次可知,ERP 有三层系统,即概念化的抽象系统（ERP 管理思想与方法体系）、以软件形式存在的逻辑系统（ERP 系统）以及将要在企业内部运行的管理系统（企业 ERP 管理系统）。 ERP 的发展历程见表 6-7。

图 6-14　ERP 概念层次

表 6-7　ERP 发展经历

时间阶段	具体事件
订货点法	计算机系统在 20 世纪 40 年代之前还没有出现,人们为了解决库存控制问题,提出了订货点法。 订货点的实质是着眼于"库存补充",即把库存填满到某个原来的状态。 库存补充的原则是保证企业在任何时候仓库里都有一定数量的存货,以便需要时取用
MRP 阶段	20 世纪 60 年代制造业为了打破依靠订单制定计划的管理方式,设置了安全库存,为需求与订货提前期提供缓冲。 20 世纪 70 年代,企业的管理者们认识到,企业真正需要的是有效的订单交货日期,因而产生了对物料清单的管理与利用,形成了物料需求计划 MRP[67]

时间阶段	具体事件
MRP Ⅱ阶段	20 世纪 80 年代,企业管理者认识到制造业必须有一个集成的计划,解决阻碍生产的各种问题。 要以生产与库存控制的集成方法来解决问题,不是以库存来弥补或以缓冲时间的方法去补偿,于是形成了制造资源计划 MRP Ⅱ[68]
ERP 阶段	20 世纪 90 年代初,随着 IT 技术的发展,如 Internet 网络技术、图形界面、第四代计算机语言等,ERP 在 MRP Ⅱ的基础上产生。 ERP 系统支持连续型和离散型等多种制造类型,集成了整个供应、制造和销售的过程,并将系统延伸到供应商和客户,支持企业的全球化运作[69]
ERP Ⅱ阶段	进入 21 世纪,美国 Gartner Group 公司对原有的 ERP 进行扩展后,提出 ERP Ⅱ(Enterprise Resource Planning Ⅱ)的新概念。 Gartner 认为:ERP Ⅱ是通过支持和优化企业内部和企业之间的协同运作和财务过程,以创造客户和股东价值的一种商务战略应用系统。 为了区别于 ERP 对企业内部管理的关注,Gartner 在描述 ERP Ⅱ时,引入了"协同商务"的概念。 协同商务(Collaborative Commerce 或 C-Commerce),是指企业内部人员、企业与业务伙伴、企业与客户之间的电子化业务的交互过程。 为了使 ERP 流程和系统适应这种改变,企业对 ERP 的流程以及外部的因素提出了更多的要求。ERP Ⅱ[70]强调企业注重进行深度行业专业分工和企业之间的交流,而不仅是企业业务过程管理

② ERP 在服装企业的应用

ERP 系统在服装企业的应用日益广泛,基本功能模块见图 6-15。

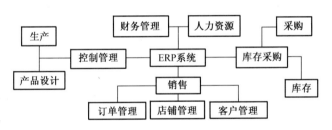

图 6-15 ERP 系统的基本功能模块

来源:涂胜中. ERP 在服装行业中的应用[A]. 中国服装协会,等,
现代服装纺织高科技发展研讨会论文集[C],2005.

a. 财务管理模块

系统将生产与采购活动的输入信息存入财务模块,从而生成总账与会计报表。 该过程取消了输入凭证等一系列繁琐过程,并几乎完全替代了以往传统的手工操作。

b. 控制管理模块

是 ERP 系统的核心,包括产品设计模块、集成服装 CAD 系统、提供服装设计文档和生产数据的管理;生产模块,由主生产计划、物料需求计划、车间控制及制造标准四部分组成。

c. 库存采购模块

库存模块包括仓库管理、货运计划管理两部分。 仓库管理实时监控仓库中的原材料和产成品的库存数量,作为采购部门采购、生产部门安排物流需求计划的依据。 货运计划管理适用于服装品牌的货运业务,可以准确安排某批产品到达客户手中的时间。 采购模块分供应商管理和采购流程管理：供应商管理保存所有供应商的详细信息，对每一笔采购订单进行详细记录；采购流程管理引入工作流处理方式，处理采购申请、审核、批准、下单的整个过程。

d. 销售模块

包括销售客户管理、连锁店管理、销售统计与分析、订单管理四部分内容。 客户管理建立客户信息档案，进行分类管理，有针对性地为客户服务，以达到保留老客户、争取新客户的目的。 订单管理收集来源于客户和连锁店的产品需求，并作为生产模块生产计划的输入。 根据销售订单的完成情况，销售统计与分析依据各种指标做出统计，再利用统计结果对企业实际销售效果进行评价。专卖店管理提供不定时远程监控连锁店销售情况的功能。

e. 人力资源模块

随着服装企业内部的人力资源越来越受到重视，人力资源模块作为一个独立模块，与财务、生产系统组成了一个高效且具有高度集成性的企业资源系统，包括人力资源规划的辅助决策、薪金管理、工时管理、差旅核算等部分。

6.2.2　多品种小批量——物流信息化的挑战

随着科学技术的飞速发展，当今社会已经进入一个多样化时代。 客户需求日益多样化和个性化，促使企业越来越多地选择多品种小批量的生产、供货方式。

以快时尚服装品牌为例，货品始终追随季节潮流，新品到店的速度快，橱窗陈列变换频率一周两次。 而高频小单的服装产品管理需要强有力的 QR 系统[71]支持，以实现物流、信息流及管理技术的整合。

为了适应多品种小批量的生产、供货方式，服装企业纷纷加大对物流信息化的建设，只有运用正确的信息收集分析手段，了解消费者的实际需求，才能有效率地安排生产和物流配送方式。 在缩短商品开发前置时间和生产制造过程时间的同时，把握市场消费者需求的变化，通过更快、更高效的信息流及时传递给供应链中的每个成员，促成产销策略的垂直整合，避免"牛鞭效应"的产生，最终实现消费者、零售商、分销商和制造商多赢的局面。

（1）RFID 技术的应用

RFID 技术的应用使得企业物流在多品种小批量的生产供货方式下，进行合理的产品库存控制，令智能物流管理成为可能。 将 RFID 系统用于智能仓库货物管理，能有效地管理仓库与货物流动有关的信息。 它不但增加每天处理货物的数量，还能使得库存管理透明化。 同时，生产流水线上的 RFID 技术运用可实现数据自动传送、控制和监视，有助于提高生产率、改进作业方式和节约成本。

RFID 技术对物流信息化的贡献使得物流活动效率得以提升改善[65]：

① 降低库存水平，提高资金效率

成功的企业离不开积极有效的物流信息化运作。 RFID 技术的应用可以实

现物流活动的可视化和透明化。以往难以掌握的商品到达时间、在线库存量一目了然。企业的动态库存得到有效管理，供应商、物流配送中心、销售门店仓库之间的库存信息交换快速有效，库存占有资金和"牛鞭效应"有效减少，能大幅降低企业的动态库存。

② **提高物流服务水平，满足顾客多品种小批量的要求**

面对多品种小批量的生产供货需求，需要做到科学放货、前端仓库少放货、及时补货、缩短前置期，同时需将销售门店的采购分为首单与补单两部分。RFID 技术的引用能够提供更为准确的物流信息，以合适的质量、合适的数量、合适的地点、合适的价格、合适的商品为顾客提供物流服务，有效地降低运营成本。

③ **RFID 技术与 ERP 相结合，加深企业物流管理一体化**

RFID 与 ERP 相结合，在加快企业内部物流信息化的同时，还能促进企业物流部门同生产、销售、财务等部门的信息交换与沟通，有效整合企业内部运作，提高企业快速反应能力。

总之，射频技术（或条码技术）的运用，加强了供应商、制造商、销售门店之间的信息共享以及对市场需求变化作出快速反应的能力，从而能有效地降低库存，提高商品周转率，减少需求预测误差，有效地满足多品种小批量的生产、供货方式。

案例 6-7——服装的"牛鞭效应"

通常，传统产业链上的信息从最终用户向起始供应商反馈时，由于无法有效地实现信息共享，使得传递过程中信息发生扭曲而逐渐放大，导致了需求信息出现越来越大的波动（图 6-16），这种需求变异放大现象被称为"牛鞭效应"[72]。

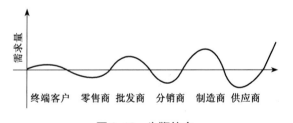

图 6-16 牛鞭效应

"牛鞭效应"是市场营销活动中普遍存在的现象，它直接加重了供应商的库存风险，甚至扰乱生产商的计划安排与营销管理秩序，导致生产、供应、营销的失衡。当产业链上的各级供应商只根据来自其相邻的下游销售商的需求信息进行供应决策时，由于需求信息的不真实性会沿着产业链逆流而上，产生逐级放大的现象，到达源头的供应商时，获得的需求信息和实际消费市场中的顾客需求信息发生了很大的偏差，需求变异远超分销商或最终消费者的需求。由于这种需求放大变异效应的影响，上游供应商往往维持比下游需求更高的库存水平，以应付销售商订货的不确定性,从而人为地增大了产业链上游供应商的生产、供应、库存风险,导致产供销的失真,出现"牛鞭效应"。

事例 1:惠丰毛纺公司羊毛内衣的"牛鞭效应"

公司创办于 1992 年,以防缩防绒毛纱为主,逐渐拓展生产针织服装、手套、童装、羊毛衫等加工业务。

1992—1994 年羊毛内衣市场供不应求,惠丰集团与知名内衣品牌达成贴牌加工协议,为对方提供毛纱及成衣。但集团的快速发展也带来了管理盲目、信息流不畅通等弊病。

这一时期,国内各内衣制造商一拥而上,造成羊毛内衣市场供过于求,企业之间无序竞争,产品鱼龙混杂;由于羊毛自身特性并不适合做内衣,如洗涤保养要求高、舒适性不及纯棉织物等;且羊毛内衣价格偏高,消费者反馈不甚满意。但惠丰公司急于抢占市场,1996 年年初,YE 内衣品牌公司向惠丰下达定牌加工订单 70 万套羊毛内衣裤意向,毛利 40 元/套,共计 2 800 万元。但由于信息失真,盲目扩大带来种种恶果,投产后惠丰仅接到实际销售订单 30 万套,而余下的 40 万套已纺成内衣专用毛纱,无法再作其他用途而成为无效库存,占用了企业大量资金。结果,1997 年惠丰因资不抵债而倒闭。这是企业决策失误的"牛鞭效应"典型案例,错误市场信息向上游传达,从而导致惠丰盲目增产、资金不能周转而破产。

事例 2:羊毛童装的"牛鞭效应"

1994—1995 年,羊毛衫童装出现市场供不应求的状况,某童装品牌看准这一市场机会,于 1996 年投入 2 000 万元开发生产羊毛衫童装。公司在做出这一决策时没有进行充分的市场调查,而此时的羊毛衫童装市场已经出现隐患:

A. 由于儿童生长速度快,今年的衣服到第二年尺寸就会嫌小,而羊毛服装价格高,因此大部分家长认为给儿童购买羊毛衫并不实惠;

B. 儿童对面料舒适性要求较高,而羊毛不经过特殊的后整理很难达到手感要求,但生产厂家往往忽视产品的研发工作。

前两年羊毛衫童装虽然热销,但市场已趋于饱和,而各童装企业一哄而上,导致了市场羊毛童装供过于求。因此,该品牌羊毛衫童装投入市场后出现严重滞销,造成企业资金积压,运营艰难。这种决策失误源于经营者的主观臆断,由于缺少有效的需求预测和信息分析工具,结果造成"牛鞭效应"。

摘自:王晓谦. 我国服装企业供应链物流管理模式探讨[D]. 上海:东华大学,2002:36.

(2) 基于 EDI 技术的电子订货系统

20 世纪 60 年代 EDI 技术在物流中已有运用。 利用 EDI 可将运输、质检、订单和跟踪等物流过程整合优化为一个有机整体,通过与电子订货系统的结合,产生新的运作模式——基于 EDI 的电子订货系统。 这一运作模式的出现,能满足企业对多品种小批量的生产、供货方式的需求,图 6-17 是基于 EDI 方式的电子订货流程。

基于 EDI 的电子订货系统一般通过以下流程满足多品种小批量的顾客需求:

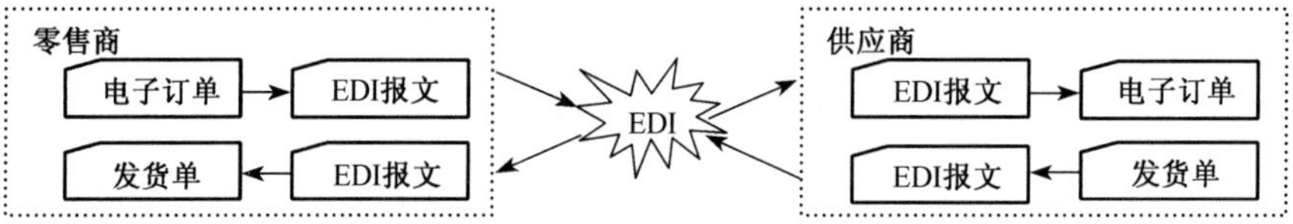

（图像：图6-17）

图6-17 EDI方式下的电子订货流程

① 零售商根据自己的需求在计算机上制作订单,并将所有必要的信息以电子传输格式存储下来,同时产生一份电子订单;

② 将电子订单转换成 EDI 报文,通过 EDI 系统传送给供应商;

③ 供应商使用邮箱接收命令,从 EDI 交换中心自己的信箱中收取全部邮件;

④ 供应商在收妥订单后,进行备货处理,并制作发货单;

⑤ 将发货单通过专用软件转换成 EDI 报文,通过 EDI 系统传送给零售商;

⑥ 零售商从 EDI 中心自己的信箱中取出发货单后,根据发货单上的信息验货。

经以上步骤,完成一次订货过程,不受时空限制的订货流程能更便捷地进行信息交换。

（3）POS 系统的使用

销售点实时管理系统(POS 系统)在为客户快速结账的同时,注重销售时点数据信息的掌握,能实现销售商品的单品和计数计量管理。 系统通过自动读取设备(如收银机)在销售商品时直接读取商品销售信息(如商品名、单价、数量、时间、店铺名、购买顾客等),并通过因特网和计算机系统传送至有关部门进行销售数据分析,以提高经营效率。

POS 系统面向多品种小批量的工作流程如下(图 6-18):

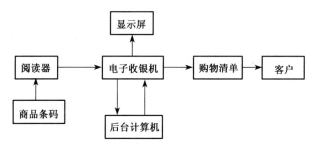

图6-18 POS 系统工作原理

① 店铺销售的商品贴有表明信息的条码;

② 顾客购买结账时,通过扫描器自动读取相关条码信息,通过计算机显示屏确认商品价格,同时反馈给收银机;

③ 店铺通过 VAN 以在线联结方式将销售信息传送给总部或物流配送中心;

④ 总部或物流配送中心利用 POS 信息进行库存分析与调整、配送管理、商品订货等作业。 通过对销售时点信息进行数据分析来掌握消费者购买动向,找

出畅销和滞销商品,以此为基础,进行商品配货和配送等工作;

⑤ 及时准确的销售信息是制定经营计划、进行战略决策的依据,同时也能与供货商、生产商、物流机构等共享信息。 例如,品牌服装企业利用 POS 信息进行销售预测,掌握消费者购买动向,找出畅销与滞销商品,把销售点信息(POS 信息)和订货信息(EOS 信息)进行比较分析,从而把握零售商和制造商的库存水平,以此为基础,制定生产计划和零售商的高频小单的供货计划。

6.2.3　物流配送中心的信息化

(1) 物流配送中心信息化概要

服装物流配送中心包括物流系统和物流信息系统。 物流系统的核心是物流,包括硬件设施;物流信息系统的核心是信息化和软件。

物流系统包括分拣系统、仓储系统以及作业设备等,这些系统是物流中心高效运行的硬件支撑。 软件方面,物流信息系统包括企业信息系统(如 ERP、DRP 等)、物流网络信息系统(WMS)以及两者之间接口的信息支持。 现代自动化物流配送中心,从功能上讲,是在传统物流的基础上,通过自动化和信息化完成物料的"进"、"存"、"配"、"销"。

① "进"即完成货物的收货、检验和入库。 在信息化系统方面,由于这一步骤处于服装生产或采购的最后阶段,所以物流信息系统将自动获得企业 ERP 系统中的相关信息。

② "存"即存货。 货物的储存方式多种多样,物流仓库可采用平面仓库进行信息化储存,也可采用高架立体仓库进行自动储存。

③ "配"即配送。 由于市场需求的多元化,服饰产品种类、规格呈现出多样化态势。 与传统物流不同的是,面对多元化的市场需求,物流中心必须具备在尽可能短的时间内完成尽可能多(种类与数量)的服饰货品配送工作。

④ "销"即销售。 完成服饰品的发货或出库操作后,在销售过程中,首先要进行销售电子订单和客户的确认。

除了采用计算机技术、网络技术和包括条码信息识别在内的信息识别技术之外,现代物流系统中的无纸化操作,如采用 EDI、无线技术和 RFID 技术等,也将发挥重要作用。

服装物流配送中心作为服装企业的重要环节,现代化的配送中心一般具有订单处理系统、库存查询与报表系统、作业管理系统、决策支持系统和管理系统等(表 6-8)。

如图 6-19 所示,物流配送中心工作流程如下:

A. 入库

a. 分拣信息化作业从收货开始;

b. 送货卡车到达后,叉车司机在卸车的时候用手持式扫描器识别所卸货物,若货品采用 RFID 标签,则经过识别系统自动传输到终端数据库;

c. 终端数据库计算机给出作业指令后，显示叉车在移动式终端上，或者把货物送到某个库位存放，或者直接把货物送到拣货区或出库台；

d. 在收货站台和仓库之间一般都有运输机系统，叉车把货物放到输送机上后，输送机上的固定式扫描器识别货物上的条码，计算机确定该货物的存放位置；

e. 输送机沿线的转载装置根据计算机的指令把货物转载到指定的巷道内；

f. 随即巷道堆垛机把货物送到指定的库位。

表 6-8 物流配送中心功能模块

子系统	模块	功能
订单处理系统	接货入库	接收 ERP 系统的采购订单和生产入库计划
	出库发货	接收 ERP 系统的销售订单和发货出库
	退货处理	协助 ERP 系统，实现无障碍退货
库存查询与报表系统	库存查询	ERP 子模块提供库存查询功能，如库位、库存品、订单等信息查询
	报表打印	按货物品项、库位、订单序号、日期等打印报表
作业系统	接货模块	交验送货单据，查询入库计划
	入库模块	理货、分类、码盘①、入库等环节信息采集
	补货模块	根据补货策略，自动补货
	分拣模块	依据拣货策略，控制拣选作业
	流通加工	根据流通加工流程，配置零部件品类、数量
	打包、集货	装箱单打印、出库清单打印
	出货模块	根据销售订单，控制出货
	装车模块	根据配送路线，控制装车顺序
	配送模块	按照配送顺序打印配送清单
	盘点模块	生产盘点清单、盘盈/盘亏处理、盘点报表输出
	物流分拨模块	处理直接分拨作业
决策系统	入库计划模块	根据 ERP 采购计划，生成入库计划
	码盘规划模块	根据货物形态，规划货物码盘方案
	库位规划模块	根据货物周转速度，动态分配库位
	补货规划模块	根据分拣区货物储量以及货物周转速度，制定补货策略
	流通加工模块	制定流通加工流程
	配送规划模块	配车、配载、装车、配送路线优化

209

---

① 码盘是托盘的一种，用于整体存放同一类货品，便于分拣、仓储。

续　表

子系统	模块	功能
管理系统	货物管理模块	货物数据、形态记录、查询
	搬运设备模块	搬运设备管理
	托盘管理模块	托盘管理
	入库管理模块	入库及人员管理
	运输车辆模块	运输车辆管理
	入库单据模块	入库单据统计、查询
	出库单据模块	出库单据统计、查询
	退货单据管理	退货单据统计、查询
接口系统	ERP 接口	采用中间件构成接口系统,实现与 ERP 系统的无缝对接
	AS/RS 接口	与 AS/RS 系统的接口与按灯拣货 Picking to Light 系统的接口
	RF 接口模块	与 RF 系统的接口

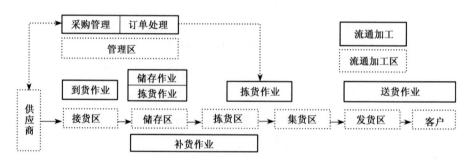

图 6-19　配送中心的主要区域配置和作业环节

来源:肖际伟.配送中心拣货系统优化[D].山东:山东大学,2010:4,16.

B. 出库

a. 巷道堆垛机取出指定的托盘,由运输机系统送到出库台,叉车到出库台取货;

b. 用手持式扫描器识别货物上的条码,或通过 RFID 标签自动识别,计算机随即向叉车司机发出作业指令,或者把货物直接送到出库站台,或者为拣货区补充货源(拣货区有多种布置形式,如普通重力式货架、水平循环式货架、垂直循环式货架等);

c. 拣货员在手持终端机上输入订单号,通过货架上的指示灯指出需要拣货的位置;

d. 拣货员用手持扫描器识别货品上的条码,计算机确认后,在货架上显示拣选的数量;

e. 拣出的货品放入篮框或盘内,连同订单一起运到包装区;

f. 包装工人进行检验和包装后,将实时打印的包含发运信息的条码贴在包装箱上;

g. 包装箱在通过分拣机时,根据扫描器识别的条码信息被自动拨到相应的发运线上。

(2)电子订货系统(EOS)

电子订货系统是指企业间利用通讯网络(VAN 或互联网)和终端设备以在线联结(ON-LINE)方式进行订货作业和订货信息交换的系统[16]。 对于物流配送中心来说,EOS 通常与 ERP 相结合辅助物流配送中心进行订单处理。 同时,按使用范围可分为企业内的 EOS(如服装销售点与总仓之间建立 EOS 系统),零售商、批发商与生产商之间的 EOS 系统。

就销售点而言,只要配备了订货终端机和货价卡(或订货簿),再配上电话和数据机,将形成一套初步的电子订货配置;就物流配送中心而言,凡能接受销售点通过数据机的订货信息,或供应商的货品信息,并可利用终端机设备系统直接做订单处理,打印出出货单和拣货单,即初步具备电子订货系统功能。 而以物流配送中心为中介的间接"多对多",即销售点直接向企业总部订货,然后物流配送中心接收到有关订货信息,并向供应商订货和收货后,由物流配送中心按销售点需求配送,是较为高级的电子订货系统(图6-20)。

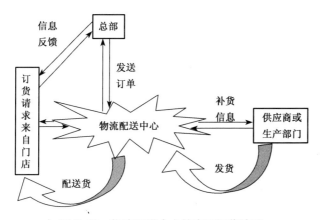

图6-20 物流配送中心的电子订货流程

(3) 物流配送中心分拣系统(图6-21)

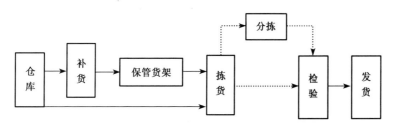

图6-21 服装物流配送中心分拣作业流程

目前,大多数物流配送中心仍属于劳动密集型产业,分拣作业是物流配送中心的主要职能，而配货是配送中心的核心工序。作为传统劳动密集型产业的代表，服装分拣是服装物流配送中心的重要环节。同样，合理的拣选作业对于服装物流配送中心的正常运转和效率的提升具有重要的作用。

物流配送中心若采用自动分拣系统可以从容应付每天接收的成百上千种商品，在最短的时间内将这些商品卸下并按商品品种、货主、储位（库位）或发送地点进行快速准确的分类，将这些商品运送到指定地点。同时当品牌总部按供应商或销售门店的需求，通过信息传输通知物流配送中心按配送指示发货时，自动分拣系统能在最短时间内，从庞大的高层货架存储系统中准确找到要出库的商品位置，并按所需数量出库，从不同库位上取出不同数量的商品，按配送地点的不同运送到不同的理货区或站台，以便进行运输配送。表 6-9 所示为自动分拣系统与人工分拣的比较示例。

表 6-9　自动分拣系统与人工分拣的对比

比较内容	自动分拣系统	人工分拣
单位时间分拣量	7 000 件/h	150 件/h
连续作业时间	100 h 以上	8 h 以下
误差率	几乎无出错	3% 以上
成本	一次性投入	400 人的人工成本

由于自动分拣系统本身需要建设短则 40～50 m，长则 150～200 m 的机械传输线，还有配套的机电一体化控制系统、计算机网络及通信系统等，这一系统不仅占地面积大（一般在 2 万 m² 以上），而且一般自动分拣系统都建在自动主体仓库中，这样就要建 3～4 层楼高的立体仓库，库内需要配备各种自动化的搬运设施，这丝毫不亚于建立一个现代化工厂所需要的硬件投资[73]。这种巨额的先期投入要花 10～20 年才能收回，并要有可靠的货源作保证，因此，该系统主要由大型品牌服装企业或大型专业物流公司投资建设。

此外，物流配送中心内通常有多种拆零拣选作业方法，总体上可归纳为两种：商品类别汇总拣选，又称播种式；订单类别拣选，又称摘果式。

① 播种式拣选（图 6-22）

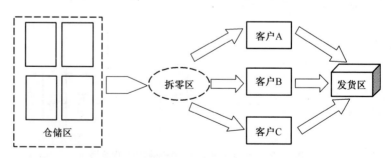

图 6-22　播种式拣选

播种式分拣是将多份订单（多个客户的货品需求）集合成一批，先把每种商品在拆零区分别汇总,再逐个按品种为所有客户进行分货,形似播种,即按照商品的类别先汇总再分拨的拣选次序。 播种式分拣系统应用 RFID 或条码技术,同时,每个电子标签代表一个订单(客户所需)。 拆零区操作员先通过条码扫描把将要分拣的货物信息输入系统中,然后该货物所在货位的电子标签灯就会亮起,并显示出该位置所需分货的数量。 同时,载有单一品种货物的拣货人员或设备,巡回于各个客户的分货位置,按电子标签显示数量进行分货。

一般情况下,播种式拣选适用于商品品项较少、配送门店相对于品项较多的拣货作业环境[74]。

② 摘果式(见图6-23)

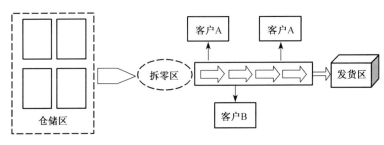

图6-23 摘果式

摘果式拣选法指针对每一份订单进行拣选,拣货人员或设备巡回于各个货物储位,将所需的货物取出,形似果农在果园摘取所需水果,主要特点是一个拣货员负责一类货物,每次处理一份订单或客户。 摘果式拣选,一般要求每一品种货物对应一个电子显示标签,自动分拣系统的计算机控制中枢可根据货物位置和订单数据,发出出货指示,并使货位上的电子显示标签亮灯,操作员根据电子标签所显示的数量及时、准确地完成拣货作业。

一般情况下,摘果式拣货适用于商品品项较多、配送门店相对于品项较少的拣货作业环境[74]。

(4) 物流配送中心仓储系统

仓储指货物的存储,是物流配送中心提供货物储存服务的核心。 从接收货物开始,经过储存保管作业,直至把货品完好地配送运输给用户。 这一过程包括存储管理和各项作业活动,而作业可分为两类:基本仓储活动和辅助仓储活动[19]。

物流信息技术在仓储中的作用:

① 货物的识别和跟踪

物流配送中心仓储采用计算机控制,货物移动必须与信息传输同步,即物流与信息流必须同步。 入库货物放在入库输送机上,或达到入库状态时,可用条码技术或者 RFID 技术识别它,并把正确的信息传递给计算机。

在出/入库输送机、出/入库台及堆垛机上,是否有物品通过或停留,可用检测器进行识别检测,并传输至计算机,使管理者获取物流信息。

② **出入库操作**

入库操作是仓储信息化的第一步。 入库货物经过识别后,由操作人员或自动检测装置将信息输入计算机。 出库操作和入库操作相似,只要把出库物品的名称、数量等信息输入计算机,即可进行出库作业。

③ **库存管理**

物流配送中心的仓库信息化管理核心是建立库存数据库,数据内容涵盖:库存货物的基本信息、出库明细清单和出库作业计划三个方面。 同时,采用物流信息技术管理仓储,实现自动化仓库管理与 EDI、生产物流的 ERP 系统的无缝连接,实现信息共享,从而为物流、生产制造以及销售环节形成有效的供应链技术保证。

案例 6-8——基于 ABC 分类法的货位管理

(1) ABC 分类法概论

每款商品的物流速度,配送数量都不一样,根据商品的这些物流属性,可将商品分为 A、B、C 三类。

A 品:物流速度很快、物流量较大,畅销品

B 品:物流速度快、物流量一般,次畅销品

C 品:物流速度慢、物流量非常小,滞销品

(2) ABC 分类的货位管理

一般来说,根据货架取货的难易程度将货架分为三个区:A 区(取货容易)、B 区(取货比较容易)、C 区(取货困难)。

① 货位分配

根据货架的分区,摆放相应的 ABC 类商品到相应的 ABC 区,可加快拣货速度,减少发货时间,提高物流效率。

对于 A 类商品的位置一般在货架 A 区,货位应该比较大

对于 B 类商品的位置一般在货架 B 区,货位大小一般

对于 C 类商品的位置一般在货架 C 区,货位比较小

② 货位的维护与更新

由于新商品的上架和旧商品的下架及一些商品实际销售情况的变动,导致货位的变动,需要对商品货位进行调整,在调整的过程中也一定要遵守 ABC 分类的摆放原则。同时,需保持实际货位与系统货位的同步变动,才能保证物流环节的顺利进行。

一般而言,同一货位的同一列只能摆放同一种商品。摆放原则是里层放新批号商品,外层放老批号商品。高层货位放比较轻、体积比较小的商品;底层货架放体积比较大、比较重的商品。同时,销售较快的货品尽量放在容易搬运的货架层,

214

销售比较慢的尽量放在上层。

摘自：王晓平.物流信息技术[M].北京：清华大学出版社，2011.

采用仓储信息技术的目的：

a. 提高仓库作业效率；

b. 随时掌握准确的库存和流通信息，为商品生产和销售提供科学依据；

c. 增加流动资金，降低保管费用；

d. 提升物流服务质量，加快货物周转。

6.3 物流信息化相关器具

6.3.1 物流信息技术的载体

（1）条码发展前景与相关仪器

由于一维码只是一种商品的表示，人们只有通过后台的数据库，提取相应的信息才能明晰商品标识的具体含义。人们迫切希望可以不从数据库中查询，就能直接从条码中获得大量的产品信息。同时现代高新技术的发展，要求条码在有限的集和空间内标识更多的信息，从而满足千变万化的信息需求，二维码的诞生较好地解决了诸如此类的问题。

我国对二维码的研究始于 20 世纪 90 年代，随着我国市场经济的不断完善，物流信息技术的快速发展，国内对二维码的需求越来越高，二维码已经成为物流活动中存储、传递、采集货品信息的新载体。二维码较一维码更能有效避免人工输入可能出现的失误，提高入库、出库、制单、验货、盘点的效率，而且兼有配送识别、服务识别等功能，还能在不联网的情况下实施脱机管理。可见，二维码将成为下一阶段条码技术发展的重点。

常用的条码扫描器见图 6-24。

光笔条码扫描器　　　　手持式条码扫描器　　　　激光自动扫描器

台式条码扫描器 卡式条码扫描器 便携式条码阅读器

图 6-24 常用的条码扫描器

（2）射频技术发展与仪器

在 RFID 系统中，信号接收机一般称阅读器，又称读写器，可无接触地读取并识别 RFID 无线标签中所保存的电子数据，从而达到自动识别货品的目的。

RFID 技术在我国服装业应用处于起步阶段，是今后物流技术发展的重点。

① RFID 射频标签（图 6-25）

射频标签是信息的载体，可置于识别的物体上或由个人携带。

② 手持射频阅读器（图 6-26）

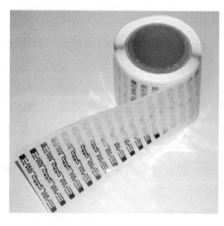

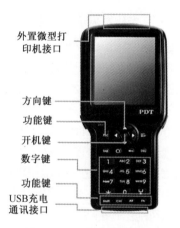

外置微型打
印机接口

方向键
功能键
开机键
数字键
功能键
USB充电
通讯接口

图 6-25 RFID 无线标签   图 6-26 手持射频阅读器

（3）销售时点信息系统（POS）

如图 6-27 所示，POS 系统硬件结构主要包括：收款机、扫描器、显示器、打印机、网络、微机与硬件平台等。

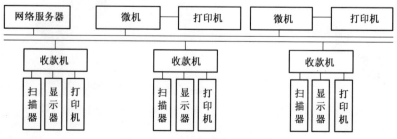

图 6-27 POS 系统的硬件结构

6.3.2 物流自动化技术的载体

物流自动化与物流信息化密不可分,物流信息化作为自动化的"指挥中心",必须充分利用各种机械和运输设备、计算机系统和综合作业协调等软硬件和技术手段,通过对物流系统的整体规划及技术应用,使物流的相关作业和内容省力化、效率化、合理化,快速、准确、可靠地完成物流活动和管理工作。

（1）保管设备

自动化仓库系统示例如图 6-28 所示。

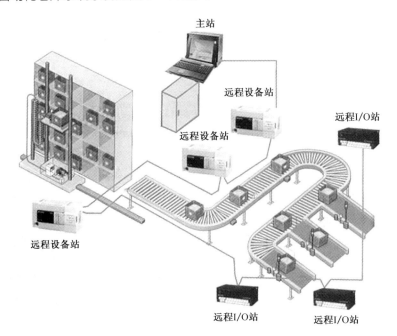

图 6-28 自动化仓库系统

（2）分拣设备

自动分拣系统种类繁多,但一般由收货输送机、喂料输送机、分拣指令设定装置、合流装置、分拣输送机、分拣卸货道口及计算机控制器等组成,示例见图 6-29。 自动分拣系统按分拣的形式可分为:推出式、浮出式、倾翻式和滑块式。

（3）运输信息设备

运输设备是完成运输各项活动的工具与手段,是组织运输活动的物

图 6-29 自动拣选设备示例

质技术基础,而运输信息设备是用于保障运输及确保正确运输。

① AGV(Automated Guided Vehicle,自动导向车系统)

随着计算机技术及光导纤维通信技术等的运用,如 GPS 车辆跟踪定位系统、CVPS 车辆运行安排系统等,物流运输自动化程度逐渐提高。在企业内部局域货物运输时,往往采用 AGV,示例见图 6-30。

AGV 技术在日本、美国、德国等工业发达国家已经非常成熟,应用广泛。我国目前只是初步运用固定路线的 AGV 系统。除了 AGV 本身的自动化程度和运行灵活性之外,物流路线设计是否合理,AGV 调度规则

图 6-30　AGV 系统智能导引车

的选用是否得当,AGV 运行路线的规划方法是否有效等均将直接影响 AGV 技术的性能发挥和工作效率。

② GPS 和 GIS

GPS 被认为是 21 世纪影响人类社会 12 大技术之一。现代物流管理活动中,企业与企业之间、仓库与门店之间运输货品时离不开 GPS 和 GIS 的帮助。随着 GPS 技术不断完善,GIS 与 GPS 的结合更趋紧密。在对物流配送的货物空间位置转移过程中,包括运输、装卸、仓储、送达等环节,GIS 与 GPS 的结合能对运输路线、仓储位置、仓库容量设置、合理装卸策略及运输车辆调度等进行科学选择与决策分析。

第 7 章 | 服装物流配送中心建设与可行性分析

知识要点：

物流作为服装供应链的重要环节越来越受重视，大型服装品牌企业不惜重金打造现代化的物流配送中心，中小服装企业根据自身资金实力以及物流配送对公司的重要程度各显神通，自建、联合建立物流配送中心或依托第三方物流进行服装物流配送活动。 本章结合三个物流配送的案例剖析，阐述物流优化改进方案、配送中心投资建设可行性分析以及物流配送信息化建设。

219

7.1 H 品牌物流配送实务及优化方案

A 公司总部位于山东省桓台县，占地 56 000 ㎡，拥有员工 2 000 余名。 企业主要生产中高档牛仔、卡其和条绒等各类休闲服装，产品出口美国、韩国、日本和欧盟等国家和地区。 该公司凭借出色的技术获得了 GAP、LEVI'S 等海外知名品牌的青睐，并已通过 ISO 9000 质量体系认证。 多年贸易业务的经验积累磨练了设计队伍和管理运作，已逐步走上由 OEM、ODM 向 OBM 的转型升级之路。

7.1.1 H 品牌及终端销售网络

H 品牌是 A 公司于 2008 年创立的时尚休闲女装品牌，目标消费者为 25～35 岁的都市时尚女性，"爱上旅程，Dream on the Road"是品牌经营理念，H 品牌产品及核心价位分别见图 7-1 和表 7-1。

图 7-1 H 品牌产品及店铺图片

表7-1　H品牌2012夏季产品配比及价格带

品类	面料成分	价格带（元）	主力价格（元）	占比（%）
连衣裙	天丝、棉	659~1 299	859	10
裤装	棉、涤纶	399~899	599	30
马夹	涤纶	699~1 299	899	10
外套	涤纶、丝棉	999~1 499	1 299	5
T恤	棉、莫代尔	399~899	459~559	25
衬衣	棉、蚕丝	599~999	899	10
开襟衫	复合棉	799~1 099	899	10

来源：根据H品牌2012年招商手册整理.

2010年3月A公司在上海设立营运中心，负责H品牌的设计和营运拓展等业务，服装的生产加工主要依托在上海、江苏、浙江等地的加工厂（牛仔系列产品在山东总部加工厂生产），服装物流配送业务则在山东公司总部完成。

2010年H品牌正式投入运营，截止2012年1月，H品牌在全国拥有20家终端销售专柜，主要分布在华东及华北地区的二三线城市（表7-2）。

表7-2　H品牌部分销售网络分布表

区域	商场名称	楼层	店铺面积（m²）	运营方式
华东	上海莘庄百盛	3F	55	直营
	宁波第二百货	4F	80	直营
	宁波银泰商城	3F	128	直营
	苏州泰华商城	4F	58	直营
	徐州金鹰百货	3F	67	直营
	杭州武林银泰	3F	82	托管
	杭州西湖银泰	4F	78	托管
华北	呼和浩特维多利	2F	128	托管
	包头维多利	4F	55	托管
	东营银座	4F	78	直营
	潍坊泰华	3F	82	直营
	唐山华联	2F	56	直营
	莱芜银座	2F	72	直营
东北	沈阳新玛特	4F	55	直营
	沈阳商业城	2F	82	直营
华南	深圳茂业商城	2F	55	直营
华中	河阳濮阳	2F	68	加盟
	许昌新玛特	2F	86	直营
西南	成都远东百货	2F	55	直营
	重庆大洋百货	3F	82	直营

来源：根据H品牌相关资料整理.

7.1.2 产品开发、生产、订货与配送流程

（1）服装订货、生产与入库

① 设计部完成并提交季度样衣后，营运部通知加盟商和各区域主管参加服装订货会；

② 加盟商和区域主管根据上一年度的销售数据和本季度的服装款式提出订货需求，订单经区域主管审核后提交至营运总监处；

③ 营运总监根据历年销售数据和市场行情下达大货生产计划；

④ 生产部根据营运部的大货生产订单完成服装外发加工，并运送至山东总部仓库；

⑤ 山东公司总部仓库经核对入库、人工分拣等工作，完成成品服装入库。

季度服装入库后，H 品牌物流仓储部按计划定期完成服装货品的配送任务，以保证终端店铺新款的覆盖率。一般一周会进行两次配货，分别在周一和周四完成。各终端店铺根据公司拟定的铺货量与库存比设定店铺安全库存。当在库量品类降到订货点时，提出订货申请。

（2）终端店铺订货工作流程

各终端店铺提出订货申请后，经区域主管和营运总监审核后由山东总仓发货。

工作流程如下：

① 终端店铺根据当季销售情况提出电子订货订单或畅销款式订单，并通知区域主管审核；

② 区域主管根据店铺销售明细审核终端店铺订货申请，经审核后订单正式生效；

③ 生效后的订单经营运总监确认后，传送至山东总仓；

④ 山东总仓根据订单的订货数量、尺码等要求经分拣、取货、验收出库等步骤完成服装配货任务；

⑤ 再经第三方物流公司送达各终端销售店铺。

在库存充足情况下，从店长下达订单到货物配送至店铺需要 4 天时间，对于加急订单，可实现 48 h 内配送货。

7.1.3 仓储管理现状与问题

H 品牌成立之初，物流仓库以人工管理方式为主，有六名员工（H 品牌仓库和外贸仓库合在一起）。由于缺少信息化工具和规范的管理措施，存在如下问题：

① 当仓库出现人员离职后，新员工需花费很长时间熟悉仓库的货架、货品位置等；

② H 品牌运作过程中，由于物流仓库位于山东总部，身处上海营运中心的品牌总监及区域主管难以及时获取产品库存的准确信息，有时候甚至会存在仓库有

221

较多库存,而各终端店铺却出现缺货的现象;

③ 店铺下达的订货订单因人工分拣、仓储配货等环节耗时较长,往往错失最佳的销售时机,影响服装的正常销售;

④ 分散的终端销售网点造成 H 品牌物流配送的运作成本较高;

⑤ 库存和折扣率居高不下。 2011 年 11 月,通过对总仓进行库存清点发现,2011 年前三季度库存数量为 34 526 件,库存率达 54.5%。 较高的库存压力迫使企业通过较低的折扣进行促销。 例如,2011 年某月销售数据显示(当时店铺数量为 19 家):当月实际销售服装 1 626 件,实际成交金额 538 238 元,单件服装平均成交价格为 331 元(H 品牌当季单品吊牌均价为 762 元),折扣率 56.6%。

运作初期的 H 品牌,面临着众多品牌发展初期存在的相似问题。 为此,公司期望通过系列优化方案改进经营困境,促进品牌良性发展。

7.1.4　物流仓储的优化建议

经过组织架构梳理、服装产品开发流程优化、营销方案设计规划等系列改进措施后,H 品牌的运作已逐渐呈现良好发展态势。 但以人工管理为主的物流仓储工作模式不利于品牌的良性发展,而高库存则影响了品牌运作资金地正常周转。 因此,物流仓储部门亟待进行结构调整和流程优化,使品牌能够更好地运作和销售。

（1）优化建议

① 引进信息化物流设备。 针对 H 品牌运营现状和发展规划,建议增加 ERP 系统终端接口,将山东物流仓储部门链接至 ERP 系统中,并导入实时库存数据。 在服装入库和配货过程中,鉴于分拣程序耗费了较长时间和较多人力,这一环节可引进条码扫描系统,通过自动读取服装吊牌中的条码信息减少分拣作业人工操作时间,以支持终端店铺的快速配货需求。

② 规划整理仓储布局。 设置面辅料区、外贸成衣区和 H 品牌服饰区域。 在各自区域分别进行品类划分,如 H 品牌服饰区域可进一步划分为上装、下装及配饰区域,以便实施精细化的仓储管理。

③ 库存管控。 根据现阶段物流配送周期,重新设定店铺订货点和安全库存,以保证在配货周期内终端销售能够正常进行。 另外,销售旺季或气候突变时,应适当增加配货次数;对于畅销款式的追单或补货要快速审核、及时组织货品配送。

④ 部门协同。 各部门的协同配合是物流仓储部门高效运作的有力保证。 鉴于 H 品牌营运中心与物流仓储部门处于不同地域,及时沟通和协同配合显得尤为必要。

（2）规划后的运作流程

H 品牌规划后的物流仓储部门,通过实时获取物流仓储信息和仓库成衣的接收、入库、分拣、出库以及库存服装产品统计等是服装物流仓储管理的主要任务,可有效链接生产部、采购部和营运部等部门(图 7-2)。

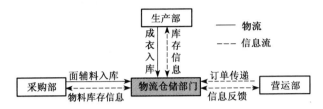

图 7-2　H 品牌公司物流仓储部门与各部门间的链接

H 品牌订货和物流配送流程的规划方案见图 7-3。 其中,在物流仓储部门实施入库管理、货位管理、库存管理、出库管理等措施,以便货品物流配送高效有序进行。

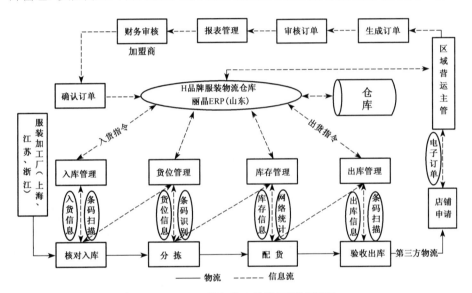

图 7-3　H 品牌订货和物流配送流程图

① 入库管理

入库管理是对送达的货品进行数量核对、品质核查和单据确认等工作。 入库的产品主要有三种:待入库的成衣、终端销售专柜退货的成衣产品以及工厂加工剩余的面辅料。 在 H 品牌物流仓储部门接收到工厂待入库成衣的电子送货单时,相应的入库管理工作随即展开(图 7-4)。

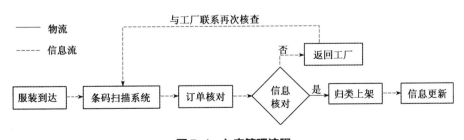

图 7-4　入库管理流程

a. 物流仓储部门根据入库的成衣类别设定存放的货架、货位等；

b. 待成衣抵达物流仓库时，条码扫描系统通过读取服装商品吊牌中的条码信息，核查货品的数量以及自动记录的款式、颜色、尺码等信息；

c. 核查无误后将相关信息传送至物流仓储部的计算机网络系统；

d. 若核查商品信息出现差异时，及时与工厂联系，再次核查并更新信息。

此外，终端退货的货品经条码识别后归类至同类产品存放的区域，而工厂剩余的面辅料根据面辅料类别放置在面辅料区。

② **货位管理**

在 H 品牌物流仓储部，货位管理是根据仓库划分的区域和货物的品类特性将仓库的货位合理安排，以便分拣员安全准确地进行货物存储和提取。

服装货位分配时遵循"上轻下重"和"易取易放"的原则，如冬季库存产品应放置在货架的底层，夏季服饰置于货架的上层；当季的畅销服饰要放置在"易取易放"的货位，以便快速及时的进行分拣和配货。

分拣员在接到拣货单时，依照待拣的产品属性确定货架的位置，接着根据拣货单的配货要求，利用 POS 机读取服装商品条码，拣选出需要配货的产品，然后进行集中拣选。若分拣过程中，部分服饰出现数量不足，尺码、颜色不全等现象时，分拣员应立即向上级发送缺货信息，根据反馈的调整指令对出货单进行修正以完成本次分拣作业，并生成出货单据（图 7-5）。

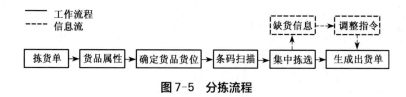

图 7-5　分拣流程

较之优化前，实施货位管理有助于分拣员迅速确定待拣货品的货位，然后根据服装品类进行拣选，分拣员的操作工序和作业时间相应减少，而作业效率可得到提升。

③ **库存管理**

针对 H 品牌库存量大的问题，必须实施严格控制面辅料和成品库存的措施。

a. 面辅料库存：物流仓储部定期向采购部提供现有面辅料库存明细，采购部在审核采购计划时，应尽量消耗原有库存数量，即采购数量 = 需求数量 - 原有库存数量；

b. 成品库存：在每季度企划部门进行产品开发规划时，仓储部应提供历年同一季度成衣库存的数量、面料、款式、颜色等，为企划部提供企划参考；生产部门下达大货订单前应明晰现有库存的信息；在季度销售末期，针对现有库存数量营运部可制定相应促销计划，尽量减少过季服装库存。

另外，由于 H 品牌物流仓储部、生产部和营运部处于不同地域，必须加强沟通与联系，以保证及时反馈库存信息。

224

④ 出库管理

H 品牌的服装出库管理时,应仔细核对出库票据,并依据实际情况提供配货票据给第三方物流公司。在出货后,物流仓库系统应及时更新仓储信息,并联系终端销售店铺做好货品接收准备,货品接收完毕后提供核实单据并反馈至物流仓库系统。

由此,H 品牌服饰货品从物流仓储部门经入库、分拣、出库等环节最终配送至终端销售店铺,完成物流配送流程。

(3) 启示

在物流规划方案实施过程中,信息化建设对于物流仓储部门现代化运作不可或缺,选择合适的信息化工具尤为重要。H 品牌作为中小型服装企业的代表,在物流仓储部门的规划中,应注重品牌中长期发展目标和品牌对物流配送的发展需求,目的在于制定适合品牌服装发展的物流仓储计划。而大型服装品牌企业可根据企业自身实力和品牌发展需求制定全国性的物流配送体系。

7.2 Y 品牌物流配送中心建设投资方案

7.2.1 Y 品牌概述

(1) 公司概况

Y 品牌服饰集团创建于 1979 年,经过 30 多年的发展,逐步确立了以品牌服装、地产开发、金融投资等多元产业并进、专业化发展的经营格局。旗下拥有 Y 品牌服饰集团股份有限公司以及各类子公司 40 余家。

品牌服装是 Y 集团的主业,根据发展规划,集团将加大资金投入,拓建、整合渠道,明晰品牌风格的再定位和拓展区域,整合优化产业链,强化品牌运营的流程再造和优化。

(2) 营销网络拓展方案

Y 品牌在全国范围内原有零售网点 1 600 余家,规划新增 800 余家店铺。覆盖广泛的营销网络需要完善的物流配送体系作为支撑,企业决定建设以宁波为总部的自动物流配送中心体系以及在全国构建 30 个省级物流配送分中心。根据这一规划,Y 品牌服装所有货品将通过物流配送中心进行计划、协调,利用公司车队或第三方物流方式发往各省级物流分中心,再由省级物流中心分拣按需发往各终端零售网点。图 7-6 为 Y 品牌服装营销网络构架。

零售终端的增设和自动物流配送体系构建的目的是有效扩大销售,实行适时供货和及时补货,降低库存量,减少物流成本,加快服装商品周转率,改善品牌服装经营效益。

通过整合优化产业链,加强品牌运营的渠道建设,同时强化对终端零售网点的管理是新规划方案的主要任务。整个方案拟定两年投资建设期。通过扩建改造 Y 品牌营销网络系统转变企业"金字塔型"组织结构,并构建"扁平型"组织结构的快速反应管理模式。

① **新增零售终端的布局**

新增的 800 个营销网点(160家专卖店、640 个商场直营专柜),以旗舰店和直营店为主,店铺选址集中于省会城市或地级市,适当考

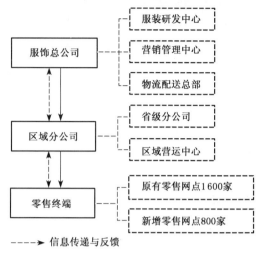

图 7-6　Y 品牌营销网络构架

虑经济发达的县级市,重点发展长三角、环渤海区域。依据渠道终端及物流体系的调整和建设,逐步完善全国各主要城市营销网点和物流配送体系的布局。

② **自动物流配送系统的特色**

a. 通过计算机信息化、数字化的实施,实现与品牌消费者的无缝衔接,加快市场信息传递与反馈速度;

b. 及时掌握营销网络的物流、资金流、信息流,形成计算机辅助的集成市场快速反应机制;

c. 保证商品企划与研发设计、生产与供货、销售与服务三大环节的产业链有效运作(ERP/DRP 和 POS 系统建设),使 Y 品牌营销网络系统成为新季节商品的策源地;

d. 培育现代化、快捷化、信息化的营销和物流体系成为 Y 品牌集团的核心竞争力,并获得较高的投资回报率。

7.2.2　自动物流配送中心建设方案

依据方案实施计划,Y 品牌服饰公司将逐步对现有物流供应方式进行改造,引进国内外先进的供应链理念和运行模式,建设现代化物流配送系统。通过两年建设期,将建成集计划、采购、生产、配送、定价、销售、跟踪和产品调剂于一体的现代物流供应链系统,实现集中采购、统一定价及定点配送的工作流程,规范运作,努力实现价值链的最大增值。

(1) 自动化物流配送中心的目标

传统的物流配送是基于点与点之间的配送。现代的自动化物流配送中心的总体建设目标是改变以往的配送方式,将所有服装产品集中在物流配送总部;再根据调货单从物流配送总部合理、有序地集中配送至各省级物流配送中心;省级

物流配送中心根据零售终端的配货需求实施点对点配送业务。该投资方案实施后,能满足 Y 品牌的服装物流中长期发展目标。

　　Y 品牌自动化物流配送中心在运作时要求达到 6R:在恰当的时间(Right Time);将所需的服装产品(Right Material);按需求的次序(Right Sequence);以准确的数量(Right Amount);沿正确的方向(Right Orientation);送到指定的位置(Right Place)。

　　伴随着电子商务网络消费的浪潮,Y 品牌网络销售也在陆续展开。以宁波总部为中心的自动物流配送体系的建设对网购信息的内部流通、订单梳理、货品分拣及就近配货等也将发挥重要作用。

案例 7-1——凡客诚品自建物流配送中心

　　2007 年 10 月 18 日,陈年创办的服装 B2C 网站凡客诚品正式上线,成立之初主要做 VANCL 男士衬衫的线上零售业务,后初步扩展至全品类服装领域。2010 年 5 月 VANCL 旗下 VJIA 正式上线,在自有品牌之外建立了多元服装品牌销售平台,代理国内外诸多知名品牌服装。短短几年,凭借极具性价比的服装服饰和完善的客户体验,凡客诚品已经成为网民购买时尚服饰的主要选择对象。

VANCL 凡客诚品
如风达
凡客诚品旗下

　　北京如风达快递有限公司(简称如风达)成立于 2008 年,是凡客诚品旗下的全资物流子公司,专业经营最后一公里(门到门)B2C、C2C 配送业务。从初期如风达快递只开通北京、上海、广州三座城市的 5 个站点的凡客诚品附属配送部门,到现今已成为开通北京、上海、广州、武汉、成都、南京等 28 座城市 400 余个站点的专业物流配送中心,承接单量配额由原来的不到 10%,增至 60%~70%,甚至已开始接收其他电商品牌如小米手机、优购网等的配送业务。如风达将以北京、上海、广州等物流配送中心为核心,300 km 以内开通 24 h 配送服务。

　　凡客诚品总部根据历年销售数据和流行信息,与各大服装加工企业签单,订单完成后由第三方物流公司运送到如风达物流配送中心。每天,数以万计的订单经过审核后将会如雪片般飞向如风达各个物流配送中心,如风达物流配送中心通过打印订单、分拣、配货、发送等环节运送货品到客户手中。最终的反馈信息将由配送员反馈至物流配送中心,这一中心再将相关信息反馈至凡客诚品总部(图 7-7)。

　　从 2007 年 10 月上线以来,凡客诚品超常规发展,2008 年全年销售额 2.8 亿元,2010 年达到 20 亿元,2011 年销售额攀升至 35 亿元。伴随着凡客诚品的飞速发展,如风达也取得了亮丽业绩。2008 年创立之初,营业额不足 200 万元,2009 年增加至 4 500 万元,2010 年达到 1.7 亿元。

　　电子商务企业的竞争逐渐转变为产品体验与服务的竞争,而作为与消费者对

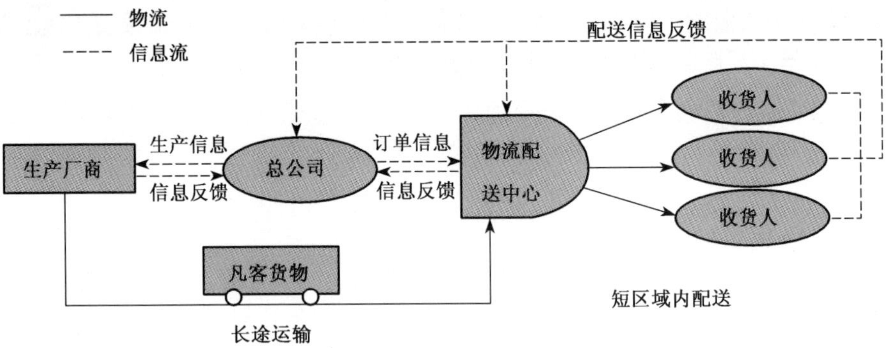

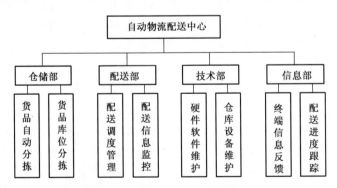

图 7-7　凡客物流配送模式

产品体验和服务最密切的环节，物流环节十分重要。目前，各大电子商务品牌纷纷创建自己的物流配送中心，如红孩子的鸿品物流；卓越网的卓越风帆物流；新蛋网的奥硕物流；京东网的圆迈物流等。在网购消费模式浪潮下，物流配送服务质量将会对品牌经营成功与否起着决定性的作用。

来源：根据网络资料整理。

（2）自动物流配送中心的基本构成

自动物流配送中心是连接生产采购部门与各级服装物流配送分中心，并为 Y 品牌销售网点提供服装货品需求的配送体系。物流配送系统可通过计算机网络查询各终端销售网点的销售信息，进行自动调节送货量和补货措施。同时，保证库存优化，为管理决策层提供数据分析，控制合理的物流成本。信息化管理的配送中心可使物畅其流，同时加快资金周转速度，降低成本，增加收益。Y 品牌物流配送中心的组织架构见图 7-8。

图 7-8　物流配送中心组织架构

自动物流配送中心主要包括自动化物流设备和集成化信息系统。自动物流设备的核心是自动化，集成化信息系统的核心是信息化。Y 品牌自动物流设备包括自动化立体仓库系统、自动化分拣系统、电子标签拆零拣选、楼层自动输送分拣系统等。这些系统是完成物流中心高效运行的硬件支撑。而集成化信息系统包括企业信息系统(如 ERP 系统、DRP 系统等)与仓库管理系统 WMS (Warehouse Management System)以及两者之间的接口和信息传递等。

(3) 自动物流配送中心的规划

以总部物流配送中心为例,自动物流配送体系投资建设方案中,包括自动物流配送中心、车辆和信息网络系统等设施。

规划内容如下:

① 总占地面积。 Y 品牌加快产业转型,完善供应链的措施得到地方政府的大力支持。 此次物流配送中心的建设计划征地 30 亩,地理位置选择在交通便利的地区。 即 666.7 m²/亩×30 亩≈20 000 m²。

② 绿化面积。 绿化面积的比例(绿化率的高低)直接关系到配送中心的整体形象,同时也关系到工业用地的使用效率。 自动化配送中心绿化面积定为总占地面积的 15%,即 3 000 m²。

③ 道路占地面积。 道路的规划应考虑人车分流、客货分流的原则,建立互不干扰的高度安全型的交通系统。 同时还应合理布置仓储区和办公生活区的交通构造,以便形成通畅的道路运输系统。

配送中心道路定为总占地面积的 25%,即 5 000 m²。

④ 建筑密度。 建筑密度又称建筑覆盖率,指规划用地范围内所有建筑物的基底面积之和与规划建设用地总面积之比。

配送中心建筑密度=(总占地面积-绿化面积-道路占地面积)/总占地面积,即(20 000-3 000-5 000)/20 000=60%。

⑤ 容积率和总建筑面积。 由于自动物流配送中心采用自动化立体式仓库 AS/RS 系统(Automated Storage and Retrieval System,自动存取系统),用地容积率拟定为 1∶1.115。 表 7-3 和表 7-4 为配送中心的土地及建筑配置比例。

表 7-3 物流配送中心土地配置比例

项目	面积(m²)	比例(%)	备注
项目总占地面积	20 000	100	30 亩
绿化面积	3 000	15	绿地率 15%
道路占地面积	5 000	25	铺砌系数 25%
建筑用地面积	12 000	60	建筑密度大于 50%
建筑总面积	22 300		物流仓库容积率为 1.115

表 7-4 物流配送中心建筑配置比例

项目	总计	
	面积(m²)	比例(%)
项目总建筑面积	22 300.0	100.00
仓储用地	19 368.0	86.85

项目	总计	
	面积(m²)	比例(%)
办公楼	1 137.0	5.10
居住用地:工人宿舍和食堂	1 253.0	5.62
其他设施	542.0	2.43
其中:车库	399.2	1.79
配电所	71.4	0.32
泵房	71.4	0.32

⑥ 人员与车辆配备

物流配送中心总部人员配备为 60 人(包括仓储、分拣、配货等),车辆配备 30 辆。

⑦ 中心仓库设备配备表(表 7-8、7-9)

⑧ 项目建设期

Y 品牌自动物流配送中心建设期为:24 个月。

7.2.3　投资财务分析

本投资方案中,物流配送中心计划投入资金 19.54 亿元,需要从财务角度对投资方案预期效益进行分析。同时依据净现值(*NPV*)、投资回收期(动态投资回收期 *PT* 和静态投资回收期 *PP*)以及投资回报率(*ROI*)等指标探讨物流配送中心投资的盈利水平。

(1) 投资方案测算期

按 12 年(2 年建设期,10 年正式运营期)计算,在此设定 2009 年 1 月 1 日项目正式启动,即项目测算期从 2009.1.1 至 2020.12.31。

① 测算建设期 2 年(2009.1.1—2010.12.31)

物流配送中心建设期为两年,投入相应金额。

② 测算运营期 10 年(2011.1.1—2020.12.31)

根据 Y 品牌市场拓展预期,结合投资回报率等因素,确定物流配送中心财务分析的测算运营期为 10 年。

(2) 固定资产折旧

物流配送中心投资的主要固定资产为土地、房屋、建筑物、仓储设备等。除此之外,形成的固定资产占整个项目投资的比例较小,故在成本测算过程中将其他固定资产的折旧费并入当期发生的管理费用中,在现金流量表中不再考虑该部分固定资产的折旧。根据税法规定,土地使用年限为 50 年,房屋和建筑物的折旧年限为 20 年,仓储设备的折旧年限定为 10 年。所有固定资产折旧残值率以 5% 计提,采用直线法计提折旧,则年折旧额 = 原值 × (1 - 残值率)/折旧年限。

土地的年折扣额＝原值(元)×(1−5%)/50 年＝原值×0.019(元/年)

房屋和建筑物的年折扣额＝原值(元)×(1−5%)/20 年

＝原值×0.047 5(元/年)

仓储设备的年折扣额＝原值(元)×(1−5%)/10 年

＝原值×0.095 (元/年)

（3）折现率 Ic

根据当期银行年贷款利率 7.47%,确定本方案的折现率 Ic 为 8%。

（4）物流配送中心投资明细

物流配送中心的建设成本主要包括直接费用和间接费用两大部分,其中直接费用包括土地费用、前期开发费用、建安工程费用及配套设施建设费用等,间接费用包括设备采购费用、物流运输费用、人员工资及管理费用以及不可预见费用等(图 7-9)。

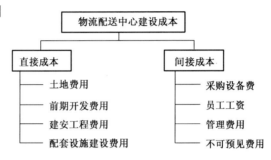

图 7-9 物流配送中心建设成本构成

① 直接成本

a. 土地费用

土地费用是为建设物流配送中心获得土地使用权所支付的费用。 根据土地取得方式,一般包括土地出让金、征地、拆迁、补偿安置费用和其他土地开发费用等。

物流配送中心占地面积 30 亩,位于 Y 品牌总部公司附近,购买时价为 160 万元/亩,合计为 4 800 万元,征地使用期限为 50 年。

b. 前期开发费用

投资方案的前期开发费用主要由规划研究费、建筑设计费、监理费、临时设施费等部分组成。 费用估算明细如表 7-5 所示。

表 7-5 前期开发费用估算表

项目	小计(万元)	备注及说明
规划研究费	80.0	估计值
建筑设计费	112.6	按总造价*2.5%估算
监理费	45.1	按总造价1%估算
临时设施费	50.0	估计值
合计/万元	**287.7**	

*:总造价 4 505.55 万元(表 7-6)

c. 建安工程费用

建安工程费用是指直接用于主体仓库建设和配套设施建设的各项费用,包括

231

建筑工程费、设备及安装工程费、工程造价咨询费以及其他费用等。 在本投资方案中，各类建筑建安工程单位造价预算如下：主体仓库物流区域2 000 元/m²；办公楼2 000 元/m²；工人宿舍及生活配套设施2 500 元/m²；其他配套项目1 500元/m²。 费用估算明细见表7-6。

表 7-6 建安工程费用估算表

项目	计量单位	计量基数	单价（元）	小计（万元）	备注及说明
物流仓库	m²	19 368	2 000	3 873.60	
办公楼	m²	1 137	2 000	227.40	
工人宿舍及生活配套设施	m²	1 253	2 500	313.25	
其他配套项目	m²	542	1 500	81.30	
工程造价咨询费				10.00	
合计（总造价）				4 505.55	建安均价2 020 元/m²

d. 配套设施建设费用

配套设施建设费用是按照城市建设配置要求与开发项目同时建设的非营业性公共配套设施，如人防工程、垃圾中转站、道路、绿化、消防、集中供热供汽等的建设费用。 在物流配送中心建设过程中，Y品牌公司按当地标准应向所在地缴纳基础设施费（已包含在购买土地费用中），由该地区基建公司负责园区内的基础设施建设（七通一平）。 在此，仅考虑绿化及景观工程费和公共配套设施费，费用预估明细见表7-7。

表 7-7 配套设施建设费用估算表

项目	计量单位	计量基数	单价（元）	小计（万元）	备注及说明
绿化及景观工程费	m²	3 000	50	15	按一般绿化标准
其他公共配套设施	亩	30	20 000	60	每亩按2 万元估算
			合计	75	

② 间接成本

a. 采购设备费用

表7-8、表7-9为物流配送中心核心与非核心设备采购明细。

表 7-8 总部物流配送中心核心设备费用   （单位：万元）

	设备名称	数量	单价	小计
1	**AS/RS 系统（套）**	1		**2 366.104**
1.1	AS/RS 货架系统（个）	26 880	0.032	860.160
1.2	巷道设备（天轨/地轨）（吨）	85.68	0.800	68.544

续　表(单位:万元)

	设备名称	数量	单价	小计
1.3	AS/RS 系统钢结构平台(套)	1		60.000
1.4	巷道堆垛机(台)	12	48.000	576.000
1.5	动力滑触线(m)	1 428	0.050	71.400
1.6	AS/RS 一楼入库输送机系统(套)	1		482.400
1.7	AS/RS 一楼出库输送机系统(套)	1		110.400
1.8	AS/RS 二楼拣选输送机系统(套)	1		99.600
1.9	AS/RS 系统网络硬件(套)	1		37.600
2	**其他货架系统(套)**	1		**546.092**
2.1	普通托盘货架(货位)	516	0.020	10.320
2.2	纸箱搁板货架(货位)	25 936	0.011	285.296
2.3	纸箱流力货架(货位)	6 240	0.015	93.600
2.4	托盘流力货架(组)	528	0.292	154.176
2.5	拆零包装台(组)	6	0.450	2.700
3	**分拣输送系统(套)**	1		**1 859.000**
3.1	分拣输送系统设备部分(套)	1		
3.2	分拣输送系统控制部分(套)	1		
4	**电子标签系统(套)**	1		**46.200**
4.1	电子标签(个)	520	0.060	31.200
4.2	控制系统(套)	1		15.000
5	**高速分拣线系统(套)**	1		**650.000**
6	**LOG＋＋2007 系统**	1		**138.000**
6.1	LOG＋＋－WMS	1		25.000
6.2	LOG＋＋－TSM	1		10.000
6.3	LOG＋＋－SCS	1		10.000
6.4	LOG＋＋－DEM	1		8.000
6.5	LOG＋＋－PTL	1		5.000
6.6	LOG＋＋－RFS	1		15.000
6.7	LOG＋＋－INT	1		15.000
6.8	LOG＋＋－INT	1		10.000
6.9	LOG＋＋－实施费	1		40.000
7	**辅助设备(套)**	1		**40.000**
7.1	电线电缆、桥架供电柜(套)	1		30.000
7.2	备品备件(套)	1		10.000

	设备名称	数量	单价	小计
8	设计及系统集成费(套)	1		55.745
9	系统集成费(套)	1		46.545
10	安装调试费(套)	1		116.135
11	包装运输及保险费(套)	1		69.681
	总计			5 933.502

表7-9　全国物流配送中心非核心设备费用　　(单位:万元)

	设备名称	数量	单价	小计
1	计算机硬件系统			110.800
2	RF系统硬件系统			122.160
3	外围、搬运设备			875.900
3.1	平衡重电瓶叉车(台)	5	16	80.000
3.2	平衡重电瓶叉车(台)	1	18	18.000
3.3	升降台(套)	6	2.9	17.400
3.4	手动液压搬运车(台)	8	0.15	1.200
3.5	拣选车(台)	54	0.1	5.400
3.6	物流台车(台)	39	0.1	3.900
3.7	8T箱式货车(辆)	30	25	750.000
4	托盘及物流箱			830.150
4.1	塑料托盘(个)	26 880	0.03	806.400
4.2	物流周转箱(个)	2 500	0.007 5	18.750
4.3	零件盒(个)	1 000	0.005	5.000
5	其他辅助设备(套)	1	15	15.000
	总计			1 954.010

采购设备费用是指物流配送中心采购 AS/RS(Automated Storage and Retrieval System)自动存取硬件设备、支持服务及相关配套设备等的采购费用。Y品牌整个物流配送体系由自动存取系统 AS/RS、货架系统、分拣输送系统、电子标签系统等其他辅助设备组成。

b. 人员工资及管理费用

人员工资是指物流配送中心建设承担的人力成本。物流系统共需员工60人左右,人均年薪为4万元(2010年后以每年10%的速率递增)。管理费用是指企业为管理和组织开发物流配送中心经营活动而发生的各种费用,诸如员工培训费、办公费以及其他管理工作发生的费用。管理费用以人员工资总数的50%估算,具体费用明细见表7-10。

表 7-10 配送中心人员工资及管理费用

年份	人数	人均工资(万元)	倍率	总计(万元)
2009	20	4	1.5	120
2010	60	4	1.5	360
合计				480

注:倍率为管理费用与工资总数的比率

c. 不可预见费用

考虑到建设物流配送中心进行各项费用估算时,无法做到十分精确,预估值可能会溢出。 此外,还存在物价上涨造成项目费用增加等情况。 因此,不可预见费用估算为 2 000 万元,由于物流系统建设期为两年,故每年不可预见的费用为 1 000 万元。

(5) 自动物流配送中心总投资

根据以上对各分项成本的估算,可以得出表 7-11 的总部物流配送中心投资估算明细表。

总部物流配送中心建设总成本 = 土地费用 + 前期开发费用 + 建安工程费用 + 配套设施建设费用 + 采购设备费用 + 管理费用 + 人员费用 + 不可预见费用 = 20 035.76(万元)

以宁波总部为中心的自动物流配送体系包括总部物流配送中心和全国 30 个省份物流配送中心。 各省级物流配送中心与总部物流配送中心投资项目财务计算方法类似,受篇幅限制,在此仅给出某个省级物流配送中心投资估算表(表 7-12),30 个省级物流配送中心投资总额为 175 350 万元,自动物流配送中心总投入为 195 385.76 万元。

表 7-11 总部物流配送中心投资费用明细表   (单位:万元)

项目	计量基数	单价	开发进度		小计	占总投资(%)
			2009 年	**2010 年**		
直接费用			7 238.05	2 430.20	9 668.25	4.95
土地费用(亩)	30	160.00	4 800.00	0	4 800	—
前期开发费用			167.55	120.15	287.7	—
规划研究费			50.00	30.00	80	—
建筑设计费			70.00	42.60	112.6	—
监理费			22.55	22.55	45.10	—
临时设施费			25.00	25.00	50.00	—
建安工程费用	22 300/m²		2 240.50	2 265.05	4 505.55	—
物流仓库	19 368	0.20	1 936.80	1 936.80	3 873.60	—

续　表（单位：万元）

项目	计量基数	单价	开发进度 2009 年	开发进度 2010 年	小计	占总投资（%）
办公楼	1 137	0.20	113.70	113.70	227.40	—
工人宿舍和生活设施	1 253	0.25	150.00	163.25	313.25	—
其他配套项目	542	0.15	30.00	51.30	81.30	—
工程造价咨询费			10.00	0.00	10.00	—
配套设施建设费用			30.00	45.00	75.00	—
绿化面积（m²）	3 000	0.005	0.00	15.00	15.00	—
其他公共设施	30 亩	2.00	30.00	30.00	60.00	—
间接费用					10 367.51	5.30
采购设备费用				7 887.51	7 887.51	—
核心设备				5 933.50	5 933.50	—
非核心设备				1 954.01	1 954.01	—
管理费用			40.00	120.00	160.00	—
人员工资			80.00	240.00	320.00	—
不可预见费用			1 000.00	1 000.00	2 000.00	—
总投资					20 035.76	10.25

表 7-12　省级物流配送中心投资费用明细表　　（单位：万元）

项目	计量基数	单价	开发进度 2009 年	开发进度 2010 年	小计	占总投资（%）
直接费用			759	863	1 622	0.83
土地费用	10 亩	31.5	315		315	
前期开发费用			30	30	60	
建安工程费用	6 000/m²		414	808	1 222	
物流仓库	4 800	0.20	320	640	960	
办公楼	360	0.20	24	48	72	
员工宿舍和生活设施	540	0.25	45	90	135	
其他配套项目	300	0.15	15	30	45	
工程造价咨询费		10	10	0	10	
配套设施建设费用				25	25	

续　表(单位:万元)

项目	计量基数	单价	开发进度 2009 年	开发进度 2010 年	小计	占总投资(%)
绿化面积(m²)	1 000	0.005		5	5	
其他公共设施	10 亩	2		20	20	
间接费用			360	3 863	4 223	2.16
采购设备费用				3 443	3 443	
管理费用			20	40	60	
人员工资			40	80	120	
不可预见费用			300	300	600	
单个物流配送中心投资			1 119	4 726	5 845	2.99
30 个省级物流配送中心					**175 350**	

注:① 省级物流配送中心在当地政府支持下实施征地,用地容积率拟定为 0.9:1;
　　② 各项建安工程指标参照总部物流配送中心标准;
　　③ 省级物流配送中心配备 20 名员工,工资标准与总部物流配送中心相同;
　　④ 人员工资计算中按照建设期第一年 10 人、第二年 20 人计算。

(6) 新增货品物流运输费用

在建设期内,新增货品物流运输费用为 829.30 万元(表 7-13)。

表 7-13　新增货品物流运输费用

年份	新增回款额(万元)	加权平均销售价(元/件)	单位成本(元/件)	总计(万元)
2009	0	257	6	0
2010	28 416		6	829.30
合计				**829.30**

备注:每年新增货品运输费用 = 新增回款额/加权平均价格 × 1.25 × 单位运输成本;
　　　1.25 为总运输量与新增销售数量的倍率,总运输量包括库存数量。

(7) 终端销售网络投资估算

新建的物流体系承载的货物运输涵盖原有 1 600 家营销网络和新增 800 家销售网点共计 2 400 家的营运销售网络体系。 投资物流配送中心产生的收益增长是基于 Y 品牌整个营销体系的测算。

① 新增终端销售网络投资估算

新增 800 家零售终端规划和投资估算分别见表 7-14 和表 7-15,其中:

a. 商场专柜实行进驻方式,扣点为销售额的 25%;

b. 专卖店采取租赁方式,均价 0.37 万元/m²/年,2010 年开始每两年租金上涨 10%;

c. 店铺装修[①]标准为 0.16 万元/m²，使用期限 4 年，每 4 年装修费用增幅 20%；

d. 每家店铺平均配备 4 人，人均薪资 2.5 万元/年，运营期内年增长 10%；

e. 2009、2010 年拟定的进驻意向店铺分别在 2010、2011 年元旦实施。

表 7-14　2009—2010 年新增 800 家零售终端规划

渠道 年份	商场专柜		专卖店		开店数量 小计(个)	开发面积 (m²)
	数量 (个)	单店面积 (m²)	数量 (个)	单店面积 (m²)		
2009	320	80	80	150	400	37 600
2010	320	80	80	150	400	37 600
合计	640	—	160	—	800	75 200

表 7-15　2009—2010 年新增 800 家零售终端投资估算（单位:万元）

类别 年份	人员 工资	装修 费用	店铺 管理费	租赁 费用	新店配 货成本	新增货品 生产成本	推广 费用	合计
2009	—	6 016	—	—	13 406	0	0	19 422
2010	4 000	6 016	2 000	4 440	18 015	13 406	1 706	49 583
合计	4 000	12 032	2 000	4 440	31 421	13 406	1 706	69 005

注:店铺管理费主要指水电费、商场活动赞助费等开销，按店铺员工总工资 50% 计算;推广费用约为销售额的 6%～7%。

② **终端销售网络预期平效(万元/年/m²)估算**

2 400 家终端销售网络预期平效估算见表 7-16,其中:

a. 建设期第一年年终 400 家新增店铺正式营运,当年不计回款额;

b. 建设期第二年年终新增 400 家店铺,当年销售回款额只计算第一年新增店铺回款;

c. 800 家新增销售网点在运营初期由于刚起步,对当地市场需要逐步适应,因此方案拟定建设期第一年平效为同等店铺的 60%,运营期第一年、第二年分别为 70%、85%,运营期第三年恢复正常水平。

表 7-16　2 400 家零售终端销售网点预期平效估算

规划 周期	年份	1 600 家原有 网点销售增长(%)		投资后每 m² 回款额 (万元/年/m²)		800 家新增网点每 m² 回款额(万元/年/m²)	
		投资前	投资后	专卖店	商场	专卖店	商场
建设期	2009	10	10	1.21	1.49	0	0
	2010	10	10	1.33	1.64	0.80	0.98

---

① 店铺经营设备费用囊括在装修费用中。

续 表

| 规划周期 | 年份 | 1 600 家原有网点销售增长（%） | | 投资后每 m² 回款额（万元/年/m²） | | 800 家新增网点每 m² 回款额（万元/年/m²） | |
		投资前	投资后	专卖店	商场	专卖店	商场
运营期	2011	10	15	1.53	1.89	1.07	1.32
	2012	10	20	1.84	2.27	1.56	1.93
	2013	5	25	2.30	2.83	2.30	2.83
	2014	5	20	2.76	3.40	2.76	3.40
	2015	5	15	3.17	3.91	3.17	3.91
	2016	5	15	3.65	4.50	3.65	4.50
	2017	0	10	4.02	4.95	4.02	4.95
	2018	0	10	4.42	5.44	4.42	5.44
	2019	0	5	4.64	5.98	4.64	5.98
	2020	0	5	4.87	6.60	4.87	6.60

（8）盈亏平衡点分析

① 方案总投资估算

在物流配送中心建设和全国营销网络规划的过程中，总投资费用主要包括物流配送中心费用（总部物流配送中心、30 个省级物流配送中心）和新增物流运输费用以及终端零售网络投资费用，即：

总投资费用 = 20 035.76＋175 350.00＋829.30＋69 005.00＝265 220.06（万元）。

② 应纳税款

根据国家法律和各地方相关法律规定，物流配送中心投入运营后应缴纳的税项主要有：

a. 土地使用税。 以纳税人实际占用的土地为计税依据，依据规定税额计算征收[75]。 由于 Y 品牌物流配送中心使用的土地位于城市地区的边缘土地，平均适用税率为 4 元/m²。

b. 增值税是对商品生产、流通、劳务服务中的新增价值或商品的附加值征收的一种流转税[76]。 物流增值税税率为基本税率 17%，物流运输费用增值税税率为 7%。

c. 所得税自 2008 年 1 月 1 日起，内外资所得税率统一调整为 25%。

③ 损益表估算

综合以上投入成本、销售回款额（投资方案收入估算表 7-17）及应纳税款的相关分析，即可进行损益估算，详见表 7-18。

④ 现金流量分析

现金流量表，是指反映企业在一定会计期间现金和现金等价物流入和流出的报表[77]。 物流配送中心的现金流量分析详见表 7-19。

239

⑤ 销售盈亏平衡点分析

物流配送中心和 800 家新增销售网点经过两年建设期后,正式投入运营。此时,终端销售指标渐趋稳定,因此销售盈亏平衡点计算以 2011 年 1 月 1 日正式投入运营的各项数据指标为基准。

表 7-17　投资方案收入估算表　　　　（单位:万元）

项目	建设期		运营期			
年份	2009	2010	2011	2012	2013	2014
	1	2	3	4	5	6
新增800家销售网点回款额	0	28 416	76 368	111 552	163 872	196 800
1 600 家原有销售网点回款额（179 090①）	197 000	216 700	249 205	299 046	373 807	448 569
原有网点销售回款增长率(%)	1.10	1.10	1.15	1.20	1.25	1.20
年专卖店平效	1.21	1.33	1.53	1.84	2.30	2.76
年商场平效	1.49	1.64	1.89	2.27	2.83	3.40
1 600 家店自然增长回款额	197 000	216 700	238 370	262 207	275 317	289 083
1 600 家店额外增长额	0	0	10 835	37 199	98 490	159 486
2 400 个销售网点总销售回款额	197 000	245 116	325 573	410 598	537 679	645 369
总销售回款额增长率(%)	1.100	1.244	1.328	1.261	1.310	1.200
2 400 家店额外增长额	0	28 416	87 203	148 751	262 362	356 286
项目	运营期					
年份	2015	2016	2017	2018	2019	2020
	7	8	9	10	11	12
新增800家销售网点回款额	226 224	260 400	286 560	314 976	340 992	370 320
1600 家原有销售网点回款额(179 090)	515 854	593 232	652 556	717 811	753 701	791 387
原有网点销售回款增长率(%)	1.15	1.15	1.10	1.10	1.05	1.05
年专卖店平效	3.17	3.65	4.02	4.42	4.64	4.87
年商场平效	3.91	4.50	4.95	5.44	5.98	6.60
1 600 家店自然增长回款额	303 537	318 714	318 714	318 714	318 714	318 714
1 600 家店额外增长额	212 320	274 518	333 842	399 097	434 987	472 673
2 400 个销售网点总销售回款额	742 078	853 632	939 116	1 032 787	1 094 693	1 161 707
总销售回款额增长率(%)	1.150	1.150	1.100	1.100	1.050	1.050
2 400 家店额外增长额	438 544	534 918	620 402	714 073	775 979	842 993

---

① 根据表 7-22 中 2008 年各品类服饰销售额整理。

表 7-18 投资方案损益表

（单位：万元）

项目	合计	运营期		建设期									
		1	2	3	4	5	6	7	8	9	10	11	12
		2009	2010	2011	2012	2013	2014	2015	2016	2017	2018	2019	2020
（一）收入	4 809 927	0	28 416	87 203	148 751	262 362	356 286	438 544	534 918	620 402	714 073	775 979	842 993
销售收入	4 809 927	0	28 416	87 203	148 751	262 362	356 286	438 544	534 918	620 402	714 073	775 979	842 993
（二）支出	3 920 460	63 139	210 473	98 264	139 903	222 224	284 922	334 199	398 944	465 854	528 509	563 848	610 181
土地费用	14 250	14 250	0										
前期开发费用	2 088	1 068	1 020										
建安工程费用	41 166	14 661	26 505										
配套设施建设费用	825	30	795										
采购物流设备费用	111 178	0	111 178										
不可预见费用	20 000	10 000	10 000										
管理费用	97 311	640	3 320	5 852	6 455	7 074	7 803	8 586	9 429	10 369	11 412	12 565	13 806
人员工资	194 436	1 280	6 640	11 704	12 880	14 147	15 574	17 141	18 857	20 738	22 793	25 100	27 582
新增货品物流运费	140 369	0	829	2 545	4 341	7 657	10 398	12 798	15 611	18 105	20 839	22 645	24 601
装修费用	43 796	6 016	6 016	0	0	7 219	7 219	0	0	8 663	8 663	0	0
店铺租赁费用	112 866	0	4 440	8 880	8 880	9 768	9 768	10 745	10 745	11 819	11 819	13 001	13 001
推广费用	317 904	0	1 706	5 882	10 302	17 210	23 670	29 474	36 166	41 296	46 916	50 630	54 652
新店备货费用	31 421	13 406	18 015										
新增货品生产成本	2 269 274	0	13 406	41 141	70 179	123 780	168 092	206 901	252 369	292 699	336 892	366 099	397 716
土地折旧	3 252	271	271	271	271	271	271	271	271	271	271	271	271
物流设备折旧	105 620	0	0	10 562	10 562	10 562	10 562	10 562	10 562	10 562	10 562	10 562	10 562
房屋折旧	20 809	0	1 259	1 955	1 955	1 955	1 955	1 955	1 955	1 955	1 955	1 955	1 955
装修折旧	32 867	1 429	2 858	2 858	2 858	2 858	2 858	2 858	2 858	2 858	2 858	2 858	2 858

续 表（单位：万元）

项目	合计	运营期						建设期					
		1	2	3	4	5	6	7	8	9	10	11	12
		2009	2010	2011	2012	2013	2014	2015	2016	2017	2018	2019	2020
土地使用税	1 056	88	88	88	88	88	88	88	88	88	88	88	88
增值税	359 972	0	2 127	6 526	11 132	19 635	26 664	32 820	40 033	46 431	53 441	58 074	63 089
（三）税前利润	889 467	−63 139	−182 057	−11 061	8 848	40 138	71 364	104 345	135 974	154 548	185 564	212 131	232 812
（四）累积税前利润		−63 139	−245 196	−256 257	−247 409	−207 271	−135 907	−31 562	104 412	258 960	444 524	656 655	889 467
（五）所得税	230 258	0	0	0	0	0	0	0	33 994	38 637	46 391	53 033	58 203
（六）净利润	659 209	−63 139	−182 057	−11 061	8 848	40 138	71 364	104 345	101 980	115 911	139 173	159 098	174 609

注：在损益表和现今流量表中，数据采用四舍五入近似计算，精确到个位，下同。

表 7 19 投资方案现金流量表

（单位：万元）

项目	合计	运营期						建设期					
		1	2	3	4	5	6	7	8	9	10	11	12
		2009	2010	2011	2012	2013	2014	2015	2016	2017	2018	2019	2020
（一）收入	4 809 927	0	28 416	87 203	148 751	262 362	356 286	438 544	534 918	620 402	714 073	775 979	842 993
新增销售收入	4 809 927	0	28 416	87 203	148 751	262 362	356 286	438 544	534 918	620 402	714 073	775 979	842 993
（二）现金流出	3 988 170	61 439	206 085	82 618	124 257	206 578	269 276	318 553	417 292	488 845	559 254	601 235	652 738
总成本费用	3 757 912	61 439	206 085	82 618	124 257	206 578	269 276	318 553	383 298	450 208	512 863	548 202	594 535
土地费用	14 250	14 250	0										
前期开发费用	2 088	1 068	1 020										
建安工程费用	41 166	14 661	26 505										
配套设施建设费用	825	30	795										
采购物流设备费用	111 178	0	111 178										

续 表（单位：万元）

项目	合计	运营期 1 2009	2 2010	建设期 3 2011	4 2012	5 2013	6 2014	7 2015	8 2016	9 2017	10 2018	11 2019	12 2020
不可预见费用	20 000	10 000	10 000										
管理费用	97 311	640	3 320	5 852	6 455	7 074	7 803	8 586	9 429	10 369	11 412	12 565	13 806
人员工资	194 436	1 280	6 640	11 704	12 880	14 147	15 574	17 141	18 857	20 738	22 793	25 100	27 582
新增货品物流运输费用	140 369	0	829	2 545	4 341	7 657	10 398	12 798	15 611	18 105	20 839	22 645	24 601
装修费用	43 796	6 016	6 016	0	0	7 219	7 219	0	0	8 663	8 663	0	0
店铺租赁费用	112 866	0	4 440	8 880	8 880	9 768	9 768	10 745	10 745	11 819	11 819	13 001	13 001
推广费用	317 904	0	1 706	5 882	10 302	17 210	23 670	29 474	36 166	41 296	46 916	50 630	54 652
新店备货费用	31 421	13 406	18 015										
新增货品生产成本	2 269 274	0	13 406	41 141	70 179	123 780	168 092	206 901	252 369	292 699	336 892	366 099	397 716
土地使用税	1 056	88	88	88	88	88	88	88	88	88	88	88	88
增值税	359 972	0	2 127	6 526	11 132	19 635	26 664	32 820	40 033	46 431	53 441	58 074	63 089
所得税	230 258	0	0	0	0	0	0	0	33 994	38 637	46 391	53 033	58 203
（三）税前净现金流量	1 052 015	-61 439	-177 669	4 585	24 494	55 784	87 010	119 991	151 620	170 194	201 210	227 777	248 458
累计税前净现金流		-61 439	-239 108	-234 523	-210 029	-154 245	-67 235	52 756	204 376	374 570	575 780	803 557	1 052 015
（四）税前净现值	466 403	-61 439	-164 508	3 931	19 444	41 003	59 218	75 615	88 469	91 951	100 655	105 505	106 559
累计税前净现值		-61 439	-225 947	-222 016	-202 572	-161 569	-102 351	-26 736	61 733	153 684	254 339	359 844	466 403
（五）税后净现金流量	821 757	-61 439	-177 669	4 585	24 494	55 784	87 010	119 991	117 626	131 557	154 819	174 744	190 255
累计税后净现金流		-61 439	-239 108	-234 523	-210 029	-154 245	-67 235	52 756	170 382	301 939	456 758	631 502	821 757
（六）税后净现值	352 959	-61 439	-164 508	3 931	19 444	41 003	59 218	75 615	68 634	71 076	77 448	80 940	81 597
累计税后净现值		-61 439	-225 947	-222 016	-202 572	-161 569	-102 351	-26 736	41 898	112 974	190 422	271 362	352 959
$I_C=8\%$折现系数		1.00	0.93	0.86	0.79	0.74	0.68	0.63	0.58	0.54	0.50	0.46	0.43

注：本项目中 NPV（累计净现值）=466 403 万元。

a. 固定成本

固定成本[78]（Fixed Cost），又称固定费用，是指成本总额在一定时期内和一定业务量范围内，不受业务量增减变动影响而保持不变的成本。 在 Y 品牌物流配送中心和新增终端销售网络的方案中，固定成本主要有店铺租赁费用、各项折旧费用以及土地使用税等（表 7-20）。

表 7-20　固定成本

项目	金额(万元)
店铺租赁费	8 880
人员工资	11 704
物流设备折旧	10 562
土地折旧	271
房屋折旧	1 955
装修折旧	2 858
土地使用税	88
合计	**36 318**

注：原有 1 600 家店铺租赁费等拟定为当年销售额的 25％。

b. 变动成本

变动成本（Variable Costs）是指在相关范围内随业务量变动而发生改变的成本。 Y 品牌物流配送中心和新增终端销售网络的方案中，物流运输费用、广告费用、服装生产成本、增值税等属于变动成本（表 7-21）。

表 7-21　变动成本

项目	金额(万元)
物流运输费用	2 545
推广投入	5 882
新增货品生产成本	41 141
增值税	6 526
合计	56 094
单位变动成本	**165 元/件**

c. 单位产品销售价

单位产品销售价以 Y 品牌服饰公司 2008 年销售数据测算（表 7-22）。

表 7-22　加权平均销售价和加权生产成本计算表

项目	销售数量(件)	销售额(万元)	平均销售价(元/件)	生产成本(元/件)
衬衫	5 088 954	74 934.31	147	43.21
西服	1 008 117	86 045.02	854	321.97
西裤				69.32

续　表

项目	销售数量(件)	销售额(万元)	平均销售价(元/件)	生产成本(元/件)
茄克	163 870	5 864.89	358	98.54
休闲裤	712 809	12 255.22	172	59.69
加权平均数			257	97.00

d. 盈亏平衡销售数量

盈亏平衡销售数量＝固定成本/(单位产品售价－单位变动成本)＝36 318 万元/(257 元/件－165 元/件)＝394.76 万件。

假定 Y 品牌服装在随后的几年中,由于科技、设计及经营水平的提升,在单位产品售价和单位变动成本保持不变时,Y 品牌当年新增销售数量达到 394.76 万件,可实现企业盈亏平衡;超过该数值时企业则开始实现盈利;反之,企业亏损(图 7-10)。

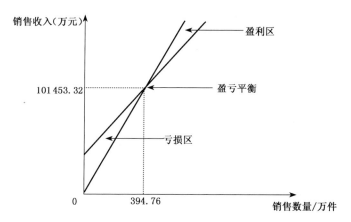

图 7-10　新增销售网点销售数量盈亏平衡点

7.2.4　投资盈利分析

(1) 静态财务分析

投资财务静态分析是和动态分析相对应的,静态分析通过对经济活动中各项目之间的关系分析,找出内在联系,揭示相互影响与作用,反映经营绩效和财务状况。动态分析则通过对不同时期经济活动的对比分析,揭示经济活动的变动及其规律[76]。物流配送中心和终端销售网络建设过程中,通过静态财务分析计算衡量投资效益的相关指标,如静态投资回收期 PP 或投资利润率(投资回报率)ROI。

从"表 7-18 损益表"估算可知,总投资(建设期内的总成本支出)为 26.522 0 亿元,预期税前总利润为 88.946 7 亿元,税前投资收益率 ROI＝88.946 7/26.522 0＝335.37%;预期税后总利润为 65.920 9 亿元,税后投资收益率 ROI＝65.920 9/26.522 0＝248.55%。

由"表7-19 现金流量表"估算可知,本项目含建设期的静态投资回收期 PP 为 **7.3** 年。

（2）动态财务分析

投资财务动态分析是在考虑资金的时间价值前提下,对各项财务指标进行计算,从而衡量项目的经济可行性。 主要考虑财务净现值(NPV)和动态投资回收期(PT)等指标。

财务净现值(NPV)是反映项目计算期内获利能力的动态指标[79]。 NPV 大于零时,表明在财务上是可以接受的,该值越大越好;当 NPV 小于或等于零时,表明在财务上不可接受[80]。

由"表7-19 现金流量表"可知:

a. 该投资财务 NPV = 46.640 3 亿元;

b. 该投资动态投资回收期 PT = 7 + (26 736/68 634) ≈ 7.4 年。

7.2.5 项目敏感性及风险分析

（1）敏感性①分析

敏感性分析的目的是在充分了解和掌握项目风险因素和风险程度的情况下,评价方案承受风险的能力[81]。 同时,通过敏感性分析预测投资方案不确定性因素发生变化时对评价指标产生的影响,从中找出敏感性因素,并确定各敏感性因素影响程度。

本方案的敏感性因素选取如下:

① 新增货品生产成本

2012 年测算期内的新增货品生产成本总投资额为 226.927 4 亿元,是现金流量表中金额比重最大值,也是影响营销投资利润和现金流量的主要因素之一(表7-23)。

表 7-23　新增货品生产成本费用敏感性分析表　　（单位:万元）

敏感性因素: 新增货品生产成本	敏感系数	货品生产成本(单位:元/件)				
		107	102	97	92	87
敏感系数变化率(%)	(1.000)	10	5	0	− 5	− 10
税前利润(万元)		655 521	772 494	889 467	1 006 440	1 123 413
利润变化率(%)	(0.263)	− 26.30	− 13.15		13.15	26.30
税前投资利润率(%)		247.16	291.27	335.37	379.47	423.58
ROI 变化率(%)	(0.263)	− 26.30	− 13.15		13.15	26.30
税前净现值(万元)		343 731	405 067	466 403	527 739	589 075
NPV 变化率(%)	(0.263)	− 26.30	− 13.15		13.15	26.30

---

① 在敏感性分析中,采用粗略估计预算处理。

② 物流运输成本

运营期间,物流运输成本投资额为 14.036 9 亿元,是总投资比值的52.93%。由于配送中心与第三方物流合作共同完成配送任务,有可能受到合作不稳定、油价波动以及运输过程中不可抗因素等影响,物流运输成本是影响投资利润和现金流量的重要因素(表7-24)。

表7-24 物流运输费用敏感性分析表 （单位:万元）

敏感性因素:物流运输费用	敏感系数	物流运输费用敏感值分析				
敏感系数变化率(%)	(1)	10	5	0	−5	−10
税前利润(万元)		875 431	882 449	889 467	896 485	903 503
利润变化率(%)	(0.016)	−1.58	−0.79		0.79	1.58
税前投资利润率(%)		330.08	332.72	335.37	338.02	340.66
ROI 变化率(%)	(0.016)	−1.58	−0.79		0.79	1.58
税前净现值(万元)		459 043	462 723	466 403	470 083	473 763
NPV 变化率(%)	(0.016)	−1.58	−0.79		0.79	1.58

③ 店铺租赁成本

该企业店铺租赁总成本为 11.286 6 亿元,由于国家对于土地、房价的宏观调控以及市场因素,使得租赁店铺的价格具有一定的波动性,本案中店铺租赁成本按照拟定的假设条件,平均每三年店铺租赁成本增长 10%,主要依据是土地租赁成本及相关管理费用的持续攀升,店铺租赁成本的高低会直接影响到投资利润和现金流量(表7-25)。

247

表7-25 店铺租赁费用敏感性分析表 （单位:万元）

敏感性因素:店铺租赁费用	敏感系数	店铺租赁费用敏感值分析				
敏感系数变化率(%)	(1)	10	5	0	−5	−10
税前利润(万元)		878 181	883 824	889 467	895 110	900 753
利润变化率(%)	(0.013)	−1.27	−0.63		0.63	1.27
税前投资利润率(%)		331.11	333.24	335.37	337.50	339.62
ROI 变化率(%)	(0.013)	−1.27	−0.63		0.63	1.27
税前净现值(万元)		460 485	463 444	466 403	469 070	472 321
NPV 变化率(%)	(0.013)	1.27	−0.63		0.63	1.27

④ 推广投入

该企业营销推广投入每年约占销售总额的 6%～7%,投资运营期间的广告总投入资金为 31.790 4 亿元。推广宣传主要用于提高品牌形象和扩大终端网络的销售,推广资金的投入和宣传力度直接影响到零售终端的销售业绩,即该品牌的销售收入,对投资回报率和投资回报期产生重大影响(表 7-26)。

表 7-26　推广投入敏感性分析表

敏感性因素:推广投入	敏感系数	推广投入敏感值分析(单位:万元)				
敏感系数变化率(%)	(1)	10	5	0	−5	−10
税前利润(万元)		857 677	873 572	889 467	905 362	921 257
利润变化率(%)	(0.036)	−3.57	−1.79		1.79	3.57
税前投资利润率(%)		323.38	329.38	335.37	341.36	347.36
ROI 变化率(%)	(0.036)	−3.57	−1.79		1.79	3.57
税前净现值(万元)		449 734	458 068	466 403	474 738	483 072
NPV 变化率(%)	(0.036)	−3.57	−1.79		1.79	3.57

⑤ 销售数量和价格

　　Y 品牌服饰的销售单价和新增销售数量对销售收入起着决定性的作用,当销售价格和销售数量呈现波动时,会直接影响投资利润和现金流量(表 7-27、表 7-28)。

表 7-27　销售价格敏感性分析表

敏感性因素:销售价格	敏感系数	销售平均价(单位:元/件)				
		283	270	257	244	231
敏感系数变化率(%)	(1)	10	5	0	−5	−10
税前利润(万元)		1 370 459	1 129 963	889 467	648 971	408 475
利润变化率(%)	(0.541)	54.08	27.04		−27.04	−54.08
税前投资利润率(%)		516.73	426.05	335.37	244.69	154.01
ROI 变化率(%)	(0.541)	54.08	27.04		−27.04	−54.08
税前净现值(万元)		718 617	592 510	466 403	340 296	214 189
NPV 变化率(%)	(0.541)	54.08	27.04		−27.04	54.08

表 7-28　新增销售数量敏感性分析表

敏感性因素:销售数量	敏感系数	新增销售数量敏感性分析(单位:万元)				
敏感系数变化率(%)	(1)	10	5	0	−5	−10
税前利润(万元)		1 143 531	1 016 499	889 467	762 435	635 403
利润变化率(%)	(0.286)	28.56	14.28		−14.28	−28.56
税前投资利润率(%)		431.16	383.27	335.37	287.47	239.58
ROI 变化率(%)	(0.286)	28.56	14.28		−14.28	−28.56
税前净现值(万元)		599 625	533 014	466 403	399 792	333 181
NPV 变化率(%)	(0.286)	28.56	14.28		−14.28	−28.56

由上述表 7-23～表 7-28 进行归纳得出的各敏感性因素对 *NPV* 的影响见图 7-11。

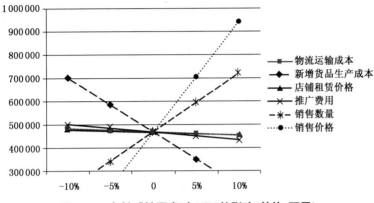

图 7-11 各敏感性因素对 *NPV* 的影响（单位：万元）

由图可知：

a. 销售价格的敏感性系数影响最高，即销售价格对于投资方案的利润率、*NPV* 等财务指标的影响最显著；销售数量的敏感性系数影响也比较高；

b. 新增货品生产成本的敏感性系数位于第二位，对于内部收益率和财务净现值的影响显著；

c. 推广费用、店铺租赁购置价格、物流运输成本对投资方案财务指标影响不显著。

同样，也可利用相关财务数据对税前、税后内部投资收益率进行敏感性分析，结果与税前净现值的敏感性分析结果相同，这里不再赘述，请读者自行演算。

（2）风险分析

① 竞争风险

针对产业竞争环境的风险，Y 品牌企业将积极采取措施适应新的市场需要，措施如下：

a. 坚持以品牌为企业运营核心的经营理念，以市场消费需求为导向，加快产业结构调整的步伐；

b. 扩大全国直营网络并推进现代物流活动的开展。只有将品牌迅速做大、做强，才能增强抵御风险的能力，在产业升级的竞争中取得先发优势；

c. 尽早做好产业布局，特别是销售终端的布局，巩固品牌产品在国内市场的领先优势；

d. 加快人才引进与培养，完善人才激励机制，加强内控建设，以管理创新促进企业发展，增强企业的核心竞争力。

② 存货风险

存货主要是产成品和原材料。随着公司规模的进一步扩大，存货数量可能继续增加，若未来原材料和产成品市场发生重大不利变化时，公司依然可能面临存货跌价的风险。

为此,Y 品牌公司可通过以下方式降低库存风险:

a. 增设营销渠道,提高销售覆盖面,保持库存在合理范围内。

b. 构建现代化物流体系,加速市场反应速度,有效提高货品的周转率。

通过全面完成物流配送中心和全国营销网络建设,为实施垂直供应链管理体系奠定基础,实现品牌经营的低库存和高资金周转率。

③ **渠道风险**

近年来国内各主要城市的店面购买成本或店面租金成本处于上升阶段。 因此,公司面临销售渠道成本增加影响经营业绩的风险。 为了消除或减少销售渠道成本上升对公司盈利能力的不利影响,可采取以下措施:

a. 合理布局销售网点,加强销售终端管理。 通过新建全国 800 个销售网点及引入现代化物流体系,推动营销模式的转变和优化产业链结构,积极采取以自营或直营为主的复合型销售渠道模式。

b. 企业现行的销售管理模式为“金字塔型组织架构”,这种模式目前已经表现出层级较多、反应速度慢、职能重复等弊端。 为此公司可通过组织构架调整,逐步构建“扁平型”组织结构,缩短管理层级,整合原有渠道,拓展新的营销领域和终端,提高管理效率和经济效益。

Y 品牌在发展过程中,针对各种风险应有准确的判断和应对方案,合理控制各种风险要素,使品牌处于健康平稳的可持续发展态势。

7.3   7-ELEVEn 的物流配送案例解析

便利店作为一种新兴的零售业态,利用先进的物流配送技术,保证每天店铺内的商品供应充足、新鲜和顺畅。 7-ELEVEn 便利连锁店是零售业最先建立起现代物流体系的企业之一。

7.3.1   7-ELEVEn 的发展沿革

有“全球最大连锁便利店”之称的 7-ELEVEn 最早诞生于美国,前身是 1927 年成立于德州达拉斯的“南大陆制冰公司”。 1946 年该公司推出的便利服务深受消费者欢迎,公司便将营业时间延长为早上 7:00 至晚上 11:00,7-ELEVEn 便利店由此得名。 1975 年开始变更为 24 小时营业。

1973 年,日本大型零售商伊藤洋华堂获得7-ELEVEn便利店的特许经营权,并成立日本 7-ELEVEn 公司。 日本 7-ELEVEn 在随后的 20 余年发展中,企业经营收入增长近 3 000 倍,而美国 7-ELEVEn 则由于都市市场开发失败、投资决策失误和市场竞争加剧等原因,企业经营江河日下,最终被伊藤洋华堂以债券换购形式接管,并于 1997 年正式更名为“日本 7-ELEVEn”公司。

经过几十年的发展,伊藤洋华堂旗下的 7-ELEVEn 成为全球最大的连锁便利店,由日本 7-ELEVEn、美国 7-ELEVEn、夏威夷 7-ELEVEn 三家分公司共同经营。随着零售业务连年递增,门店数量快速扩增,7-ELEVEn 便利店遍及全世界多个国家和地区(图 7-12)。

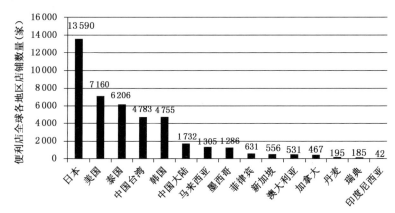

图 7-12 7-ELEVEn 便利店全球各地区店铺数量(单位:家)

来源:根据 http://www.7-11bj.com.cn/company04.html 资料整理(数据截止时间:2011 年 9 月)

7-ELEVEn 连锁便利店作为新兴零售商,特别受年轻一代的欢迎。 它不仅仅是一家便捷的零售商店,更代表了一种简单、新颖的生活方式,一如其宣传口号"传递新鲜生活"[82]。 2010 年,平均每天约有 3 800 万人光顾便利店,年销售总额达 7 404 亿元。

7.3.2 连锁店经营模式

(1)连锁加盟方式

7-ELEVEn 公司是一个经营便利店的特许连锁集团,公司总部与各加盟店之间是特许连锁关系。 7-ELEVEn 公司总部向加盟店提供营运所需的信息设备支持、销售技术指导、产品开发组合技巧等知识,支付加盟店 80% 的电费、水费等日常经营费用,并为店长及员工支付退休养老保险等。 连锁加盟店采用公司总部的统一商标,汲取先进的经营技巧,依靠统一的进货渠道和广告宣传,以一定的方式向公司总部支付"特许经营费用"。

(2)"毛利分配"方式

目前 7-ELEVEn 公司与加盟店之间主要采用"毛利分配"方式,在加盟店经营一段时间获取利润后才收取特许经营费用,若加盟店没有获得毛利,则不产生特许经营费用。 这种毛利分配方式可以统一公司总部与加盟店的经营目标,加深彼此之间的信任。

(3)店铺布点和经营方式

日本 7-ELEVEn 公司采用高密度、多店铺经营原则,将所有单体商店按照统一模式进行经营管理。 利用先进的物流系统,依靠小批量的频繁进货,及时补充便利店的货品品类。 一般情况下,7-ELEVEn 便利店店铺面积约 100 m²,但提供的日常生活用品高达 3 000 余种。 虽然商品品种齐全,但是却没有仓库或储存场所。 因此,为保证商品的正常销售,提高商品销售数量,所有商品必须通过先进的物流配送中心得到及时补充。

(4) 精细化的单品管理和先进的物流配送技术

在 7-ELEVEn 便利店中,精细化的单品管理是实现小批量订货的主要途径。小批量订货时的工具有:进行数据收集的 POS 机、支持商品检查并对陈列状况进行掌控的扫描终端机(Scanner Terminal,ST)、进行订货跟踪的图表订货终端机(Graphic Order Terminal,GOT)和后场的店铺计算机(Store Computer,SC)等信息系统。 这些工具能对货品进行细致记录和分析,有利于控制销售商品的库存,及时把握店铺商品品种的畅销、滞销信息,保障店铺运营管理有条不紊。

(5) 共同配送模式

为每个店铺高效率的供应商品是物流配送中心的主要职责。 7-ELEVEn 起步之初,并没有设立自己的物流配送中心,而是积极利用批发商的资本、设备和条件开展物流活动,主要利用外部资源。 由于消费者对商品需求的多样化和地区差异化的日益加剧,商品种类的增加给批发商带来了配送的困难,经常会出现批发商不能及时准确地把商品配送到指定店铺的现象。 由此,促使7-ELEVEn与批发商、生产商开展集约化的共同配送,批发商是配送中心的管理者,负责收集该地区各生产厂家的同类产品,并向该地区便利店集中配送商品,这样不仅可以缩短配送距离和配送时间,而且也能降低成本费用。 共同配送模式为 7-ELEVEn便利店的发展和拓展提供了坚实的配送基础。

7.3.3　连锁便利店信息化

信息技术是现代便利店连锁经营和提高运营质量的必要条件。 7-ELEVEn经营者非常注重引入新技术。 时至今日,公司总部坚持与时俱进,多次引进和更新先进的信息化技术,以保证店铺的高效率运转。

7-ELEVEn 信息化发展过程:

(1) 向供应商订货转由总部接受订货

在公司运营起步阶段,加盟商主要通过电话向供货商订货。 20 世纪 70 年代,随着加盟店铺的不断增多,加盟商直接向供货商电话下达订单使得供货商业务量急剧增加,于是公司总部开始采用集中订货方式,即加盟店将商品分类的订单交总部,由总部统一订货,然后配送至各单店。

(2) 第一次店铺信息综合体系化——共同开发信息化网络销售系统

1978 年以来,7-ELEVEn 一直致力于信息管理系统的开发。 由于公司对信息化系统的期望较高,对市场上的信息化设备不太满意。 因此,公司总部与计算机专业人员共同研发,建立起 7-ELEVEn 的终端以及整个信息化网络销售系统,并覆盖到所有的店铺。据称,当时 7-ELEVEn 公司建立的终端销售系统至少要比同行业的其他企业领先 10 年。

(3) 第二次店铺信息综合体系化——POS 系统的应用

随着条形码技术的应用,通过对商品的自动扫描,可以快速、准确地获取商品信息,及时对商品进行物流跟踪,降低店铺的库存数量,满足高频率、小批量的订货需求。

1982 年,POS 系统的应用取代了传统的现金出纳机,标志着 7-ELEVEn 便利店开始第二次店铺信息综合体系化的进程。POS 终端通过识别每个商品上的条形码,将销售数据以及相关的时间、顾客等信息进行统计分析,EOB(电子订货系统)和 TC(终端控制系统)依据 POS 终端的统计数据分析,能进行适时准确订货,保证店铺商品种类的齐全,防止商品脱销(机会损失)。

(4) 第三次店铺信息综合体系化——图形化多媒体系统的导入

20 世纪 80 年代中期,随着电脑图形化多媒体系统的导入,开始了第三次店铺信息综合体系化的进程。公司总部为了加强单品管理,制定了高效率的商品供应体制,同时导入双向 POS 系统。

(5) 第四、第五次店铺信息综合体系化

20 世纪末期 7-ELEVEn 又陆续进行了第四次和第五次店铺信息综合体系化的进程。支持商品检查并对陈列状况进行把握的 ST、进行订货跟踪的 GOT 和后场的 SC 等先进信息系统相继运用到7-ELEVEn便利店的终端销售系统中。

1995 年 7-ELEVEn 公司总部委托微软公司组建可以迅速传递订单和反馈意见的网络系统,并要求供应链上的所有供货商都使用该系统,充分利用信息技术的优势;1996 年,大约在 6.1 万台计算机上安装了该系统;1998 年耗资 600 亿日元(约 4.9 亿美元)完成系统更新工作(图 7-13),微软公司西雅图办公室的一条专线为更新完成的系统提供实时技术支持。如今,每家7-ELEVEn都安装有卫星接收器,不仅可以快速传递信息,而且降低运营成本,效果显著。

(6) 便利的信息服务

21 世纪以来,随着信息化技术的进一步发展,信息化技术在便利店中的应用也越来越广泛。如今,日本 7-ELEVEn 连锁便利店的信息系统是一个可以迅速传递订单和反馈信息的网络,能够紧密联系供应商、各终端销售网点、员工及商业银行等。它还可以利用销售数据和软件改善企业的质量控制、产品定价和产品开发等工作,并且可以一天三次搜集所有商店的销售信息,并在 20 分钟内分析处理完毕。

产品生命周期越来越短,顾客越来越善变,这时需要借鉴信息系统帮助分析预测每年的市场趋势。盒装午饭、饭团和三明治等几乎构成了一家便利店一日销售额的一半,但这种潮流持续的时间非常短暂。日本 7-ELEVEn 通过关注天

253

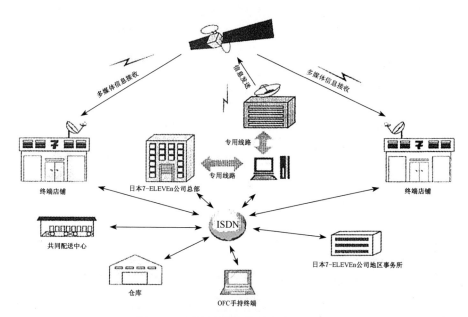

图 7-13　第五次综合店铺信息网络系统

气的变化与消费潮流趋势保持一致,每天数百份的私人气象报告会传递到所有的便利商店,每份气象报告都会将昨天的气温和今天的气温进行比较,帮助预测最近几天的销售行情,从而达到优化商品订货的目标。

7.3.4　连锁便利店的物流配送

7-ELEVEn 通过集约化的物流管理系统保证了每天近 3 800 万人次客流量的商品需求,成功地削减了相当于商品原价 10% 的物流费用。先进的信息技术为日本 7-ELEVEn 便利店的营销管理提供了支持,而集约化的物流配送和随后的共同配送模式为便利店的正常销售和及时配货提供了保障。30 多年来,日本 7-ELEVEn 一直稳居全球最大连锁便利店的宝座。

（1）集约化的物流配送

7-ELEVEn 改变了以往由多家批发商分别向店铺配送货品的物流经营模式,转为由各地区的窗口式批发商统一收集该地区生产厂家销售的同类产品,并向所辖区域内的店铺实行集中配送(图 7-14)。

由生产者、批发商共同组建的物流配送中心避免了众多生产厂家直接向店铺配货的杂乱现象,它不仅有利于降低企业的配送成本,而且还有利于送货次序的协调统一。

（2）区域配送中心

集约化的物流配送有利于商品的集中配送,但对于牛奶、盒饭、三明治等保鲜期较短的每日必备日用品来说配送成本依然高居不下。为此,7-ELEVEn 通过设立"共同配送计划",按照不同的区域和商品种类划分,组建共同配送中心,由

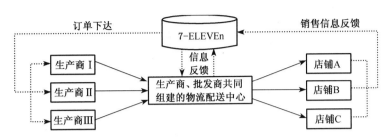

图 7-14　7-ELEVEn "集约化"物流配送模式

该中心统一订货,再向各店铺集中配送。 以日本东京为例,在核心商圈方圆 35 km、其他地方方圆 60 km 以内设立共同配送中心,该配送中心通过量身打造的订发货在线网络、数码分拣技术、进货车辆标准化系统及专用的物流条形码技术等信息系统的支持,负责该区域内各类商品的进货和配送业务,以实现高频率、多品种、小批量的配送需求(图 7-15)。

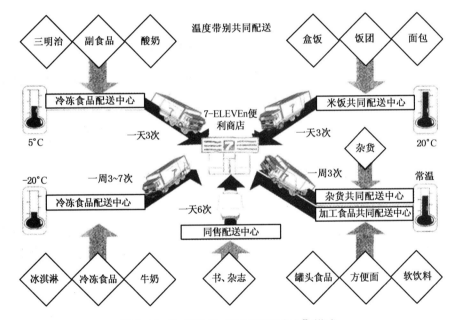

图 7-15　7-ELEVEn "共同配送中心"模式

实施"共同配送计划"后,7-ELEVEn 便利店每日接待的运输车辆数量从最初 70 辆车次降至 10 辆车次以下,物流配送效率显著提高。 高效率的共同配送中心,将商品库存和进货价格减少到最低,而且在不必担心缺货的同时,节约了大量的时间、精力和空间。

日本 7-ELEVEn 公司总部通过先进的物流信息系统,管理由生产商和批发商组建的共同配送中心,适时追踪商品销售、运输及库存情况,成为整个供应链及物流管理的主导者。

（3）精确到"分钟"的物流配送流程

一般情况下，物流配送中心为城市核心商圈方圆 35 km、边缘地区方圆 60 km 的店铺进行配货。 在日本各地的 7-ELEVEn 便利店中，每天早上 10 点通过订货系统进行订货，7 分钟内订单信息便传送到公司专属的 230 个配货中心，当天下午 4 点，各中心便会将订单商品送达至各店面。 另外，每名配货司机都随身配带磁卡，当送货完成时，通过商店内的计算机刷卡，公司就可以根据系统收集的数据，对司机运送时间和路线进行调整，例如：更改开车路线，或者加派货车以减少卸货时间等。 这种根据系统收集的详细数据研究改进的方法，使得所有的 7-ELEVEn 配送车辆能准时抵达店铺。

先进的物流配送模式和完善的物流信息技术为 7-ELEVEn 连锁便利店的计划订货和计划配送提供了系统支持，保障了各店铺商品的正常供应和及时补货（图 7-16）。

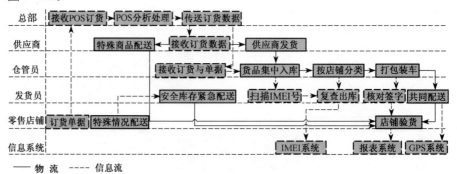

图 7-16　7-ELEVEn 物流配送流程

摘自：7-11 便利店物流配送流程图. http://wenku. baidu. com/view/662211e8172ded630
　　　b1cb6ec. html.

在日本关东地区，7-ELEVEn 的所有点心配送统一由一家批发商供应。 伴随着 7-ELEVEn 便利店的急速扩张，点心批发商联合生产厂家在关东地区投资建设 4 个物流配送中心，每个配送中心负责周围方圆 35 km 约 500 家店铺的点心配送任务。 每天早晨 8:00～10:30，批发商从各生产厂家进货并于中午之前入库。入库完毕后，中午 11:30 左右，配送中心开始安排第二天的发货计划、配送品种和配送路线，并打印发货单交由各相关部门，同时通过计算机向分拣中心发出数码备货要求。 为保证货源的稳定和点心的保鲜程度，每个配送中心拥有 4 天的安全库存，在库点心数量根据近期销售和生产情况及时补充。 从配送小组反馈的数据分析，正常情况下，每个店铺的备货时间大约为 65 秒，货品搬运时间约为 5～6 分钟，配送的车辆一般在配送中心停留一晚，第二天早上 4:30～5:30 开始根据由远到近的原则配送到各店铺。 配货司机到达店铺的时间根据随身携带的磁卡反馈至物流配送中心总部，店铺之间的运行时间和休息时间都有时效控制。

对于一般的商品，7-ELEVEn 实行一日 3 次的配送频率，其中包括一次特别配送，即当预测到第二天会发生天气等客观变化时，对追加订单的商品进行配送。

256

对于保鲜期较短的特殊食品,7-ELEVEn 会跳过配送中心,分早中晚 3 次直接把商品从生产商运到各个店铺。 对于每个店铺碰到的一些特殊情况而造成缺货情形时,配送中心则会运用安全库存对店铺实行紧急配送,如果安全库存还不能满足要求,配送中心就会即时向供应商下达订单,再迅速地配送至缺货的店铺中,这种措施降低了缺货的可能性,确保快捷便利的销售。

7.3.5　7-ELEVEn 物流配送体系对品牌服装物流建设的启示

日本 7-ELEVEn 公司先进的信息系统为多品种、小批量、高频率的物流配送提供了强有力的保障。 以销定进,确定以市场需求为导向的敏捷订货模式;高频少单,满足商品多样化的需求;减少库存,提高资金周转率,这些管理方法与当今服装品牌的经营理念异曲同工。

时尚潮流瞬息万变,品牌服装市场竞争日益激烈,如何减少库存并建立以市场需求为导向的快速反应体系是品牌服装企业面临的最大难题。

中小服装企业由于规模较小,资金不足,难以承担高额的自建物流配送中心的费用,物流配送建设可借鉴 7-ELEVEn 连锁便利店开创的"共同配送模式"。依据行业或者地区优势联合建立物流配送中心,共同完成企业的配送计划。 联合建立物流配送中心可以有效地减少投资金额,降低物流成本,提高配送的经济效益,也能推动物流企业的发展,发挥独特优势,实现品牌经营与配送中心的共同进步。

257

第8章 服装物流业的发展

知识要点:

> 服装业具有流行变化快、小批量、多品种、地域性消费差异等特点。服装企业的物流管理和配送依靠现代物流信息系统和配送中心网络,能为货品及时配送到销售终端提供有力的流通保障支持。因此,通过现代化的物流管理手段,强化整个供应链的一体化运作,科学、合理的规划配送已成为品牌服装企业面临的迫切需求。本章主要论述快速反应、产品生命周期管理、电子商务及第四方物流在现代物流管理中的创新发展。

8.1 服装 QRS 与物流管理

8.1.1 快速反应与快速反应系统

快速反应在 20 世纪 70 年代作为一种商业策略被提出,20 世纪 80 年代初开始应用于欧美等发达国家的纺织服装业[83]。1988 年美国纺织服装联合会(Textile Apparel Linkage Council,TALC)将快速反应(QR)定义为:一种响应状态,即能够在合适的时间向客户提供合适的数量、合适的价格和高质量的产品,而且在这一过程中能充分利用各种资源并减少库存,重点在于增强企业生产经营的灵活性[84]。

由 QR 理念派生的快速反应系统(QRS)体系结构可划分为快速反应核心层、快速反应功能层、快速反应支撑体系层以及快速反应理论基础层等四个层面(图 8-1)。其中,快速反应理念是 QRS 的核心层,快速反应功能层是快速反应理念得以实现的手段、方法以及工具,而快速反应支撑体系层是实施快速反应功能技术的支撑体系,快速反应理论层是支撑快速反应的基础理论。

服装快速反应是企业的一种竞争战略,通过缩短服装设计、加工制造及流通等产品开发与供货周期,能降低经营成本,维持合理库存,快速响应市场需求。QRS 是全新的经营战略思想与信息化技术的组合体,循环结构如图 8-2 所示[85]。

如图所示,QRS 是个封闭环,环环相扣,联系紧密。当顾客的需求发生变化,

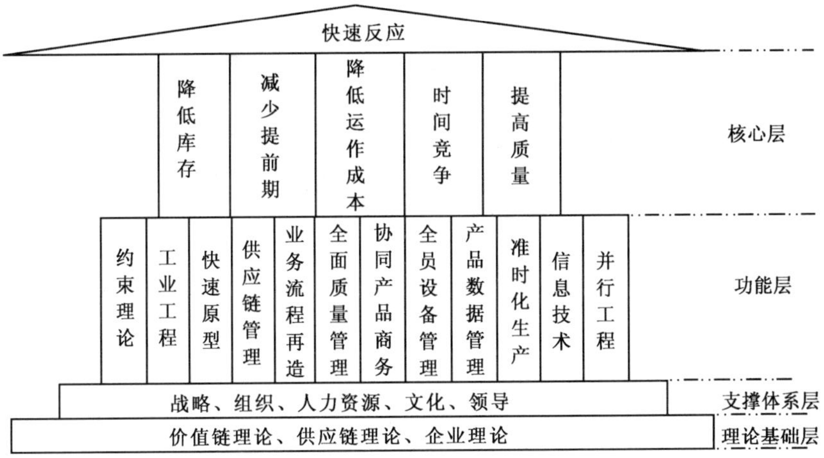

图 8-1 QRS 的体系结构

产品的设计开发需要做出快速调整,继而根据设计开发、采购、生产、配送直至销售网点协同联动,再由顾客对产品做出判断,反馈至产品开发起点。 顾客的需求瞬息万变,只有当流程运作足够快时才能保证调整后的产

图 8-2 QRS 的循环结构

259

品满足顾客适时需求,而物流配送是其中的关键环节之一。 这一系统理想的状态是达到市场供需平衡。

8.1.2 基于 QRS 的产品开发前置期缩减

(1) 快时尚(Fast Fashion)流行趋势下的快速反应

快时尚是指通过尽可能缩短前导时间(Lead Time),即减少服装从设计到货品进店的周期以及供应链中不必要的环节,使最新的潮流产品更快地进入销售环节,从而更好地满足消费者求新求快的需求[86]。

2006 年 3 月,美国出版机构 WGSN(全球流行趋势网)曾预测快时尚将成为未来十年的第一大服装消费趋势[87]。 近年来,快时尚品牌如 H&M、 ZARA、Mango 等迅速崛起,快时尚被年轻人推崇备至。 在全球服装零售业普遍不景气的情况下,2009 年 ZARA 母公司 Inditex 实现销售额 116.78 亿欧元,与上年同期相比增长 6.19%,净利润达 14.28 亿欧元,增长4.75%[88]。 瑞典快时尚品牌 H&M2009 年销售额(含附加税)也较上年有所上升,增幅 14.09%,升至126.29 亿欧元[89]。 图 8-3 是 2005—2009 年 GAP 与 Inditex 公司净收益对比图。

快时尚作为一种新兴的服装品牌经营模式,依靠敏捷和精确的反应能力、款

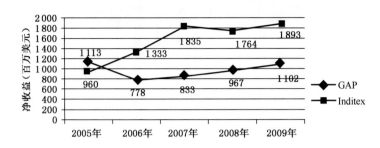

图 8-3　GAP 及 Inditex 公司 2005—2009 年净收益

资料来源：GAP-Annual Report. 2005—2009.

多量少的产品构成、相对低价的销售策略、高效的终端网络等营销特色,取得了举世瞩目的成功。

（2）基于 QRS 的前置期缩减

目前我国正处于经济转型期,不少服装加工企业正积极进行自主品牌研发,由 OEM 向 ODM 或 OBM 转型。 QRS 能够通过加快系统处理速度帮助企业减少各种设计、制造、流通等环节的前置时间,合理配置资源,最大限度地降低成本,提高质量并满足消费者的时尚需求,增强企业市场竞争力。

案例 8-1——E 品牌产品开发流程优化

通过深入调研 E 品牌发现,影响产品周期的主要原因之一是面辅料交期不准导致后期产品大货生产推迟,而由于风格和品牌定位的需要,E 品牌在辅料细节和面料花版上都有较多变化,每个月两个故事的产品开发频率也使得元素变更频繁。面辅料开发和生产耗时长,势必对后面的大货生产环节带来影响。将面辅料开发提前,与产品设计并行,能够为产品开发提供较充裕的缓冲时间,以确保在大货生产开始时面辅料能够及时供给,不对供应商生产排期造成影响,并相应缩短产品供货周期。

图 8-4 为 E 品牌现行产品开发流程和优化后的流程比较示例。

对改进方案作进一步细化,可得到包含正常故事单(服装季节或波段主题)、追单、单品及 QR 抓款等工作环节的产品开发生产周期优化流程。循序渐进实施改善,从不同周期产品比例设定、面辅料合理规划和工作环节时间缩减等方面,对 E 品牌产品开发生产周期进行逐步调整和缩减。

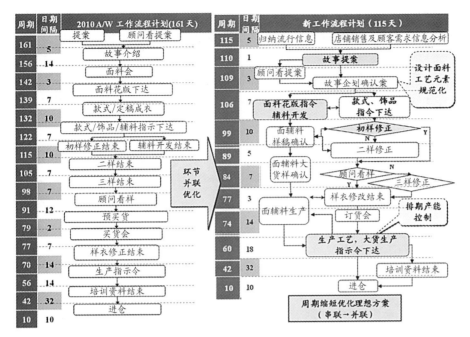

图 8-4　E 品牌产品开发流程优化方案示例

8.1.3　QRS 与物流的创新变革

（1）快速反应对物流管理的推动

20 世纪 80 年代中期，美国的成衣制造周期长，造成存货维持成本与缺货率过高等问题。 为了应对全球激烈竞争，由美国的纺织服装业以及主要的连锁零售商如沃尔玛等为主力开始推动 QRS，研究如何从制造、流通、零售直至消费者的过程中缩短产品在供应链上的周期，以达到降低库存成本、增加资金周转率以及减小零售店缺货机会损失的目的。

QRS 的发展经历了三个阶段：第一阶段为商品条码化，通过对商品的标准化识别处理加快订单的传输速度；第二阶段是内部业务处理的自动化，采用自动补货和 EDI 数据交换系统提高业务经营活动的自动化水平；第三阶段是协同计划、预测与补货阶段，采用有效的产业链合作，消除供应链组织之间的障碍，提高供应链的整体经营效率，如通过供需双方合作，确定库存水平和销售策略等[90]。

货品仓储的概念在快速反应的环境下逐渐淡化，而物流配送中心的功能受到重视，如入出库的同期化、计算机管理软件辅助入出库业务、价格标签条码化、电子清单等。 入出库同期化的实现可依据企划日程（MD Calendar）的指令进行操作；计算机管理软件辅助入出库业务能缩短物流活动时间；简化价格标签时，采用同类商品的条形码或采购标识（Source Marking）进行编码；使用事前发货电子清单（Advanced Shipping Note，ASN）和集装箱电子标签（Container Label）[91]可免于开箱检查。

案例 8-2——迪拉姿（Dillards）和费德瑞特（Federated）

在有限的商品范围内以低价吸引消费者是大型零售商和连锁组织一直坚持的经营战略,但百货店仍然坚持为消费者提供多样丰富的商品服务。因此,快速反应与敏捷销售在百货店应用较晚。迪拉姿百货公司是把信息技术用在销售跟踪及反馈上的先锋。20世纪80年代末,迪拉姿百货公司成为最早以库存跟踪为中心,为总部提供店铺及商品销售实时信息的企业之一。他们购置并适应了早期用于收银台销售点数据收集的POS技术,通过EDI系统传输,确保总部与各百货店的联系。迪拉姿的信息系统管理着超过100万的库存单元（SKU）。敏捷销售系统建立并正常运作之后,公司对商品的配送提出了快速反应的要求,以此促进配送中心的发展,并确保供应商与店铺间进行有效的调节。迪拉姿百货公司坚持要求供应商投资相应的信息技术装置以实现电子化追加订货,并满足客户不断增加的服务要求。

与迪拉姿百货公司一样,费德瑞特（Federated,美国联合百货公司）也投入了大量资金配置POS扫描仪、电子数据交换通讯等设备。费德瑞特的配送规模相当大,1997年,公司从供应商向店铺配送了超过7亿个库存单元的商品,平均每天需要500辆卡车,每年总共3 000万英里的行程。考虑到公司的实际情况,费德瑞特依靠快速反应的理念改进了从供应商到店铺的货运方法,使配送中心的流通周期缩短到原来的60%,平均只需2天时间。

摘自:沈剑剑.服装企业库存管理的实证研究[D].上海:东华大学,2003.

快速反应和敏捷销售的推行对物流和库存管理提出了更高要求,为服装企业库存管理的发展带来巨大推动力。QRS为实现前置期缩减,需要寻求物流功能的革新。经济全球化大背景下的物流,已成为推动"无国界世界"的强大动力和构筑区域国际竞争力的关键要素。

实施物流快速反应的战略意义不容小觑。服装企业管理者应意识到物流快速反应是提高供应链核心竞争力的保障,有助于提高顾客服务水平;企业通过有效实施物流快速反应可以快速进入新市场、增加市场份额以及提高经营效率,是有效应对市场环境迅速变化和市场不确定性的利器。

案例 8-3——贝纳通（Benetton）的快速反应物流系统

意大利服装品牌商 Benetton 在全世界60多个国家每年销售5 000多万件服装,全球共有5 000家 Benetton 专卖店,80多个销售代理商。

配送中心对全球订单反应的时间非常短,在全球范围内从收到订单到组织生产、检验、包装、发运到订货送到商店的整个周期,最快时仅需 7 天。这一条供应链的物流活动无论哪一个环节上,哪怕耽误一个小时,反应速度都达不到预期要求。

摘自:张尧辰.快速反应的物流系统[J].中国物资流通,2000(9):24-25.

（2）快速反应的物流系统

在快速反应理论的发展过程中,相继出现了需求引导生产模式、及时生产、敏捷制造、实时销售、全面质量管理、供应商管理库存(VMI)、连续补货程序和联合计划、预测与补货等相关理论。随着互联网的普及,又出现了网络联盟制造的理论。目前在欧美,快速反应已进入前面 8.1.3 所述的 QRS 发展第三阶段,即协同计划、预测与补货阶段。

快速反应战略不仅在纺织服装业得到积极应用,更被广泛应用到制造、零售、航天等其他行业。例如,沃尔玛通过快速反应实践,大大推动了供应链管理中各种运作体系的标准化,并取得了巨大的经济效益。此外,许多企业的物流管理成功地实施了快速反应战略和体系,如:物流承运商 Roadway,商品供应商 Levi Strauss、Nike 及 Panasonic 等。总之,快速反应正被越来越多的企业接受和运用于物流管理,被视为取得持续竞争优势的核心能力保障。

263

案例 8-4——"物流的 QR"——JIT 物流系统

在物流快速反应这一创新理念中,JIT(Just-in-time,及时生产供货系统)思想的各种分支和派别不断发展。快速反应的基本思想是为了在以时间为基础的竞争中占据优势,即必须建立一整套对环境能够敏捷反应的系统。因此,QR 是信息系统和 JIT 物流系统结合起来实现"在特定的时间和特定的地点将特定的产品交予客户"的产物。

QR 的实现依靠信息技术的发展,特别是电子数据交换、条形码和 POS 机等信息工具的使用。从根本上说,QR 隐含的意义是需求信息的获取,尽量实时并且贴近用户。

宝洁公司(P & G)从美国最大的零售商沃尔玛的收银台直接获取销售数据,运用 POS 信息,P & G 公司制订相应的生产和配送计划以便适时送货或补货。这样,沃尔玛只保留很少的库存,却可保证较少的缺货率。P & G 则得益于对需求的可预知性而能更经济地进行生产和物流运作,最重要的是增加了对沃尔玛的销售额。对信息系统的投资尽管很高,但回报丰厚。QR 实践表明:实施 QR 系统两年后才能得到预期的回报。

8.1.4 基于供应链一体化的物流快速反应

（1）供应链一体化

供应链一体化管理注重过程管理而不是单个功能的提升。供应链一体化环境下的物流管理范畴也由单个企业扩展到多个企业，主要通过物流活动将企业内部各部门及供应链上的相关企业联合起来，改变交易双方传统的、对立的、矛盾的观念，在整个供应链范围内构建一种协同、合作、多赢的商务伙伴关系。通过系统的、全局的视角审视物流活动，目的是使整体供应链的物流达到最优化程度，从而提高整个供应链的效率，降低经营成本。

物流是供应链的保障，供应链一体化是物流快速反应的组织基础。物流快速反应的价值在于通过一体化供应链网络，实现将合适的产品或服务以合适的质量、合适的数量、合适的价格，按合适的时间送达合适的地点，及时满足合适顾客的需要[92]。

（2）物流快速反应的时间压缩

供应链一体化下的物流快速反应，要从供应链整体和物流流程的各个环节着手压缩时间，包括物流时间和信息流时间。

物流时间压缩：供应链一体化下的物流运作时间包括订单处理时间、采购时间、生产时间、运输时间、库存时间和配送时间。要缩短这些环节的时间，需要供应链上的企业尽量从事擅长的业务，协同改进整个供应链的物流流程，设法减少原有供应链的不合理环节。

信息流时间压缩：在传统供应链中，每个成员所得到的需求信息来源于下游企业，而这种需求信息往往滞后且不是终端顾客的真实需求，或是为了防止风险，增加过多安全库存。市场信息在供应链上传播时遭受逐步的延迟与曲解，越是处于传统供应链上游的企业，所了解到的终端顾客需求信息越不真实，形成了如第6章（6.2.2）所述的牛鞭效应。为了在信息流中压缩时间，需将市场销售数据实时提供至供应链上的每个成员，使他们根据下游企业订货信息和终端顾客需求信息做出准确而快捷的生产、存货决策。

案例 8-5——沃尔玛的 QR 系统

美国零售业的著名企业沃尔玛公司与西米诺尔服装制造企业（Seminole Manufacturing Co.）以及面料生产企业美利肯（Miliken）公司合作建立了 QR 系统，经历了三个发展阶段：

初期阶段——沃尔玛公司 1983 年开始使用 POS 系统；1985 年开始使用 EDI 系统，并开始建立垂直型的快速反应系统，当时的合作领域是订货和付款通知业务。

发展阶段——为了促进行业内电子信息商务的发展,沃尔玛公司与行业内的其他公司一起成立了 VICS（Voluntary Inter-industry Communications Standards Committee,自愿行业通信标准委员会）,委员会协商确定行业统一的 EDI 标准和商品识别标准。沃尔玛公司基于行业统一标准要求设计了 POS 数据的传送格式,通过 EDI 系统向供应商传递 POS 数据。供应商基于沃尔玛公司传送来的 POS 数据信息,可以及时了解沃尔玛公司商品的销售信息,把握商品的需求动向,并及时调整生产计划和材料采购计划。供应方利用 EDI 系统在发货之前向沃尔玛公司传送事前发货清单（Advanced Shipping Notice,ASN,也称事前出货清单）。这样沃尔玛公司就可以事先做好进货准备,同时可以省去货物数据的输入作业,使得商品检验效率化和省力化。沃尔玛公司在接受货物时,用电子扫描读取机读取包装箱上的出货包装箱识别码（Shipping Carton Marking,SCM,也称物流条形码）;将电子扫描读取机的信息与 ASN 进行核对,判断到货和发货清单是否一致,从而缩短了开箱检验的作业时间。在此基础上,利用电子支付系统 EFT（Electronic Funds Transfer）向供应方支付货款。同时只要把 ASN 数据和 POS 数据进行比较,就能迅速知道商品库存信息。这样的结果使得沃尔玛不仅节约了大量事务性作业成本,而且还能压缩库存、提高商品周转率。在此阶段,沃尔玛公司开始把 QR 应用范围扩大至其他商品和供应商。

成熟阶段——沃尔玛公司把零售商品的进货和库存管理职能转移给供应商,由供应商（或生产厂家）对沃尔玛公司的流通库存进行管理和控制,即采用供应商管理库存（VMI）模式。同时,沃尔玛邀请供应商与之共同管理营运沃尔玛公司的流通（物流配送）中心。在流通中心保管的商品所有权属于供应商。供应商对 POS 信息和 ASN 信息进行分析,把握商品的销售和沃尔玛公司的库存动向。在此基础上决定什么时间,把什么类型的商品,以什么方式和向什么店铺发货。发货的信息预先以 ASN 形式传递给沃尔玛公司,采用连续补充库存方式（Continuous Replenishment Program,CRP）,实现整个供应链库存水平最小化。进入 21 世纪,沃尔玛在商品管理和物流活动中开始成功使用 RFID 技术,在零售业的信息化应用技术方面继续处于领先地位。

从沃尔玛的实践来看,QR 使零售商和生产商建立起伙伴关系,利用 EDI 等信息技术,进行 POS 数据以及订货补货等其他经营信息的交换,用多频小单的配送方式及时补充商品,实现了以缩短交货期、减少库存、提高顾客服务水平和企业竞争力为目的的供应链管理。

摘自:胡军.供应链管理习题与案例[M].上海:复旦大学出版社,2006.

（3）服装企业实行快速反应物流的对策
① 建立快速反应的服装生产模式
服装多品种、小批量的生产特点要求成衣流水线具有柔性应变能力,能够迅速适应品种更新,在保证合格质量的前提下,缩短生产周期。 服装企业可利用现

265

代化的生产设备，启用成本低、更改品种快、适应小批量多品种的吊挂式生产系统或模块式生产系统。 快速反应生产模式能根据不同产品的需求组织相应的成衣流水线，使得产品能在最快的时间内完成生产、交付。 前一轮品种生产结束后，流水线会及时应对下一产品品种而改变。

② 建立快速反应的服装配送系统

服装的多频、小单，要求企业配送中心或第三方物流采用快速反应的送货方式。 企业自建的物流配送必须重视配车计划、提高装载率以及车辆运行等管理。 另外，通过第三方物流或联建物流的方式也可以提高物流效率，降低成本。由于服装物流的小批量、多频次运输特点，会增加运输成本。 因此，服装企业要积极寻找如 7-11 便利店的集约化物流配送方式，既能保证按时交货，还可节约运输成本。

③ 建立适合快速反应的服装物流信息网络

在服装快速反应物流管理中，必须建立一个多方位、反应灵敏、传递快捷的信息网络。 服装企业通过建立服装信息网络，以保证拉动型物流管理所需的信息可靠、准确和及时，并且采用先进技术、设备及科学的管理方法，共同为快速反应物流系统提供良好的服务。 物流信息现代化手段包括计算机技术、通讯技术、机电一体化技术、语音识别技术，如 POS、条码、EDI、 GPS、 RFID 等信息化技术。

④ 有效的人力资源保障

快速反应物流系统是一种精益系统，需要员工积极主动与密切配合，企业应重视人力资源的开发和利用。 服装企业应培养和引进高素质的专业设计人员和技术开发人员。 这些人员不仅能对市场流行趋势有准确的把握，并能及时将顾客的需求设计成产品，而且还要熟悉物流环节和业务流程。 管理和技术人员要能熟练运用 CAD、CAM、ERP 等先进技术，实现企业开发、设计、生产、营销及管理的高度集成化，增强企业生产和流通的快速反应能力。

⑤ 建立良好的物流管理环境

快速反应物流管理方法要求供应商在合适的时间向零售商提供所需数量的产品。 要求服装企业能够小批量、多频次运送货品；严格遵守交货时间；保证质量并能对订货的变化做出及时、迅速的反应。 因此，品牌服装企业应集中选择若干有能力的供应商和零售商，并与他们建立长期可靠的合作伙伴关系；依据高效的快速反应能力，保证产品和信息的迅速流动；共享信息和利益，协同计划、预测和生产，以达到资源优化，最终实现客户满意的目标。 同时，服装企业应引入合理的管理方法和机制，以配合快速反应物流活动的开展。

8.2 PLM 与物流管理

8.2.1 PLM 的发展现状及趋势

产品生命周期①管理（Product Life-Cycle Management，PLM）是一种支持产品全生命周期信息创建、管理、分发和应用的系列解决方案，可应用于单一地点的企业内部或分散在多个地点的企业内部以及在产品研发领域具有协作关系的企业之间。简而言之，PLM 能够集成与产品相关的信息、人力资源、流程和各种应用系统[93]。

根据 2012 年 4 月 20 日在上海举办的"CIMdata 2012 PLM 市场和产业发展论坛"上发表的研究数据，2011 年中国主流 PLM 市场实现了除 CAD 外的全领域、全行业普遍快速增长，市场容量扩大至 6.409 亿美元，较 2010 年 5.235 亿美元增长了 22.43%（图 8-5）。2011 年全球主流 PLM 市场增长 12.8%，市场容量达 187 亿美元。中国 PLM 市场在全球主流 PLM 市场中所占的份额也由 2010 年的 3.16% 增长至 2011 年的 3.43%。

267

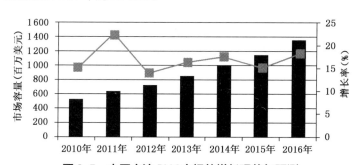

图 8-5 中国主流 PLM 市场的增长现状与预测

来源：黄培. 2011—2012 中国 PLM 研究报告[R]. CIMdata 2012 PLM market
　　　& industry forums，2012.
注：2012—2016 年为预测数据.

虽然中国主流 PLM 市场增长迅猛，但总体而言仍然是一个新兴市场，有着巨大的发展潜力。我国企业在应用 PLM 相关技术上尚处于初级阶段，价值体现还不充分，仍需要研究机构、供应商、实施方、咨询方、高校，尤其是制造企业的共同努力，不断地深化应用，实现快速发展。

8.2.2 关于产品生命周期管理系统

PLM 有三个层面的概念，即 PLM 领域、PLM 理念和 PLM 软件产品。 PLM 理念是一种先进的企业信息化思想，在激烈的市场竞争中能让管理者思考如何用最

---

① 产品生命周期包括：培育期、成长期、成熟期、衰退期和结束期。

有效的方式和手段为企业增加收入和降低成本。

按照 CIMdata 公司(Global Leaders in PLM Consulting)的定义,PLM 软件主要包含三部分,即 CAX 软件(产品创新的工具类软件)、cPDm 软件(产品创新的管理类软件,包括 PDM 和在网上共享产品模型信息的协同软件等)和相关的咨询服务。

主流 PLM 市场包括机械 CAD(MCAD)、仿真与分析(S & A)、协同产品定义管理(cPDm)、数控(NC)和计算机辅助制造(CAM)以及数字化制造等。 如图 8-6 所示,2011 年我国制造业 PLM 应用最广泛的依次为二维 CAD(计算机辅助设计)、三维 CAD、PDM(产品数据管理)/PLM 等。

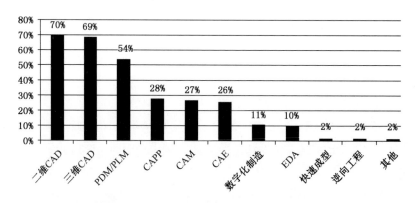

图 8-6　2011 年中国制造业 PLM 应用现状

来源:2012～2013 中国制造业信息化投资趋势研究报告

案例 8-6——罗盛公司服装 PLM 系统简介

罗盛公司服装 PLM 系统的主要模块如图 8-7 所示。

主要解决如下问题:

① 样品跟踪

提出打样要求;样品管理:确保质量、时间节点;标记快速反应时尚产品:优先打样;供应商协同:在线便捷共享,对供应商信息化的要求高;样品评估:维护统一规范的质量标准;详细精准的质量信息。

② 表单的收集和归纳整理

在线查看;归纳储存;日期、人员、原因记录;图片。

③ 创建及维护信息库

款式相关详细信息;最新或更新的信息。

④ 设计及款式资料库

全面信息搜索。

⑤ 成本核算

基于 BOM(Bill of Material,物料清单)的成本核算。

1 创意设计板块
　1.1 功能
　　◇ 预置模块或自由形成快速创
　　　建创意题材板块
　　◇ 在创意题材板块或者素材资
　　　料库中创建和管理素材资料
　　◇ 剪贴板拖拽功能
　　◇ 通过时尚绘图工具形成带尺
　　　寸的款式图
　1.2 包括内容
　　◇ 创意题材板块素材资料管理:
　　　(在服务器上设置权限)
　　◇ 创意题材板块
　1.3 效益
　　◇ 创意题材板块提供共享信息、
　　　资料共享,时时更新库中内容
　　◇ 快速响应市场
　　◇ 提高设计采用率
　　◇ 减小打样差错率
　　◇ 缩短绘图周期

2 产品线优化板块
　2.1 功能
　　◇ 并行计划:财务预算与产品分
　　　类
　　◇ 产品线开发计划
　　◇ 集成性
　2.2 效益
　　◇ 产品线开发计划的财务计算,
　　　产品特征计划
　　◇ 跨部门信息可视性高
　　◇ 通过成本、利润分析,使经济
　　　效益最大化
　　◇ 效率及准确率高
　2.3 内容
　　◇ 颜色资料库
　　◇ 面辅料开发资料库

3 产品管理板块
　3.1 产品开发
　　◇ 建立技术资料库,支持新建、复制及技术性的
　　　开发产品规格说明
　　◇ 管理打样需求及过程监控、修改、批准等
　3.2 包括内容
　　◇ 产品信息列表:更新信息;图片等(图片增加
　　　直观性)
　　◇ 产品信息及数据:模块化、集成化、关联度高
　　◇ 物料清单表:面辅料、标签等
　　◇ 颜色组明细
　　◇ 技术信息
　　◇ 打样管理:过程、状态、结果控制
　　◇ 打样结果评估:检测差异,提醒报警
　　◇ 板型信息
　　◇ 工艺清单:细化工序步骤
　　◇ 结构信息
　　◇ 技术规格书:在上述内容完成后形成
　　◇ 修改记录审计:提供周期中每一次修改的记录
　　◇ 意见管理:解决意见多而杂,以邮件格式统一
　　　管理并记录
　　◇ 跟踪和管理开发任务:任务清单等
　3.3 效益
　　◇ 集中管理产品信息库
　　◇ 历史信息记录完整
　　◇ 工作管控,自动提醒
　　◇ 缩短产品周期

4 采购供应管理板块
　　◇ 采购信息初步成本管理
　　◇ 供应商信息数据
　　◇ 询价要求
　　◇ 评估、谈判价格
　4.1 包括内容
　　◇ 供应商的管理(基本信息、资料)
　　◇ 所有产品成本概览
　　◇ 成本及询价比较
　4.2 效益
　　◇ 便于询价,供应商选择,成本核算流程

图 8-7　罗盛公司服装 PLM 系统模块

来源:根据罗盛公司 ERP ＆ PLM 系统会议(2010 年 6 月)记录整理.

　　PLM 提供从产品设计、工艺制造、生产、使用维护到收集整个产品生命周期中产生的数据,并进行管理,成为制造商整合和改进产品生命周期流程的有效工具。 有了 PLM 系统,企业资源规划(ERP)、客户关系管理(CRM)和供应链管理(SCM)系统才终于有了一个可靠、可追溯、更新及时、准确及完整的产品信息源。

案例 8-7——美特斯邦威：服装业 PLM 和 ERP 的结合

对于服装企业来说，通常可把物流和配货管理交由 PLM 管控，或者选择常用的 ERP 进销存系统。但美邦偏偏"不走寻常路"，2009 年，他们几乎同时导入了这两大系统。问题是如何理解服装业 PLM 和 ERP 系统的区别呢？

美邦集团的 IT 负责人、总部管理中心信息总监认为"开发一件衣服，要用多少物料，占用多少成本，这不是 PLM 系统管理的。PLM 只需要做出 BOM 表分析，ERP 就已经知道具体的采购成本、供应链成本，这样很方便筹划财务。利用 ERP 系统缩短库存天数可以提升企业价值、增加回款效率和市场应对的合理性，也会体现财务价值，进而提升企业总体附加价值。简而言之，明细由 PLM 来提供，记账由 ERP 负责。物料是静态的，但它所造成的企业财务成本是动态的"。PLM 与 ERP 的关系如图 8-8 所示。

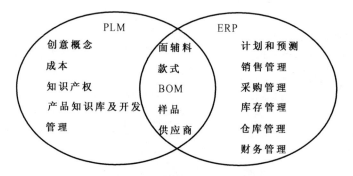

图 8-8　PLM 与 ERP 的关系

摘自：美特斯邦威：服装业 PLM 和 ERP 的结合. IT 商业新闻网. http://www.itxinwen.com/View/new/html/2010-03/2010-03-31-1104291.html. 2010-03.

8.2.3　基于 PLM 的物流信息系统

在传统概念中，PLM 往往只被应用在制造企业或者产品相关设计中，重点是强调企业内部从产品概念设计、产品具体设计、生产制造直至售后服务的产品生命周期管理。这种只关心企业内部的产品生命周期管理，往往缺少了产品维护乃至于报废回收的环节，从严格意义上说无法形成产品生命周期的闭环管理。

传统的物流企业通过引入 PLM 概念，在为客户提供产品运输过程增值服务的同时，既提升了客户对产品全生命周期的信息获取完整性，又可以利用 PLM 管理系统，掌握产品运输过程中的实时信息，及时了解库存情况，提升对配送中心、运输供应商以及产品运输信息的管理能力。在物流企业中实施 PLM 系统时，应着重解决如下问题[94]：

（1）数据集成

物流企业由于自身不具备产品设计、生产能力，产品数据往往从客户（产品设计、生产企业)中获得,而客户往往不拘泥于一个企业甚至一个行业,数据源的格式不尽相同。 因此,在 PLM 系统实施过程中要充分考虑数据的集成功能。 面对物流业务的大量数据,以及对数据处理要求的快速响应等特点,数据集成不仅要求数据传递的准确性,同时还要保证数据的及时性和自动传递。

(2)界面可操作性

物流企业中人员素质参差不齐,应尽量考虑基层操作人员对系统的认知和操作能力,在系统界面设计中最大限度地实现对于相同对象不同操作角色,显示不同的操作界面,从而简化每个用户的操作界面。 另外,对于不同角色的操作人员,还要限制不同属性对象的操作权限和查询权限。 在保证数据操作简洁的同时还要保证对数据操作的准确性,减少由于人为误操作造成的数据紊乱。

(3)操作及时性

对于物流企业,客户对物流过程中的时限要求往往比较严格,即包含运输过程中的时限要求,也包含对运输申请的响应时间。 基于以上特点,在实施 PLM 系统过程中需要增加相应的流程自动处理节点,从外部数据的自动导入,到流程的自动提交,直至运输过程中的流程处理。 在保证数据流转过程正确性的同时,尽量实现数据处理的自动化程度。

(4)系统集成

现代的物流企业必须具备运用信息技术处理数据的基础,即具备财务系统、人力资源系统、仓储系统等管理软件以及编码扫描设备、无线通讯设备等工具,以此共同支撑整个现代物流业务。 在实施 PLM 系统时,需要充分考虑各系统、工具的特点,提供丰富的数据接口。 编码扫描设备主要应用在仓储操作方面,作为输入设备可以方便、准确地将出入库操作的物资信息输入系统,并在操作过程中实现简单的验证。 为此,要求 PLM 系统在实现扫描内容和自动读取数据的同时,还要实现系统数据向扫描设备的输出。 无线通讯设备主要是便于与业务人员联系,及时沟通产品的运输状态,物流企业中主要是通过手机短信和 E-mail 等形式沟通,要求 PLM 系统在流程节点增加消息自动发送功能,将定制好的信息发送给相关操作者,并可以自动接收无线设备发送的信息。 其中编码扫描设备和无线通讯设备等工具的集成,对于 PLM 系统实施过程是个新课题,也是一个难点,但对于物流企业的业务支撑会起到重要作用,这也将成为 PLM 系统实施成功与否的关键因素。

8.3 电子商务与物流管理

8.3.1 电子商务的发展现状

世界贸易组织将电子商务(Electronic Commerce)定义为:"通过计算机网络

进行的生产、经营、销售和流通等活动"。 它不仅仅指基于网络进行交易的活动,而且是指所有利用电子信息技术进行问题解决、扩大宣传、降低成本、增加价值及创造商机等的商务活动,其中包括通过网络实现从原材料的查询、采购,到产品的生产、展示、储运,以及电子支付、售后服务等一系列的商贸活动[33]。

2012 年 5 月 29 日,首届京交会进入第二天,在当天举行的 2012 中国(北京)电子商务大会上,商务部发布了 2010—2011 年度《中国电子商务发展报告》。 报告显示,2011 年中国电子商务交易总额达 5.88 万亿元人民币,同比增长近三成。 预计到 2013 年,中国有望成为全球第一大网络零售市场[95]。

电子商务使人们购买商品的渠道打破了时空界限。 同时,电子商务的蓬勃发展直接促使物流业快速发展壮大。 2008 年全国规模以上快递企业业务收入累计完成 408.4 亿元,2009 年为 479 亿元,同比增长 17.3%;业务量 2008 年累计完成 15.1 亿件,2009 年为 18.6 亿件,同比增长 23.2%[96]。

8.3.2 电子商务的物流特点及发展趋势

(1)电子商务的物流特点

① 信息化

物流信息化表现为物流信息的商品化、物流信息收集的数据库化和代码化、物流信息处理的电子化和计算机化、物流信息传递的标准化和实时化、物流信息存储的数字化等。 因此条码技术(Bar Code)、数据库技术(Database)、电子订货系统(EOS)、电子数据交换(EDI)、快速反应(QR)、有效客户响应(ECR)、企业资源计划(ERP)、无线射频识别(RFID)等技术与观念在物流活动中将得到普遍应用。

② 自动化

物流自动化的设施非常多,如条码、语音、射频自动识别系统、自动分拣系统、自动存取系统、自动导向系统、货物自动跟踪系统等。 这些设施在发达国家已普遍用于物流活动中,而我国现代物流自动化技术刚刚起步,普及率较低。

③ 网络化

网络化有两层含义:一是物流配送系统的计算机通信网络;二是组织的网络化,即所谓的企业内部网(Intranet)。

④ 智能化

物流作业过程中大量的运筹和决策,如库存水平的确定、运输路径的选择、自动导向车的运行轨迹和作业控制、自动分拣机的运行、物流配送中心经营管理的决策支持等问题,均需要借助智能化的先进技术予以解决。

⑤ 柔性化

随着市场变化的加快,小批量多品种的生产模式将成为适应客户多样化需求的主要生产模式。 柔性化是为实现"以顾客为中心"理念而在生产领域提出的,但要真正做到柔性化,即真正地根据消费者的需求变化来灵活调节生产工艺或流程,必须要有配套的柔性化物流管理系统才能达到目的。

⑥ **基于"虚拟仓储"的物流系统走向应用**

基于"虚拟仓储"的物流系统是指以计算机网络技术进行物流运作与管理,实现企业间物流资源共享和优化配置的物流方式。

另外,物流设施和商品包装的标准化、物流的社会化、配送共同化等也是电子商务环境下物流模式的新特点[33]。

(2)电子商务物流的发展趋势

电子商务时代,由于企业销售范围的扩大,制造商和零售商的销售方式及最终消费者购买方式的转变,使得送货上门等业务成为一项重要的物流服务活动,促使现代物流业的兴起。 现代物流业能完整提供物流功能服务,如:运输配送、仓储保管、分拣包装、流通加工等,收取报偿的企业组织包括:仓储企业、运输企业、配送企业、流通加工业等。 信息化、全球化、多功能化和一流的服务水平,已成为电子商务下物流企业的追求目标和发展趋势。

电子商务如何在多订单小批量情况下保持效率与准确率是经营获利的关键。 由于电子商务供应链简短,库存不再分布于供应链的众多节点上,所有订单的拣货压力全部集中在物流配送中心上。 而电子商务模式下的每个订单批量小,拣货、集货的难度大,如何在最短时间内以接近 100% 的准确率完成订单的分拣和包装将成为物流管理的新挑战。

8.3.3 电子商务的物流模式

(1)B2C 的物流模式

B2C 是英文 Business-to-Customer(商家对顾客)的缩写,中文简称为"商对客"。"商对客"是电子商务的一种模式,也就是通常说的商业零售,直接面向消费者销售产品和服务。 这种形式的电子商务一般以网络零售业为主,主要借助于互联网开展在线销售活动。 B2C 即企业通过互联网为消费者提供一个新型的购物环境——网上商店,消费者通过网络进行网上购物和网上支付。目前,国内大型购物网站有京东商城、1 号店、淘宝商城(天猫)、当当网、易迅网等。

为降低商品的流通费用,充分利用现有的社会资源,一般采用第三方物流帮助卖方完成商品配送。 采用第三方物流模式有许多优点,首先,网上商店的优势是投资少、收益高、经营灵活。 网上商店一般都是新建公司,这些公司在成立初期不可能大力投资建设自己的配送网络,如果由第三方物流公司利用他们完善的网络系统为网上商店提供货品配送服务,可以节省大笔费用,第三方物流公司的专业送货比网上商店自己送货更迅速、更有保证。 其次,若出现跨区域物流,网上商店利用异地第三方物流公司送货,跨区域送货可轻易完成。

273

案例 8-8——"天猫"投 50 亿元与九大快递公司合作——非自建物流

"天猫"原名"淘宝商城",是淘宝网全新打造的综合性 B2C 购物网站。2012 年 1 月 11 日,淘宝商城正式宣布更名为"天猫"。

2012 年 5 月 28 日,"天猫"与国内九大快递公司达成战略合作,共同打造电商社会化物流新标准,推动电商物流服务全面升级。据此,"天猫"将向快递企业提供 50 亿元以上的业务增量。上述公司包括 EMS、顺丰、申通、圆通、中通、韵达、宅急送、百世汇通、海航天天[97]。

九大快递公司将针对"天猫"平台定制多项专属服务,包括即日起开通 5 000 多条城市间线路的"次日达"与"1～3 日限时达"服务。未来还将陆续开通快捷货到付款、晚间配送、预约时间配送、上门退换货、消费者自提等服务。

京东、凡客、1 号店等垂直型 B2C 企业都自建物流配送中心,申请快递许可证,在各种媒体报道中,自建物流似乎与服务质量直接划上了等号。然而,"天猫"声明:"我们没有意愿自己做物流公司,这不是我们擅长的领域。阿里巴巴期望建立一个社会化的物流平台,利用产生的订单和信息与合作伙伴深入合作。今天只是一个开始,未来我们会与快递公司有更深层次的合作和新的合作方式"。在谈及对自建物流的看法时,企业负责人表示,"天猫"或淘宝是一个社会化的交易平台,需要社会化的物流平台,尽管目前京东商城等公司选择自建物流,但长远来看,社会化物流是大方向。

摘自:天猫商城:为何不自建物流? 联商网. http://www. linkshop. com. cn/web/archives/2012/211211. shtml. 2012.

案例 8-9——"天猫"超市(chaoshi. tmall. com)的物流配送

目前 tmall. com(天猫)分为电器城、美容馆、家装馆、医药馆及"天猫"超市。其中,"天猫"超市拥有自己的发货中心,示例见图 8-9、图 8-10。

图 8-9　天猫超市发货中心的大仓库一角　　图 8-10　天猫超市现代化的仓储设施

（1）天猫超市的货品包装

"天猫"超市统一提供高质量专用纸箱，正面印有"天猫"超市字样。"天猫"超市的货品包装流程如图 8-11 所示。

 >  >

a. 淘宝商超专用五层纸箱　　b. 包裹底部无晃动填充保护材料　　c. 强化 PVC 膜缠绕包装

 >  >

d. 专业的商品码放标准　　　　e. 有效的防震措施　　　　f. 一站式送货到家

275

图 8-11　天猫超市的货品包装流程

但"天猫"超市目前配送能力有限，每日订单量为 5 000 单封顶，若达到上限，"天猫"超市的首页则会显示：亲爱的顾客，大家太热情了，今天的订单已经超出"天猫"超市的配送能力上限，为了保证已有订单按时送达，今日暂停营业，明天凌晨恢复运营。于是顾客只能等到次日再下单。"天猫"超市的货品包装材料如图 8-12 所示。

"天猫"超市专用 5 层原浆纸箱　　　定制的 PVC 膜环绕　　　　易碎品多层包装

专业气泡无晃动填充物　　　"天猫"超市专属包装　　　箱子牢固 可站立

图 8-12　"天猫"超市的货品包装材料

（2）"天猫"超市的配送范围、时间及费用

① 配送范围

a. 上海全境；

b. 杭州市区（包括萧山、余杭），其他临安、淳安、富阳、桐庐、建德不在配送范围；

其他地区暂不支持配送。

② 送达时间

a. 上海全境（除崇明三岛）当日 20:00 前成功提交的订单，次日达；当日 20:00 以后成功提交的订单，次日送；

b. 杭州八区（含余杭、萧山）当日 18:00 前成功提交的订单，次日达；当日 18:00 以后成功提交的订单，次日送。

③ 配送费用

a. 订单金额 < 40 元，5 kg 内，运费 10 元，超出重量按 1 元/kg 计算费用；

b. 40 元 ≤ 订单金额 < 88 元，5 kg 内，运费 5 元，超出重量按 1 元/kg 计算费用；

c. 订单金额 ≥ 88 元，10 kg 内，免费，超出重量按 1 元/kg 计算费用；

d. 订单金额 ≥ 200 元，20 kg 内，免费，超出重量按 1 元/kg 计算费用；

e. 订单金额 ≥ 300 元，30 kg 内，免费，超出重量按 1 元/kg 计算费用；

f. 订单金额 ≥ 400 元，40 kg 内，免费，超出重量按 1 元/kg 计算费用；

g. 订单金额 ≥ 500 元，50 kg 内，免费，超出重量按 1 元/kg 计算费用；

h. 订单金额 500 元及以上，50 kg 为免邮优惠的上限，超出 50 kg 的重量，统一按续重标准收费。

（3）"天猫"超市的退货流程

在线申请：登陆"会员中心"，点击"申请售后服务"，提交售后申请；或电话申请退货：电话 4006308910。

上门取件方式的退货流程如图 8-13 所示。

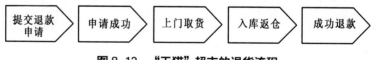

图 8-13 "天猫"超市的退货流程

• 如发生退货，需于每天 9:00～21:00 联系客服，"天猫"超市将提供上门取货服务；

• 若是买家原因退货，由买家自行承担退货费用；

• 若是商品质量问题、描述不符而导致的退货，退货费用由"天猫"商家承担；

• 未经申请确认而擅自退回的商品，顾客的退货申请将不被受理。此时商品将通过平邮方式退还给顾客，按原地址返回的运费由顾客承担。

一般来说,消费者看到的电子商务,通常只是"电子"部分,即网站或者是服务中心(Call Center),但这些展现给人们的部分其实只占全部工作的30%,而剩余70%包含分拣包装、物流配送等消费者看不见的部分是电子商务公司工作的重心。 物流配送能力是直接关系到提升消费者购物体验的关键因素,因此将成为决定电子商务企业能否成功的核心竞争力。

案例8-10——麦考林(M18)的物流配送体系

麦考林成立于1996年,主营服饰产品,1999年麦网(www.m18.com)正式上线。目前麦考林已经在目录邮购、网上销售、零售店铺(线下)和电话销售等渠道建立了庞大的营销网络。麦网经营的产品也不仅仅是服饰品,已成为国内最大的网上B2C时尚百货店之一,日均流量达到销售额1 000万元/天,浏览人次达到8~10万人/天。2010年在美国纳斯达克成功上市。

对于物流体系的建设,麦考林经过充分的调研和决策,最终决定采用最适合自身发展需要的物流管理模式,即自建物流配送中心和第三方物流配送相结合的方式。麦考林在上海松江建立了4万余平米的CDC(Central Distribution Center,中央配送中心),而将面向全国的干线运输和城市配送业务外包给国内专业的第三方物流企业。同时引入在电子商务领域已有成功应用经验的FLUX.WMS软件产品,用于自建物流中心管理和团队运作。麦考林物流配送体系的相关参数见表8-1。

277

表8-1 麦考林物流的相关参数

物流相关参数	内容
所在行业	电子商务
雇员人数	4 000人
仓库面积	松江物流中心46 000 m² 北京分仓3 000 m² 广州分仓4 000 m²
SKU数量	超过100 000
仓库每日业务量(日处理订单量)	超过40 000订单,250 000订单行
集成的仓储设备	Casio手持终端;"上尚"播种式电子标签Put-To-Light
数据库	SQL Server 2005
上线时间	松江物流中心2008年10月 北京、广州分仓2010年6月
实施周期	6个月
与供应商及合作伙伴的接口	与企业自主开发的订单系统CLOP集成

M18物流配送体系的价值体现在降低物流成本、提升物流能力,主要特点

如下：

A. 产品按体积分类存储：将占70%以上的常规尺寸产品集中存放；25%的小件产品和5%的大件设立专门库区进行存放；设立专门的拆零拣货区，实现整货和零货的分离；分区完成拣货作业后进行集货作业；实现物流中心清晰而高效的物流透明化运作。

B. 采用波次拣选的方式，对每200个用户订单进行合并拣货，将产品重合率较高的订单，采用DPS电子标签进行播种式分拣，使拣货的效率大大提高。

C. 打破以往按产品类别存放的方式，整零分别存储并按产品周转频次及拣选次数进行ABC分类；将产品按ABC循环级别分库位存放，实现物流资源的合理调度，在提高效率的同时降低拣货作业的成本。

D. 来自于麦网、Call-Center及门店的订单统一传至WMS（Warehouse Management System，仓库管理系统）进行配送作业，由WMS将作业的结果及时准确地反馈，实现真正的实时库存，避免无效订单。

在未使用WMS之前，麦考林的ERP中也有库存数据，但由于没有仓库中的实际操作管控数据，系统库存与实际出库有所差异，导致拣货过程中缺货、找货情况较多。

通过使用FLUX.WMS对库内操作的每个步骤进行跟踪管理，库存的准确性大幅提高，对于已经入库但暂时没有完成检验或上架等操作的货物也能够详细管理，明确区分库内可出库库存，使库存管控能力大幅加强，库存库位准确率提高到99.99%的水平，订单出库时的缺货、找货、等货等影响出库效率的情况大幅减少。

通过WMS系统的支持，能够使退货入库的产品在最短时间内完成分类区分，退货产品也可重新上架销售，缩短了退货产品的处理周期，为退货管理提供了有力支持。

摘自：根据中国电子商务研究中心资料整理.2010-08-10.

（2）B2B模式下的第三方物流

电子商务的另一种模式是公司与公司间的网上交易（Business to Business，B2B），主要是通过EDI进行。包括：品牌公司与供应商之间采购事务的协调；物料计划人员与仓储、运输公司间的业务协调；销售机构与产品批发商、零售商之间的协调；客户服务；公司日常运营活动、内部员工的交流等[33]。我国目前比较出名的B2B网站有阿里巴巴、环球资源、慧聪网、中国制造交易网、中国制造网等。

B2B模式应用于企业之间的业务，与其他模式物流配送呈少批量、多批次的特点不同，B2B的单次配货量大、年配货总量稳定。对于具有这种配货特点的传统企业经过多年的发展早已形成了成熟的物流配送体系，而中国的B2B电子商务企业多为中小型企业。因此企业一般没有过多的资金建设自己的物流队伍。而电子商务的全球性特点使得电子商务业务遍布全球，更增添了物流配送的难度。

对于 B2B 电子商务交易模式,尤其是跨国交易,物流成本在商品交易成本中占很大比重。若有第三方物流公司能够提供一票到底、门到门的服务,利用多种运输工具互相配合、联合运输,就可实现物流合理化,大大减少货物周转环节,降低物流费用。

面向 B2B 公共平台的第三方物流服务模式由 B2B 平台建造者搭建电子商务系统平台,并引入第三方物流企业以及电子支付平台等合作伙伴构成。它以 B2B 公共平台为核心,通过将第三方物流企业的物流服务、银行的金融服务和 B2B 公共平台的信息服务有机整合起来,实现同步运作,为买卖双方客户提供电子商务交易支持、配套增值等服务,最终实现商流、信息流、物流和资金流的协同与有效流动。该服务模式的框架结构如图 8-14 所示。

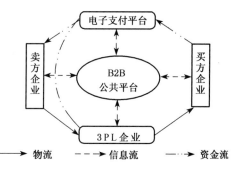

图 8-14 面向 B2B 公共平台的第三方物流服务模式框架结构图

来源:陈远军,但斌.面向 B2B 公共平台的第三方物流服务模式及实施策略[J].中国管理科学,2007(10):460.

279

案例 8-11——中国电子交易网(ChinaEdeal)的电子交易模式

ChinaEdeal(www.chinaedeal.com)是中国企业的网上信息库、网上交易会、网上配套市场、网上批发市场和网上人才市场,从而成为中国全行业自主式 B2B 电子商务门户网站。

ChinaEdeal 综合多年的贸易经验,根据当前我国电子商务发展特点,提出了如图 8-15 所示的 B2B 电子交易模式。

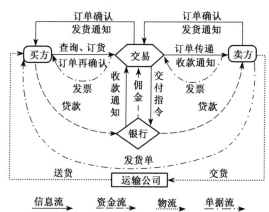

图 8-15 中国电子交易网 B2B 电子交易模式

（3）团购的物流模式

电子商务正在以不同形式演变和发展,2010 年一种新的网络购物方式在国内悄然兴起,在短短几个月内快速发展壮大,成为从网络等新兴媒体到报刊、杂志、电视等传统媒体关注的焦点,这就是团购。

团购网始于美国的 Groupon(www.groupon.com),2008 年 11 月成立后的短短半年时间就实现了收支平衡,在互联网公司发展史上堪称奇迹。团购网站进入我国是在 2010 年 3 月,当时一家称为"美团"的团购网站正式上线运营。目前我国较出名的团购网站有聚美优品、拉手网、糯米团、聚划算等。统计显示,2010 年全国团购网站总销售额达 25 亿元[96]。

据国内团购导航"领团"统计,2011 年 1—9 月全国服装行业团购销售额 6 679.48 万元,购买人数 127.58 万人,平均团购价 93 元,平均折扣率35%。该统计共覆盖 1—9 月销售服装配饰类产品的团购网站站点总数 669 个,服装类团购产品 29 156 个,详见表 8-2。

表 8-2　2011 年 1—9 月全国服装行业团购类别统计表

团购类别	网站数（个）	产品数（个）	销售额（万元）	购买人数（万人）	平均团购价（元）	平均原价（元）
男装	254	5 174	898.73	9.83	161	790
女装	437	10 464	2 072.46	31.57	86	375
童装	139	723	217.22	7.38	72	307
内衣	434	9 180	2 660.58	64.43	56	226
配件	329	3 708	836.83	14.63	113	691

来源:根据领团网.www.lingtuan.com 资料整理.

案例 8-12——"团购 2.0"到"团购 3.0"

2010 年 11 月 1 日,团购导航网站首推团购 3.0 概念,"团购 3.0"是一种以用户需求为导向的团购模式。以美国团购网站 Groupon 为代表,商家主导的团购只能称为"团购 2.0"模式;以团购导航网、团 123 为代表,团购大全的集合页面是"团购 2.5"模式;"团购 3.0"的特点在于以满足用户的需求为目的,以用户呼唤、呼唤聚集、商家发现商机组团为手段。"团购 3.0"是一个行业合作平台概念,继而演化成为社会化合作概念,涵盖了从需求、设计到产品和营销的全部环节,既是媒体又是个性社会化设计系统,让个性可以得到彰显和价值体现。

团购 2.0、2.5 是电子商务中 B2B、B2C 模式的延伸,而 3.0 模式是 C2B,即反向定价的新模式。

摘自:刘丽娟.团购突围[J].中国经济信息,2011(1):60.

280

绝大多数团购是由团购网站出面与商家交涉，以聚集大量购买者为谈判资本，促使商家开出低折扣优惠，团购网站从卖出价和商家结算价之间赚差价，这部分将成为团购网站的利润。

案例 8-13——聚美优品的网购转型

2010 年 3 月美团网诞生，这是聚美优品的前身。最初，聚美优品的模仿对象是 Groupon，采用每日一件产品的团购。为了获得货源，经营者买断代理商的货物存进仓库，再以限时售卖的模式卖出，价格是专卖店的 5～6 折，毛利率保持在 20%～30%。"价格战"让网站很快聚集起了一批粉丝。用户增加的同时，聚美优品开始调整产品线，由以前的每日一件改为每日多件，几乎涵盖高中低档产品。目前每天推出 30 个左右的产品，主要由买手团队或编辑团队推荐。目前，聚美优品新增"奢侈品"一栏，团购配饰类产品。

由于手握用户，聚美优品经营者在与上游供货商谈判时也有了筹码。与合作商的合作模式有两种：一种是消费者从聚美优品下单，直接由品牌商向消费者送货；另一种则是品牌商供货给聚美优品，网站利用自己的物流系统配送给消费者。现在，聚美优品的合作商家约有 100 家，既有欧莱雅、玉兰油、相宜本草等大众品牌，也不乏兰蔻、雅诗兰黛等国际知名品牌。

281

尽管市面上诸多团购网站以及流行的名品折扣网站都推出了化妆品团购业务，但聚美优品具有差异性的竞争力。

聚美优品经营者认为：供应链管理十分重要。聚美优品从一开始就采用买断模式，自建仓储物流，先买货、验货，然后再进行售卖。该团购网经营者进一步阐述："化妆品行业供应链很复杂，优秀的供应链模式能够保证用户体验，虽然这种模式加重了资金压力，但也建立了行业门槛"。公司团队也从原来的技术团队扩展到偏重采购、物流、仓储等能提升用户体验的供应链管理元素。

2011 年 5 月，公司决定将聚美优品全面转型成 B2C 网站，产品线仍集中在化妆品领域。不过，这意味着持续的大量资金投资。事实上，2011 年 3 月，聚美优品就获得了红杉资本的千万美元级别投资，为其后期转型做了资金铺垫。

2011 年 6 月，聚美优品的商城频道上线，这是公司从团购转型化妆品 B2C 的标志。聚美商城主要提供在超市类售卖的精品化妆品，与团购品类并不冲突。公司经营者透露："未来除了会扩大化妆品的品类选择，还会尝试涉及奢侈品"。聚美优品目前正在 IT 系统、客服团队、后台订单处理能力等方面加大投入，甚至不排除在中心城市自建物流系统。

摘自：团购穿在身，我本是"B2C"心.中国新闻网.http://www.chinanews.com/it/
2011/07-11/3171604.shtml.2011-07-11.

案例 8-14——香港邮政署为团购网站物流服务助力

2012 年 1 月,香港邮政署针对团购网站推出一项物流服务,提供低成本、高效率的投递和柜台揽收解决方案,以适应直复营销的发展热潮,并通过互联网增加交易量。

香港邮政署表示,网上购物在全港迅猛发展,尤其是网上团购。为此,香港邮政署积极拓展团购网站的物流服务以应对电子商务热潮,满足客户对物流解决方案日益增长的需求。

香港邮政署为网上交易者提供无缝、一站式综合物流解决方案,而且价格优惠,那些希望快速启动电子商务,同时又希望最大限度减少投资资本和运营成本的商户尤其受益。这项服务包含一系列供应链管理服务,比如从供应商处揽收货物、货物的仓储和库存管理、通过电子手段接受商家订单、分拣和包装货物等。

该服务还对香港所有商业和住宅区提供货物投递服务,顾客可自行选择领取货物的邮局。全港地区上、下午均可投递,工作日晚上可在指定地区投递货物,重量不超过 30 kg,且没有大小限制。

通过数据界面,香港邮政可为在线交易者简化订单管理流程。公司还提供替代揽收服务,为不能在家接收货物或者不希望泄露私人信息(如住宅地址)的顾客提供多种选择,确保了高度保密性和安全性。

第一家使用香港邮政拓展服务的团购网站 Qpon818.com,是香港第二大固定电话运营商 WharfT & T 的 IT 服务子公司。现在,有 6 家指定邮局为其提供投递和柜台揽收服务。所有指定邮局都位于黄金地段,方便商家和顾客存取货物。

香港邮政署称,在全球范围内,顾客有各种各样的国际化投递方式可供选择,包括高级特快专递服务、残疵品退换服务以及库存和投递状态报告服务等。在香港,电子商务将很快成为开展业务的首选方式。这种活跃的商业环境需要高度发展的供应链管理基础设施,需要耗费巨额成本和较长时间才能建立起来。因此,从专业物流服务供应商那里"买入"这些服务具有稳健的经济意义。

摘自:董国栋.香港邮政署为团购网站推出物流服务[J].邮政研究,2012(1):13.

(4)C2C 的物流模式

C2C(Consumer to Consumer)即指个人与个人之间的电子商务。 2010 年,我国淘宝网、拍拍网和易趣网分别盘踞 C2C 电子商务市场份额的 82.2%、9.9% 和 7.9%。

如图 8-16 所示,目前我国的 C2C 电子商务物流模式为买家或卖家通过在数 10 个物流企业中选择一个物流企业进行商品的实际运送,并通过选定物流企业提供的物流查询系统查询商品所处的物流环节,而被选择的物流企业则独立执行物流信息的收集、商品的物流运作及配送、商品的查询服务等。

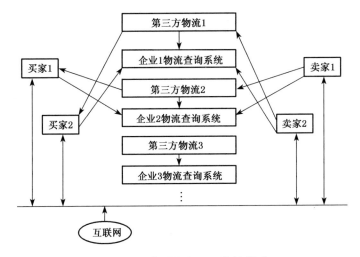

图 8-16　我国现有 C2C 物流模式

来源:张运通,张海.第四方物流在 C2C 电子商务中的可行性研究[J].物流技术,2012(9):61-63.

（5）B2G 的物流模式

283

　　继 B2C、B2B 以及 C2C 之后,B2G(Business to Government)是企业与政府之间的一种电子商务模式。B2G 比较典型的例子是网上采购,即政府机构在网上进行产品、服务的招标和采购。这种运作模式的优势是投标费用的降低。这是因为供货商可以直接从网上下载招标书,并以电子数据的形式发回投标书。同时,供货商可以得到更多的甚至是世界范围内的投标机会。通过网络进行投标,即使是规模较小的公司也能获得投标的机会,有利于民间企业的发展。

案例 8-15——服装零售业 ERP 与电子商务里应外合

　　对于成长型服装零售企业来说,面对中国庞大的网民数量和日益见好的互联网环境,不应忽视"电子商务"这一新的业务模式。传统行业与互联网如何有效地整合,如何发挥"水泥＋鼠标"的最大威力,如何将 ERP 与电子商务平台衔接在一起,是行业 ERP 深化应用的又一个话题。

　　服装行业电子商务平台分为三个层次:B2B(企业对企业)、B2G(企业对政府)和 B2C(企业对个人)。

　　在 B2B 方案中,企业通过互联网为分公司、代理商提供商品展示、样品评审、在线下单、订单评估、订金支付等操作,同时将上述业务功能与 ERP 进行整合,实现基于 ERP 系统的 B2B 业务拓展。

在 B2G 方案中,企业通过互联网为团购客户(政府团体采购)提供一个全新的网上业务平台,包括客户信息、量体数据、订单跟踪、售后服务等功能,实现团购人员随时随地都可以业务跟踪与反馈。同时也提供了一个完善的业务平台,供团购客户自主完成网上作业。

在 B2C 方案中,企业通过互联网为消费者提供一个新型的购物环境——网上商城,包含网上购物、在线支付、积分总换等功能。同时,基于 ERP 集成强大的后台管理系统,企业可以实现业务流程管控的无缝连接,将电子商务信息与 ERP 实时交互,从而构建线上线下相结合的完整信息化解决方案。

如图 8-17 所示,企业可将物流、资金流、工作流集于一体,实现基于 ERP、B2B、B2G、B2C 四位一体的整体信息化解决方案,从而搭建支持网络直销的完整平台。

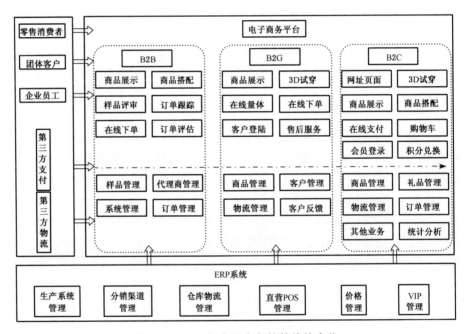

图 8-17　ERP 与电子商务的整体信息化

摘自:服装零售业 ERP 与电子商务里应外合. CIO 时代网. www. ciotimes. com. 2009-04-15.

8.4　服装业第四方物流的创新发展

8.4.1　第四方物流的发展背景

近年来,现代物流的发展日益被各级政府和企业所重视,特别是在 2008 年金融海啸冲击下,物流业的调整与振兴更被作为促进产业结构升级、化危为机的重要手段。国务院发布的《物流业调整与振兴规划》[98]中明确提出"以物流一体化和信息化为主线,积极营造有利于物流业发展的政策环境,加快发展现代物流业,建立现代物流服务体系,以物流服务促进其他产业发展"的指导思想;物流公共信息平台工程被确认为九大重点工程之一,并明确指出"加快建设有利于信息资源共享的行业和区域物流公共信息平台项目,重点建设电子口岸、综合运输信息平台、物流资源交易平台和大宗商品交易平台"。在这样的背景下,第四方物流作为物流一体化与信息化的高端服务形式应运而生。

8.4.2 第四方物流的概念与创新

第四方物流首先由美国安盛(Anderson,后改名为 Accenture,即埃森哲)管理咨询公司在 1988 年提出并注册了商标。第四方物流(4PL)定义:4PL 是一个集成商,对公司内部以及其他组织所拥有的不同资源、能力和技术进行整合,提供一整套的供应链解决方案[99]。

第四方物流与第三方物流相比,在集成互补性资源、技能与知识、从供应链的角度为企业做出战略诊断、提供综合性的物流方案等方面具有优势,这导致对 4PL 的研究与实践日趋深入,并逐渐从传统的供应链管理范畴中脱颖而出。4PL 与 3PL 的区别见表 8-3。

285

表 8-3 4PL 与 3PL 的区别

项目	4PL	3PL
服务目的	降低供应链物流运作成本,提高物流服务水平	降低单个企业的外部物流运作成本
服务范围	提供基于供应链的物流规划方案、实施与监控	主要是单个企业的采购物流或销售物流的全部或部分物流功能
服务内容	企业的战略分析、业务流程重组、物流战略规划、衔接上下游企业的综合化物流方案	单个企业的采购或销售物流系统的设计、运作
运作特点	具有多功能的高度集成化,物流单一功能运作专业化程度低	单一功能的专业化程度高,多功能集成化程度低
服务能力	设计管理咨询技能、企业信息系统搭建技能、物流业务运作技能、企业变革管理能力	主要是运输、仓储、配送、加工、信息传递等增值服务能力
与客户的合作关系	战略合作关系	合同契约关系

来源:毛光烈.第四方物流理论与实践[M].科学出版社,2010.

案例 8-16——飞利浦导入第四方物流

作为一个同时选择第三、第四方物流服务的公司,飞利浦在挑选第三方物流商时最关心的是成本和所得到的服务——性价比、第三方物流的 IT 能力、第三方物流的网络覆盖能力。

对于第四方物流商,飞利浦看重的是实力和技术领先度,能保证解决方案可以提高工作效率,帮助完成飞利浦流程设计的方案,实现和供应商的无缝对接。

从运输商直接承运到完全引入"第三者"——第三方物流公司,飞利浦经历了 10 多年,而两年后,飞利浦又迫不及待地导入了"第四者"——第四方物流公司。当然,这些"第三者"或"第四者"都不可取而代之,他们充当的是飞利浦与业界之间的交流平台。通过引入"第四者",飞利浦精简了自己的流程和队伍——将飞利浦非核心业务外包的策略进行到底。

摘自:飞利浦导入第四方物流. ITBUP 网. http://www.itpub.net/thread-433713-1-1.html. 2005-10.

8.4.3 第四方物流在服装业的运用趋势

近年来中国服装业发展迅猛,同时服装生产企业也面临着异常激烈的竞争,众多服装企业都在探求降低成本提高利润的新途径。随着现代物流管理理念、方法、技术的进步和广泛应用,服装企业也开始关注自身的物流系统。目前在企业的运作过程中,服装行业的物流往往因为物流条件的专业化程度不足而使服装的一部分价值在物流过程中流失。

第四方物流服务的提供者能够运用自身特长,为用户提供物流系统的规划决策(图 8-18),因此服装企业可以将物流的规划功能外包给第四方物流,而进一步将工作重心集中于核心业务。

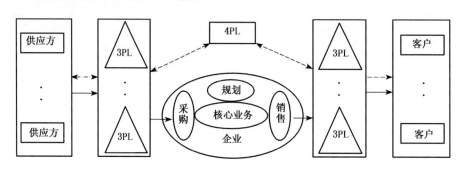

图 8-18　第四方物流分包企业的物流规划能力

来源:邱立新,陈岩. 现代物流业的发展趋势——第四方物流[J]. 青岛科技大学学报,2003(2):49.

案例 8-17——淘宝物流服务采用"物流宝"——第四方物流 的雏形

国内最大网购平台淘宝网的阿里巴巴集团总裁曾说过"不染指第三方物流",而他针对物流现状中的瓶颈问题,为淘宝物流提出了新的解决方法——"物流宝"计划。淘宝物流"物流宝"实则发挥着第四方物流的服务平台作用,成为第四方物流的雏形。

① "淘宝物流"服务

针对行业特征,为客户提供完整、灵活、专业的物流解决方案,提供且不限于以下服务:

a. 基础服务:仓储服务、配送服务、退换服务、增值服务;

b. 管理服务:多渠道库存管理、退换货统筹管理、库存短期融资;

c. 信息服务:订单信息流转、库存实时监控、成本费用管理;

d. 担保服务:服务质量担保、库存安全担保。

"淘宝物流"与客户建立一种简洁的商业关系,如图 8-19 所示。

承诺关系
——信息系统与"物流宝打造"
• 物流公司向淘宝物流承诺服务内容及标准
• 淘宝物流向商家和消费者承诺服务及标准

结算关系
——物流费用预结算流程的约定
• 淘宝通过系统与商家和合作伙伴分别对账
• 淘宝物流进行应收应付的背靠背结算

服务担保
——共同担保服务标准与承诺
• 淘宝物流向商家承诺物流公司的责任
• 淘宝物流向物流公司承诺商家的责任

图 8-19 "淘宝物流"与客户建立的商业关系

② 申请"淘宝物流"服务

STEP 1:了解所在垂直市场的相关服务及费用;

STEP 2:与"淘宝物流"签署 4PL 协议;

STEP 3:7 个工作日内完成审核;

STEP 4:为商家配置指定仓库的开通服务。

③ "物流宝"的信息系统

"物流宝"是由淘宝物流联合第三方仓储、快递、软件等物流企业组成服务联盟,提供一站式电子商务物流配送外包服务,解决商家货物配备(集货、加工、分货、拣选、配货、包装)和递送难题的物流信息平台。平台将通过 API

（Appli-cation Program Interface，应用程序接口）的全面开放，使得物流服务商、淘宝卖家和外部商家以及各类电子商务网站均能借助"物流宝"平台实现订单交易信息、物流信息和商家自身 ERP 系统的全面共享。

（4）商家 ERP 接入"物流宝"流程图（图 8-20）

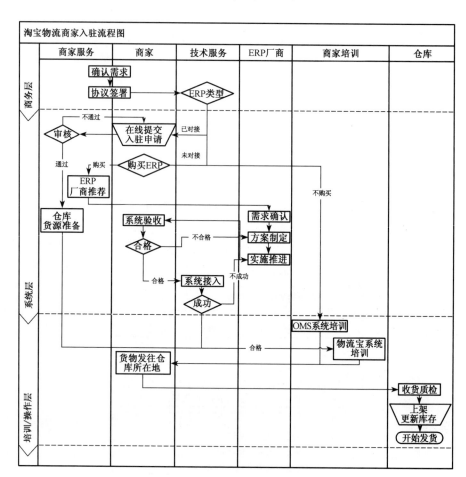

图 8-20　淘宝物流商家入驻流程图

（5）"淘宝物流"实现智能化物流服务

淘宝物流的智能化服务流程如图 8-21 所示。

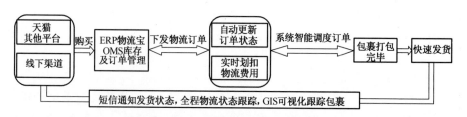

图 8-21　淘宝物流的智能化服务

（6）"物流宝"信息系统的核心功能

① 多渠道统一管理，自动获取订单

商家可在"天猫"、其他网站、线下渠道等同时销售，买家购买商品生成订单后，系统能自动获取订单；

② 智能调度订单，实现就近发货

系统生成物流订单后，进行智能调度，选择离买家最近的仓库发货，确保送货时效；

③ 自动更新订单状态，全程跟踪物流状态

系统能全程跟踪物流状态，提供可视化物流服务；

④ 免费短信通知及免扰设置

在商品出库及发货的时间节点，免费短信通知买家，且设置 21:00~9:00 为免扰时段；

⑤ 监控服务质量，淘宝全程担保

物流公司向淘宝承诺服务内容及标准，淘宝物流向商家及消费者承诺服务内容及标准；服务承诺未兑现或未达标，商家只需要投诉"物流宝"，后续的跟踪处理及赔付都由"物流宝"完成；

⑥ 系统分别对账，背靠背的结算

为商家提供量身定做的物流服务，并提供对应的收费标准，自动计算出商家需要支付给"淘宝物流"的每一笔物流费用；实现实时扣款、不同对账周期设定、账单查询等功能。

案例 8-18——"天猫"物流的投诉（"淘宝物流"服饰类 4PL 的投诉类型）

服饰类 4PL 投诉共分为九种类型：收货延迟、发货延迟、发货错误、库存盘点差异、退货延迟操作、货物丢失（包裹少件）、货物破损、配送延迟、服务态度。九个投诉类型对应的子类型和费用项如表 8-4 所示。

表8-4　服饰类的投诉类型及赔付费用项

序号	主投诉类型	子投诉类型及描述	赔付费用项
1	收货延迟	未在服务承诺时间内完成收货上架	服务赔偿金
2	发货延迟	仓储服务商发货延迟	服务赔偿金；物流费用赔付金
3	发货错误	错发；少发；多发 （通过物流宝系统操作补发或调整）	服务赔偿金；物流费用赔付金；货损赔偿金
4	库存盘点差异	库存盘点差异	货损赔偿金
5	退货延迟操作	退货入库上架操作延迟	服务赔偿金
6	货物丢失 （包裹少件）	货物丢失，包括包裹少件（通过物流宝系统操作补发）	物流费用赔付金；货损赔偿金

序号	主投诉类型	子投诉类型及描述	赔付费用项
7	货物破损	货物破损(通过物流宝系统操作补发)	物流费用赔付金;货损赔偿金
8	配送延迟	宅配或快递或干线配送延迟	服务赔偿金;物流费用赔付金
9	服务态度	未按标准服务;服务态度差;额外收费	个案处理

　　第四方物流建设为我国现代物流业跨越式发展、赶超世界发达国家物流水平提供了制胜工具、技术与管理方法。 在我国现有条件下发展服装业第四方物流不能只依靠物流发达国家的经验,必须走自主创新之路。 一方面要积极进行我国第四方物流理论的构建,探索我国服装业第四方物流发展模式,为现代物流的实际推动和发展做指引;另一方面要通过实践对第四方物流理论、发展模式进行检验和修正。 因此,如何寻求我国第四方物流发展模式、构建第四方物流理论框架以及如何实际运作第四方物流市场是实现我国服装现代物流业转型升级的重大课题。

附 录

附录1 "天猫"关于延迟发货的处罚规定

根据 2012 年 2 月 20 日修订的《tmall.com（天猫）规则》第五十三条：延迟发货，是指除定制、预售、适用特定运送方式及 tmall.com（天猫）特殊类目的商品外，卖家在买家付款后明确表示缺货或实际未在七十二小时内发货，妨害买家权益的行为。 买卖双方另有约定的除外。 卖家的发货时间，以快递公司系统内记录的时间为准。

"天猫"的违规分为一般违规和严重违规，违规处罚如表 1 所示。

表 1 tmall.com（天猫）违规处罚规则

违规类型	扣分节点	限制发布商品、限制创建店铺	限制发送站内信、限制社区功能及公示警告	店铺屏蔽	关闭店铺（删除店铺、下架所有商品、禁止发布商品、禁止创建店铺）	下架所有商品	限制参加天猫营销活动	支付违约金
一般违规	12 分	/	/	/	/	/	7 天	1 万元
严重违规	12 分	7 天	7 天	7 天	/		30 天	2 万元
	24 分	14 天	14 天	14 天	/	√	60 天	3 万元
	36 分	/	21 天	/	21 天		90 天	4 万元
	48 分	清退全部商品						全部

延迟发货属于一般违规。 若被判定为延迟发货，商家不被扣分，但需向买家支付该商品实际成交金额的 30% 作为违约金，金额最高不超过 500 元。

摘自：2012 年天猫规则. 天猫商城官网. www.tmall.com. 2012-02-20.

附录2 B2C 大家电团购物流配送模式

中国知名的拉手网、中团网、美网、懒人团购网、大众点评网等团购网站只是把小家电、单个大家电作为一种选择性的促销手段,并没有大规模地组织团购。 相较而言,国美电器和苏宁电器等在线下销售占据优势的商家迅速开发并占领大家电在线团购市场。

国内电器以线下连锁店铺网络、网上商城、国美团购网、Coo8购物网等线下线上销售平台相结合,迅速进军大家电团购市场。 而苏宁电器以线下连锁店铺网络、苏宁易购的"爱砍帮"采用直观的价格优惠方式开始蚕食团购市场。

以国美电器和苏宁电器为代表的B2C大家电网上团购的主要物流配送模式如下:

① **自营物流配送模式**

由商家出资建设自营物流配送中心,全程负责物流配送的所有环节:备货、出货、车辆调度、运输配送、退货等。 在线下连锁店铺网络的物流配送中心运载配送能力所及范围内(多为大城市市区)实行免费的48 h制配送。

② **第三方物流配送模式**

自营物流配送不能到达的边缘地区如大城市郊区、中小城市及发展前景广阔的农村,大家电物流配送均由第三方物流公司或快递公司承担,一般配送周期为3～7天。

但第三方物流配送成本高,单个大家电物流配送费用为20～50元,甚至更高,这与消费者网上团购求廉的动机相悖;行业内普遍存在的"爆仓"、"暴力分拣"、损耗率偏高、配送周期过长、运送损坏索赔难度大等问题成了消费者团购的最大顾忌。

③ **第四方物流配送模式**

虽然大家电团购蓬勃发展,但大多数第三方物流公司或快递公司在综合考虑成本投入和效益产出等因素后不会大规模持续地投资建仓库、扩大员工规模。 此时,依据第三方物流的管理基础,致力于提供信息咨询、增值服务和供应链解决方案的第四方物流开始成为B2C大家电网上团购物流配送关注的焦点和选择。

然而,第四方物流配送的发展刚刚起步,很多区域范围内还未成规模。 信息管理集成度低、资源利用率不高、基础设施建设有待完善、配送周期长等现象是阻碍第四方物流发展的瓶颈。

摘自:陈善祥.B2C大家电团购物流配送模式分析[J].财经与管理,2011(1):237.

附录3 基于PLM的农产品物流系统

快速、高效、实时的物流信息协调网络是农产品实现货畅其流的必要条件,建立、完善现代农产品物流信息平台是推进现代农产品物流发展的重要途径。

与工业产品一样,农产品也存在明显的生命周期(附录图1)。

尽管农产品的产品结构要比多数工业产品结构简单,但农产品生命周期内物流过程的复杂性与分散性以及农产品质量安全管理的特殊性,要求在农产品物流系统的构建过程中充分考虑对农产品生命周期的管理。

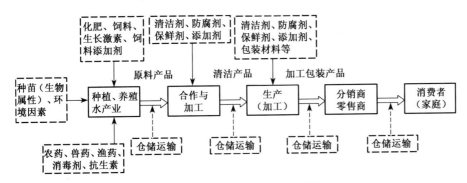

图1 一般农产品的产品生命周期

就某一区域农产品供应链而言,总有一个组织或实体由于较大的农产品物流总量而处于主导地位,如区域农产品生产加工龙头企业、产地或销地的专业市场,或者大型农产品经销商等,这些被称为区域农产品供应链的关键节点。这些关键节点实现了绝大部分区域农产品的物流。 因此,只要以产品实现的过程为核心、以关键节点作为整个农产品供应链协调和服务对象,就可以实现对区域农产品物流进行有效地协调、控制和管理。 附录图 2 所示是结合 PLM 观点设计的区域农产品物流系统的功能结构。

293

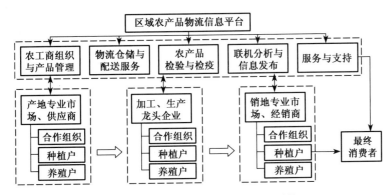

图2 区域农产品物流系统的功能结构

根据区域农产品物流系统的功能结构,建立基于 Java 和 SOA 的区域农产品物流系统体系结构(附录图3)。 该体系结构的核心是产品管理、组织管理、质量采集计划、仓储运输计划、检验与检疫、配送执行以及仓储服务等功能构成的系统逻辑应用。 同时,通过报表与联机分析工具等实现服务与支持、信息发布、联机分析处理等功能,并提供信息服务与决策支持。

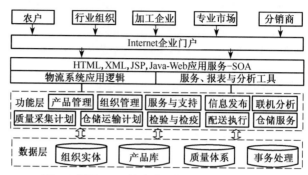

图3　基于 PLM 的农产品物流系统体系结构

摘自:綦方中.一种基于 PLM 的农产品物流系统研究[J].农业系统科学与综合研究,2009
(8):331-332.

附录4　PLM 在手机行业的应用——第三方物流供应商

现今市场,手机的每种新款从确定型号到投放市场行销的周期一般是 90 天,从手机投放市场到下柜,基本上不到 5 个月。 于 2006 年成立的某国内自主品牌手机厂商发现,每次推出新产品,总是跟不上市场需求的反应,出现库存浪费,所以在推出第三代手机时,他们聘请第三方供应链运营商提供上下游的整合服务。

选择第三方物流供应商后,在新产品开发的环节签订保密协议,第三方物流供应商组成一个团队,融入企业的开发队伍,而第一步工作是明晰销售及采购策略。 根据数据资料分析,第三方物流供应商初步制定涵盖生产销售及售后服务的整体方案,这一方案的最终定型花费大约三周时间。 制定初步方案后,由手机企业召开供应商大会,确定生产方案。 同时召开分销渠道的销售商大会,对配送方案做最后的修正和确认。 这些方案进入整个运营体系,也即进入生产和销售环节,需要分别签订信息、结算和物流配送三个相关协议。

在信息协议方面,所有的供应商和渠道商共享一个独立的 DATABASE(数据库)数据。 对相关的渠道商,第三方物流供应商采用统一的数据格式、数据表格,通过 e-mail 做到 day response(每天响应)和数据分享。 上下游所有供应链的销售数据、库存数据以及制造商的若干重要数据,也可通过第三方物流供应商每天的数据更新,方便供应链伙伴统一对生产运营和预测进行调整。

在结算协议方面,第三方物流供应商通过总部的平台,统一对新产品向银行申请一个总额度,由第三方物流供应商的资金平台建立统一账号。 同时,在物流管理方面建立两个体系:一个是在制造业方面的仓库,另一个是在此仓库内部独立设立的公共发货区，作为 VMI(供应商主导管理库存)管理模式的仓库(包括海内外、市内外部分企业共同根据空仓自动补货，第三方物流供应商根据厂商的生产需求进行配送，即按 VMI 模式组织生产)。

在配送物流(生产)协议方面，根据该手机品牌现有渠道分别以天津、上海、深圳作为华北、华东、华南的分销中心，对一线、二线城市进行物流配送安排，中间的运输通过不同物流服务商完成。

通过这些方案的实施，使得第三方物流供应商达到 90 天预期目标，完成了从定型到投入市场的整个工作，现金流周转时间降为 30 天，销售周期降为 6～7 天。

摘自：叶军. 基于 PLM 供应链管理运营服务[J]. 物流，2007(8)：72.

附录5　英文缩略词及相关术语索引

英文全称	英文缩写	中文名称
Advanced Planning and Scheduling	AP/AS	高级计划与排程
Advanced Shipping Note	ASN	事前发货电子清单
Amazon Web Services	AWS	亚马逊网络服务
American Production and Inventory Control Society	APICS	美国生产与库存管理协会
Application Program Interface	API	应用程序接口
Automated Guided Vehicle System	AGVS	自动导引(导向)车系统
Automated Storage and Retrieval System	AS/RS	自动存取系统
Bar-Coding	—	条形码
Bill of Material	BOM	物料清单
Business Process Reengineering	BPR	业务流程再造
Business-to-Business	B2B	企业对企业
Business-to-Customer	B2C	企业对个人
Business-to-Government	B2G	企业对政府
Cash on Delivery	COD	货到付款
Central Distribution Center	CDC	中央配送中心
Certified in Production & Inventory Management	CPIM	产业管理资格师
Collaborative Commerce	C-Commerce	协同商务
Collaborative Planning, Forecasting and Replenishment	CPFR	协同计划、预测与补货

英文全称	英文缩写	中文名称
collaborative Product Definition management	cPDm	协同产品定义管理
Computer Aided Design	CAD	计算机辅助设计
Computer Aided Manufacturing	CAM	计算机辅助制造
Container Label	—	集装箱电子标签
Continuous Replenishment Program	CRP	连续补充库存方式
Council of Logistics Management	CLM	美国物流管理协会
Customer Relationship Management	CRM	客户关系管理
Customer-to-Customer	C2C	个人对个人
Cut-Make-Trim	CMT	来料来样加工
Demand Planning	—	需求计划
Distribution Processing	—	流通加工
Distribution Resource Planning	DRP	分销资源计划
Efficient Consumer Response	ECR	有效客户响应
Electronic Commerce	EC	电子商务
Electronic Data Interchange	EDI	电子数据交换
Electronic Funds Transfer	EFT	电子支付系统
Electronic Order Booking	EOB	电子订货系统
Electronic Ordering System	EOS	电子订货系统
Enterprise Resource Planning	ERP	企业资源计划
Event Management	EM	事件管理
Fast Fashion	—	快时尚
Fixed Cost	—	固定成本/固定费用
Fourth Party Logistics	4PL	第四方物流
Fourth-Generation Language	4GL	第四代语言
Free on Board	FOB	离岸价格；全包或来样加工
Fulfillment by Amazon	FBA	亚马逊代发货业务
Geographic Information System	GIS	地理信息系统
Global Positioning System	GPS	全球定位系统
Graphic Order Terminal	GOT	图表订货终端机
Initial Public Offerings	IPO	首次公开募股
Inventory Management	—	库存管理
Jointly Managed Inventory	JMI	联合管理库存
Just In Time	JIT	及时生产供货管理系统
Key Performance Indication	KPI	关键业务指标
Kindle Direct Publishing	KDP	Kindle自出版业务

续　表

英文全称	英文缩写	中文名称
Lead Time	—	前导时间；交货期
Lean Retailing	LR	敏捷零售
Life Cycle Assessment	LCA	全生命周期评估
Logistics Management	—	物流管理
Logistics Modulus	—	物流模数
Manufacturing Resource Planning	MRP II	制造资源计划
Material Requirement Planning	MRP	物料需求计划
Merchandising Calendar	MD Calendar	商品企划日程
Message Handling System	MHS	信息控制系统
Net Present Value	NPV	净现值
Network Design	—	网络设计
Numerical Control	NC	数控
Optical Character Recognition	OCR	光学字符识别
Optimized Production Technology	OPT	最优生产技术
Order Entry, Item, Quantity	EIQ	客户、品类、数量（分析）
Order Point Method	—	订货点法
Original Brand Manufacture	OBM	原品牌制造
Original Design Manufacture	ODM	原设计制造
Original Equipment Manufacture	OEM	原设备加工；业界又称代工，贴牌加工
Physical Distribution	PD	实体分配（实物配送）
Point of Sale	POS	销售点；售点条码信息系统
Polyisocyanurate Foam	PIR	聚异三聚氰酸脂
Process Management	PM	流程管理
Product Data Management	PDM	产品数据管理
Product, Price, Place and Promotion	4P	产品、价格、渠道、促销
Production Logistic	—	生产物流
Quick Response	QR	快速反应
Radio Frequency Identification	RFID	无线射频识别
Return On Investment	ROI	投资回报率
Scanner Terminal	ST	扫描终端机
Shipping Carton Marking	SCM	出货包装箱识别码/物流条形码
Simulation and Analysis	S & A	仿真与分析
Smart Label	—	敏捷标签
Source Marking	—	采购标识
Stock Keeping Unit	SKU	存储保管单元

续　表

英文全称	英文缩写	中文名称
Store Computer	SC	店铺计算机
Supply Chain	—	供应链
Supply Chain Management	SCM	供应链管理
Terminal Control	TC	终端控制
Textile Apparel Linkage Council	TALC	美国纺织服装联合会
Theory of Constrains	TOC	约束理论
Third Party Logistics	3PL	第三方物流
Total Cost Management	TCM	全面成本管理
Transportation Management System	TMS	运输管理系统
Value-added Network	VAN	增值网
Variable Costs	—	变动成本
Vendor Managed Inventory	VMI	供应商管理库存
Virtual Logistics	—	虚拟物流
Voluntary Inter-industry Communications Standards Committee	VICS	自愿行业通信标准委员会
Warehouse Management System	WMS	仓储管理系统
World Trade Organization	WTO	世界贸易组织

参 考 文 献

［1］中华人民共和国国家标准.物流术语 GB/T 18354—2006.

［2］FORRESTER，JAY W. Industrial Dynamics[M]. The M. I. T. Press,1961.

［3］国家统计局.2011 年我国人口总量及结构变化情况[R],2011.

［4］郭一信.物流企业大宗商品仓储用地土地使用税减半征收[N].上海证券报,2012-02-02.

［5］邓小琴,付青叶.我国物流业的发展特征及存在的问题[J].经济视角,2012(2)：15-16.

［6］宋建阳.企业物流管理[M].北京：电子工业出版社,2012.

［7］邓汝春.服装业供应链管理[M].北京：中国纺织出版社,2005.

［8］梁建芳.服装物流与供应链管理[M].上海：东华大学出版社,2009.

［9］张洁.企业物流外包的利弊分析及风险防范[J].中国商贸,2011(6)：105-106.

［10］杨以雄.服装市场营销[M].上海：东华大学出版社,2010.

［11］伊莱恩斯通.服装产业运营[M].北京：中国纺织出版社,2004.

［12］杨以雄.21 世纪的服装产业——世界发展动向和中国实施战略[M].上海：东华大学出版社,2006.

［13］2010 年全国纺织品服装出口分析.中国棉纺织信息网，http://www.tteb.com/news-center/.

［14］杜小雄.服装连锁经营物流配送中心绩效评价的研究[D].南京：南京航空航天大学,2009：7-9.

［15］韩量.全球价值链下我国服装业物流整合研究[D].江苏：江苏大学,2009：19-23.

［16］牛鱼龙.现代物流实用词典[M].北京：中国经济出版社,2004.

［17］汝宜红.现代物流[M].北京：清华大学出版社,2005.

［18］毕康,张东亮.国内现代服装行业物流发展模式研究[J].沿海企业与科技,2005(8)：23-24.

［19］杨以雄.服装生产管理[M].上海：东华大学出版社,2005.

［20］孙秋菊等.物流信息与仓储管理培训教程[M].北京：化学工业出版社,2006.

［21］陈达强,胡军.物流系统建模与仿真[M].浙江：浙江大学出版社,2008.

［22］王汉新.物流信息管理[M].北京：北京大学出版社,2010.

［23］庞爱玲.生产管理、营销管理、物流管理与供应链管理的比较分析[J].河北软件职业技术学院学报,2009(4)：10-11.

［24］李国宇.电子商务下企业物流管理模式的研究[D].武汉：武汉科技大学,2002：16-17.

［25］董维忠.物流系统规划与设计[M].北京：电子工业出版社,2006.

［26］徐琳.供应链管理环境下的企业物流管理创新[J].学术园地,2006(11)：70.

［27］林翔.基于 ZARA 极速供应链模式对比 GAP 模式的深度分析[J].物流科技,2011

(3):90-92.

[28] 张志勇,徐广姝,张耀荔.物流系统运作管理[M].北京:清华大学出版社,2009.

[29] 王长琼.物流系统工程[M].北京:中国物资出版社,2004.

[30] 李国刚,李春发,李广.物流系统工程[M].大连:东北财经大学出版社,2009.

[31] 任晔,肖飒.现代物流系统综合评价方法研究[J].物流科技,2011(2):64-66.

[32] 王国华.中国现代物流大全[M].北京:中国铁道出版社,2004.

[33] 贾平.现代物流管理[M].北京:清华大学出版社,2011.

[34] 董中浪."五步法"建立完善物流体系[N].中国经营报,2003-05-26.

[35] 唐纳德·J·鲍尔索克斯,戴维·J·克劳斯.物流管理[M].北京:机械工业出版社,2002.

[36] 赵刚.企业物流管理组织的演变[J].现代物流,2004(5):24-26.

[37] 孙蛟,曾凡婷.层次分析法 AHP 在供应商评价选择中的应用[J].技术交流,2004(9):70-72.

[38] 张金英,石美遐."四位一体"的低碳物流人才培养模式分析[J].物流技术,2010,8(8):154-156.

[39] 朱伟生,张洪革.物流成本管理[M].北京:机械工业出版社,2003.

[40] Rajamaniekam-R. Jayaraman-S. U. S.. Apparel Distribution-Where We Stand and Where We're Going. 1998.

[41] 蒋小芸.企业成本核算[M].北京:中国财政经济出版社,2001.

[42] 梁斌,许小红.向日韩企业学习服装检验"细节"[J].中国制衣,2007(9):78-80.

[43] 梁斌,许小红.断针和检针管理实操指南[J].中国制衣,2007(4):80-81.

[44] 朱凤仙,罗松涛.物流配送实务[M].北京:清华大学出版社,2008.

[45] 王成林,李淑芬.促进流通加工发展的策略分析[J].物流工程,2007(5):48-49.

[46] 李安华.物流成本管理[M].四川:四川大学出版社,2008.

[47] 谢雪梅.物流成本管理[M].吉林:吉林大学出版社,2009.

[48] 中华人民共和国国家标准.限制商品过度包装要求(食品和化妆品)GB 23350—2009.

[49] 单扩军.服装行业的专用物流周转箱[J].物流技术与应用,2010(2):108-109.

[50] 钱静.包装管理[M].北京:中国纺织出版社,2008.

[51] 孟唯娟,孙诚,黄利强,王丽娟,王锐.托盘装载优化系统的研究与开发[J].包装工程,2010,31(1):54-56.

[52] 国内高档服装考虑挂装运输[J].中国制衣,2009(7):68.

[53] 杨卫丰,王亚超.纺织服装企业物流管理[M].北京:中国纺织出版社,2009.

[54] 服装品牌实体直营店退换货制度仍存差异.华衣网,http://news. ef360. com/ArticlesInfo/2011-7-26/230489. html. 2011-07-26.

[55] 唐帅.基于 TOC 的企业流程管理[J].商业研究,2010(8):81.

[56] 赵智平,陈明哲.精益 TOC 实物指南[M].深圳:海天出版社,2009.

[57] 韩永生.服装行业如何实现供应链拉式补货.华人物流网,http://news. wuliu800. com/2009/0508/15321. html. 2009-05-08.

[58] 根据秋水伊人官方网站,www.qsyr.com 资料整理.

[59] 罗铮.物流与供应链安全保障体系研究[J].物流科技,2005.

[60] 罗一新.关于我国物流安全的现状及对策研究[J].科技和产业,2006,6(5):16-19.

[61] 张诚,单圣涤.浅谈物流安全管理[J].企业经济,2006(5):39-42.

[62] 谢雪梅.物流运输实务[M].北京:北京理工大学出版社,2010.

[63] 黄中鼎,林慧丹.仓储管理实务[M].武汉:华中科技大学出版社,2009.

[64] 中国仓储协会.第五次中国物流市场供需调查报告[J].物流技术与应用,2004(9):37-45.

[65] 王晓平.物流信息技术[M].北京:清华大学出版社,2011.

[66] 詹姆士.R.斯托克,道格拉斯.M.兰伯特.战略物流管理[M].邵晓峰译.北京:中国财政经济出版社,2003.

[67] 刘伯莹,周玉清,刘伯钧.MRP 原理与实施[M].天津:天津大学出版社,2001.

[68] 高程德,张国有.企业管理[M].北京:企业管理出版社,1996.

[69] 张毅.企业资源计划(ERP)[M].北京:电子工业出版社,2001.

[70] AMT ERP Ⅱ 专家组.ERP Ⅱ 初阶[M].AMT 企业资源管理研究中心.2003.

[71] Perry M., Sohal A. S., Rumpf P. Quick Response Supply Chain Alliances in the Australian Textiles[J]. Clothing and Footwear Industry,International Journal of Production Economics, 1992(62):119-132.

[72] 李彦普.服装供应链及其供应商关系现状研究[D].上海:东华大学,2002.

[73] 周三元,王晓平.物流中心运作与管理[M].上海:交通大学出版社,2010.

[74] AIOI 标签检货系统解决方案.苏州安华物流系统有限公司网站,http://www.anwood.com.cn/.

[75] 张谷,李娴.关于土地税的若干问题[J].经济管理学报,1994(04):60-61.

[76] 荆新,王化成,刘俊彦.财务管理学[M].北京:中国人民大学出版社,2009.

[77] 张焕敬.购买商品、接受劳务支付的现金项目现金流量表编制要点分析[J].商业会计,2009(21):23-24.

[78] 胡志勇.财务管理[M].北京:北京理工大学出版社,2009.

[79] 蔡艳丽,赵晓光,朱江.国外项目评价理论研究综述[J].集团经济研究,2007(02Z):309.

[80] 王士伟.NPV 与 IRR 的一致性及矛盾性分析[J].会计之友,2009(05):87-89.

[81] 卢有杰,卢家仪.项目风险管理[M].北京:清华大学出版社,1998.

[82] 绪方知行,铃木敏文,刘锦秀.7-ELEVEN 零售圣经[M].北京:科学出版社,2012.

[83] 史蒂文·C·惠尔莱特.战略管理[M].徐二明译.北京:中国人民大学出版社,2005.

[84] Doris H. Kincade. Quick Response Management System for the Apparel Industry[J]. Clothing and Textile Research Journal,1995(9):246.

[85] 谢红,周旭东,等.服装快速反应系统[M].北京:中国纺织出版社,2008.

[86] LIZ B,GAYNOR L G. Fast Fashioning the Supply Chain:Shaping the Research Agenda[J]. Journal of Fashion Marketing and Management,2006(3):59-271.

[87] WGSN.时尚产业与消费者趋势 Top10.观潮网,http://www.fashiontrenddigest.com. 2006-12-13.

[88] ZARA-Annual Report,2009:3.

[89] H&M-Annual Report,2009(part2):5.

[90] 沈剑剑.服装企业库存管理的实证研究[D].上海:东华大学,2003.

301

［91］アパレル物流管理［M］. 纖維産業構造改善事業協会，1996.

［92］杜洪礼，刘瑞生. 基于供应链管理的物流快速反应系统研究［J］. 物流科技，2011（2）：7.

［93］根据 CIMdata（Global Leaders in PLM Consulting）公司官方网站，http：//www. cimdata. com/plm. html 资料整理.

［94］PLM 在物流企业中的实施策略及问题分析. 计世网，http：//www. ccw. com. cn. 2008-09-26.

［95］张轶骁. 中国电子商务发展报告：2011 年电商交易总额近 6 万亿元［N］. 新京报，2012-05-30.

［96］荣华. 电子商务的发展现状与问题浅析［J］. 科技创新导报，2011（25）：222.

［97］赵楠. 天猫投 50 亿与九大快递公司合作：推次日达服务. IT 之家，http：//www. ithome. com/html/it/17817. htm. 2012-05-28.

［98］国务院发改委. 物流业调整与振兴计划［R］. 2009.

［99］毛光烈. 第四方物流理论与实践［M］. 北京：科学出版社，2010.